KB199672

인도네시아

많이 알려지지 않은 이야기들

인도네시아

많이 알려지지 않은 이야기들 INDONESIA

| 양승윤 지음 |

HU:iNE

재판 서문: 왜 인도네시아인가

한반도의 급격한 정치상황 변화가 불확실성의 장기화로 이어지지 않을까 우려된다. 미·중·일·러 주변 4강 모두가 자국의 이익 챙기기에 급급한 모양새이고, 전통적인 한·미·일과 북·중·러의 양 블록 구도마저 심하게 요동치고 있는 느낌이다. 북·중관계의 전시적 효과 극대화와 한·미 밀착과 일본의 한국 패싱 전략으로 요약된다. 중국은 북핵 문제를 미·중 무역전쟁의 히든카드로 준비하고 있고, 일본은 대 북한 접근으로 아베 정권의 새로운 활로를 모색하고 있다. 이 와중에 남북한은 2월 27-28일로 예정된 베트남의 2차 북·미 정상회담을 앞두고 주도적 자기 결정권 확보에 안간힘을 쏟고 있다.

터놓고 답답한 마음을 나눌 우방이 절실한 상황이다. 주목할 것은 한반도 가까이에 11개국 6억5000만 명의 동남아가 있다는 것이다. 이들 국가군을 조심스럽게 분류하자면, 베트남과 미얀마가 인도네시아에 적극적으로 유화정책을 취하고 있고, 태국과 말레이시아가 인근의 싱가포르, 브루나이와 또 하나의 세력권을 형성하고 있다. 라오스와 캄보디아는 베트남 가까이에, 가톨릭국가 동티모르는 필리핀에 길게 팔을 뻗고 있다. 아세안이 성공적인 지역협력체로 우뚝 선

배경에는 아담 말리크나 알리 알라타스 같은 제3세계를 대변했던 인도네시아의 걸출한 외교관이 있었기 때문이다. 수하르토 정권 말기에 태국의 탁신이 잠시 아세안 리더십을 넘보았으나, 베트남의 마른기침 한 번으로 없었던 일이 됐다. 아세안의 오늘과 내일은 있는 듯 없는 듯하고 보이는 듯 보이지 않는 인도네시아의 리더십 속에 있다. 필요하면 영해를 침범한 중국어선도 함포를 발사해 폭파시킬 수 있는 나라다.

인도네시아가 포스트 4강으로 자리매김하도록 우리의 국가적 관심을 배가시켰으면 한다. 인도네시아는 남북한이 공히 신뢰할 수 있는 공감대를 형성하고 있다. 북한과 인도네시아는 역사적으로 비동맹 고속도로(쟈카르타로부터 하노이와 베이징을 거쳐 평양까지)로 탄탄하게 연결된 관계다. 메가와티 대통령은 '김대중-김정일 정상회담'을 성사시키는 역할을 자임했고, 김정은 국무위원장은 집권 후 시진핑 중국 주석에 앞서 유도요노 인도네시아 대통령에게 초청장을 보냈다. 수하르토 정부는 한국과 수교 후 반공과 경제발전이라는 공통분모가 주효해서 가장 빠른 상생적 국가관계를 정립했다. 한국의 기술과 자본을 선호해 자국의 자원· 시장성· 노동력과 접점을 찾아 국가발전모델을 성공적으로 구축했던 것이다. 그 후의 문민정부도 부패방지위원회 같은 한국형 제도를 도입해 청렴 사회로 향한 큰 걸음을 내딛기도 했다.

인도네시아는 4월 17일 대선과 총선을 동시에 치르게 된다. 재선을 노리는 죠코위 (죠코 위도도) 대통령과 상대 진영의 부통령 후보가 각각 젊은층과의 공감대를 형성하기 위해 K-팝을 활용하고 있다.

지난해 9월 방한했던 조코위 대통령은 짧은 일정을 쪼개 인도네시아에 1000만 명의 팬이 있다는 아이돌 그룹 슈퍼 주니어를 만나고 갔다. 일본의 아사히신문은 “인도네시아 대선의 양대 진영이 K-팝을 놓고 이상한 경쟁을 하고 있다”며 비아냥거렸고, 방콕포스트의 한 칼럼니스트는 “한국은 엄청난 문화적 영향력을 제대로 활용하지 못하고 있다”고 일침을 가했다. 한국은 인도네시아에 K-팝 이외에도 한국학과 새마을운동, 김치와 매운 라면으로 광범위한 저변을 확보하고 있다. 인도네시아의 한국산 잠수함과 T-50 초음속 연습기 도입이 우연하게 성사된 것일까?

한국의 미래학 분야를 개척한 이한빈 교수(1926-2004)는 부총리 겸 경제기획원 장관을 지냈고, 후진 양성을 위해서 거액을 쾌척하여 서울대에 장학재단을 만든 분이다. <서기 2000년의 한국에 대한 조사연구>를 대표집필하기도 했던 이 교수는 나라 사정이 어려웠던 60년대 말의 한 강연에서 인도네시아가 향후 50년 내에 한반도 주변의 4강에 버금가는 동아시아의 강국이 될 것이라며, 인도네시아와의 각별한 우방관계를 주문한 바 있다.

양승윤 / 2019년 2월

중앙지에 실렸던 칼럼을 옮긴 것입니다.

서문

귀머거리의 변명

만 1년 준비 끝에 새 책을 내게 되었습니다.

세 차례 교정 작업을 하면서 몇 번이나 "책을 이렇게 내도 되나?"를 거듭해서 되뇌며 고민했습니다. 그만큼 확신이 서지 않았습니다. 교양서도 아니고, 그렇다고 에세이집도 아니고 해서..., 그렇다면, 그 중간쯤 되는 책도 있을까 하는 고민과 자문을 반복했습니다. 교양서와 에세이집 중간 쯤 되는 얼치기 모양의 책으로 선 보이게 된 과정입니다.

원래의 출간 취지는 '덜 읽힌 인도네시아 변방 이야기' 정도를 염두에 두었습니다. 양질의 정보가 넘치고, 다양한 읽을 거리가 쏟아져 나오고 있는데, 조금이나마 '새 것'을 선 보여야 한다는 생각에서였지요. 학교 출판부 전문가들의 의견은 조금 달랐습니다. 그들이 내놓은 의견은 "인도네시아: 알려지지 않은 이야기"였습니다. 예비 독자들의 관심을 조금 더 끌 수 있는 서명으로 판단됩니다. 몇 차례 논의를 더 거친 끝에 최종적으로 "인도네시아: 많이 알려지지 않은 이야기들"로 낙착되었습니다.

새로 쓴 원고는 많지 않습니다. 여기저기에 써 내보냈던 출판 이전의 원고들과 이미 간행된 출판물에서 발췌 보완하여 재편집한 것들입니다. 덜 알려진 인도네시아 변방 이야기를 시도해 본 것입니다.

저는 가족들의 눈에 확연하게 띌 정도로 작은 귀를 가지고 태어났습니다. 귀가 안 보여서 깜짝 놀랐다는 말씀도 있었고, 쥐 귀 만한 것을 겨우 찾아 냈다는 말씀들도 있었습니다. 장가 들 때도 작은 귀 때문에 신부 할머니가 큰 걱정을 하셨다고도 들었습니다. 전해 내려오는 얘기로 귀가 작으면, 요절한다고 했다지요. 저는 일찍부터 청력도 정상이 아니었습니다. 아마도 어머니를 닮아 선천적으로 청력이 부족했던 데 다가 어릴 때 중이염도 앓았고, 포병부대 3년 근무도 약간의 영향을 미친 게 아닌가 합니다. 젊어서는 잘 못 알아들을까봐 항상 조심했고, 나이 좀 들어서부터는 그저 대수롭지 않게 생각하려고 부단하게 노력했습니다.

귀 얘기가 하나 더 있습니다. 저는 '귀가 얇아' 항상 남의 말을 잘 듣습니다. 선친께서도 생전에 걱정이 많으셨습니다. 장남인 제가 마음이 여리고 속없이 남의 말을 쉽게 받아들인다고 해서 그러셨던 것 같습니다.

평생 교수직에 있으면서 출간한 몇 권의 책 중에 제자들의 권유로 만든 세 권의 책이 있습니다. 이것들 역시 '얇은 귀'가 만든 것이 아닌가 합니다.

맨 처음 것은 인도네시아 가쟈마다대학교 박사논문입니다. 교수직에 있을 기본 요건으로 어렵사리 경남대학교에서 박사학위를 취득하고 얼마 되지도 않은 시점이었는데, 국비로 가쟈마다대에서 석사과정 유학 중이던 박재봉 군(호주 뉴사우스웨일즈대 박사)이 "교수님, 캠퍼스가 아름다워요, 교수님도 이곳에서 다시 한 번 도전해 보세요" 해서 다시 시작했습니다. 6년 반에 걸쳐서 600쪽 짜리 두 번째 학위논문을 쓰게 된 것입니다. 두 번째 것은 정년퇴직을 하면서 김상국 군(비타민하우스 사장)이 "정년을 기념해서 에세이집 하나 내셔야지요"해서 만들어졌습니다. 정년 퇴직(2012년 2월) 이전 만 10년간의 제 잡문 에세이를 모두 모아 두었던 김 군이 주도해서 펴낸 에세이집 <작은 며느리의 나라, 인도네시아>입니다. 2016년 8월 재판을 찍었습니다.

세 번째 얇은 귀의 소산은 문정완 군(쟈카르타 기업인)이 만들어 주었습니다. "교수님, 제 이름도 맨 끝에 하나 넣어 책 한 권 더 내세요" 했습니다. 문 군은 제가 <외대 학보>의 주간교수였을 때 선임 학생기자(편집장)였습니다. 많이 싸웠습니다. 졸업 후 한참 지나서 물어보았습니다. 막무가내로 주간 교수에게 대들었던 문 군은 그 때도 정색을 하고 "정의로운 사회를 이끄는 정론직필의 신문을 만들고 싶었습니다"라고 답했습니다. 싱가포르의 전임 총리 고척통(吳作棟)이 대학생들 앞에서 한 말이 생각납니다. "여러분들은 모두 새로운 사회와 국가를 만들 혁명가가 되라"고.

새 책 서문 말미에 후학들의 성공을 기원하는 소망을 담고자 합니다.

2017년 8월/보은 산골

한국외대 명예교수/가자마다대 사회과학대 강의교수

양승윤(syyang@hufs.ac.kr)

INDONESIA
목 차

제4장 인도네시아 군도의 불교문화

제5장 인도네시아의 인도문화

제6장 아쩨(Aceh)와 파푸아(Papua)

제7장 칼리만딴과 보르네오

INDONESIA

제1장

인도네시아 현대사에 덜 알려진 중요한 인물

INDONESIA

제1장 인도네시아 현대사에 덜 알려진 중요한 인물

1. 물타뚤리(Multatuli)
2. 스탐포드 래플즈(Thomas Stamford Raffles)
3. 에디 수나르소(Edhi Sunarso)
4. 술탄 하멩꾸부워노 10세(Sultan Hamengkubuwono X)

20세기 초 인도네시아의 인구는 오늘날의 우리나라와 같은 5천만이었다.

이 나라 인구는 100년 만에 5배로 증가하여 2017년 추계 2억 5200만으로 중국, 인도, 미국에 이은 전 세계 제4위의 인구대국이다. 당연하게 인구대국에 걸맞은 수많은 역사적 인물이 있다.

독립운동가, 정치가, 사상가, 학자, 세계적인 문필가도 많다. 상대적으로 덜 알려진 인도네시아 현대사의 네 인물을 소개하기로 한다.

350년 네덜란드 식민통치시대의 마지막 부분인 윤리정책 시대를 열어 제친 물타뚤리(Multatuli)를 첫 번째 인물로 선정하였다. 물타뚤리는 〈막스 하벨라르(Max Havelaar)〉의 저자 에두아르트 데커르(Eduard Douwes Dekker)의 필명이다. 네덜란드 사람이다.

인도네시아는 세계 최대의 이슬람국가이다. 이 나라에 세계 최대의 불교유적 보로부두르(Borobudur) 대탑사원이 있다. 영국 사람 토마스 스탐포드 래플즈(Thomas Stamford Raffles)가 발굴해 냈다. 그를 두 번째 인물로 선정하였다.

인도네시아를 여행하다 보면 어디에나 역사적 사건을 간직하고 있는 건물이나 기념비나 동상이 있다. 붕 까르노(Bung Karno)로 널리 불리는 이 나라 초대 대통령 수카르노(Sukarno)와 에디 수나르소(Edhi Sunarso)가 인도네시아의 역사를 단장한 두 인물이다. 에디 수나르소를 소개하게 된 배경이다.

인도네시아는 1945년 공화국으로 독립하였다. 이 나라에 현존하는 세습 술탄 왕국이 있다. 족자카르타(Daerah Istimewa Yogyakarta)다. 이곳의 이슬람 수장이자 세습 주지사인 술탄 하멩꾸부워노(Sultan Hamengkubuwono X) 10세를 네 번째 인물로 선정하였다.

제1장 에디 수나르소(Edhi Sunarso)에 관한 내용은 '카바레(Kabare)'라는 유명인사 인터뷰 전문지에 실린 내용에서 일부 인용한 것임. 민선희(쟈카르타 한국대사관) 님이 번역하였음. 카바레는 쟈바어로 인도네시아어(bahasa Indonesia)의 "안녕하세요?"(Apa kabar?)에 해당함.

물타뚤리(Multatuli)

2014년 10월 말 일본을 방문한 빌럼 알렉산더르(Willem Alexander) 네덜란드 국왕은 아키히토(明仁) 일왕이 주최한 궁중 만찬에서 네덜란드-일본 간의 교류사가 400년이 넘었음을 서두에 담고, "선조가 남긴 자랑스러운 역사도, 아픈 역사도 모두 계승해야 한다"면서 일제가 네덜란드 통치 하의 인도네시아를 점령한 기간(1942-1945) 중에 '네덜란드 민간인과 병사들이 겪은 끔찍한 체험을 잊지 않고 있다'고 말했다. 일본군은 당시 10만 명에 달하는 네덜란드 병사와 민간인을 수용소에 감금하고 강제노역을 시켰으며, 민간인 여성들을 일본군의 성노예로 강제동원 하였음을 상기시켰다. 빌럼 국왕은 일왕과 아베(安倍) 총리의 면전에서 양국 우호관계의 근간은 '과거사 인정'임을 강조하고, "화해의 토대가 되는 것은 서로 겪은 고통을 함께 인식하는 것"이라고 덧붙였다.

베르나르트 보트(Dr. Bernard Bot) 네덜란드 외무장관(재임: 2003-2007)은 2005년 8월 16일 인도네시아 의회에서 행한 인도네시아 독립 60주년 축하 연설에서 1945년 8월 17일 수카르노(Sukarno) 초대 대통령이 선언한 인도네시아의 독립일을 네덜란드가 인정하지 않고, 자국 네덜란드가 인도네시아에 통치권을 이양한 1949년 12월 29일이 인도네시아의 독립 시점이라고 주장해 온 것은 역사적으로나 도덕적으로 명백한 잘못이었다며 네덜란드 정부의 이름으로 사죄했다. 오늘날의 인도네시아령 서(西)파푸아에 자국의 위성국 파푸아국(*the State of Papua*) 설립을 열망했던 네덜란드는 1945년부터 1949년까지 인도네시아의 끈질긴 항쟁으로 국제여론이 악화되자 서파푸아를 포기하고 인도네시아가 주권국가임을 승인하였다. 헤이그 협정이다. 이토 히로부미(伊藤博文)를 저격한 안중근 의사를 테러리스트로 격하한 일본이 외무대신을 대한민국 국회에 보내어 한일합방은 자신들의 과욕이었음을 인정하고, 안 의사는 한국의 독립 영웅이었음이 분명하다고 인정하는 것에 비유될 수 있다.

네덜란드의 인도네시아 식민통치는 장장 350년 간 이어졌다. 이 기간을 인도네시아 역사는 네덜란드동인도회사(VOC)통치시대, 열대작물강제재배시대, 윤리정책시대로 구분하고 있다. 첫 번째 시기에는 VOC가 네덜란드 의회로부터 통치권(전쟁선포와 외교협상 및 군대조직)에 준하는 권한을 부여받아 막강한 군대와 총독직제를 두고 오늘날의 쟈카르타(Jakarta)인 바타비아(Batavia)를 건설하고 향료무역을 독점하였다. 그러나 VOC가 방만한 경영으로 빚더미에 올라앉자 산지로부터 향료를 강압적인 방법으로 수집하여 유럽시장에 내다팔던 기존 방식을 버리고 네덜란드 본국 정부가 직접 나서서 향료와 기타 열대 특용 작물을 전 쟈바(Jawa)에 강제로 재배케 했던 때가 두 번째 시기다. 쟈바의 2/5가 이 때 개간되었는데, 전통적으로 식량 생산에만 매달려온 농민들은 자신들의 경작지에 식민정부가 강권하는 향료나 특용 작물을 재배하여 헐값에 넘기지 않을 수 없었다. 혼란한 유럽 대륙의 정치상황으로 피폐했던 네덜란드 경제는 이로써 회생했으나, 경작지가 줄어든 자바의 소농민들은 흉작이 들면 굶어 죽는 운명을 피할 수가 없었다.

물타뚤리(Multatuli)로 인하여 세 번째 시기인 윤리정책시대가 열렸다. 물타뚤리는 〈막스 하벨라르(Max Havelaar)〉의 저자 에두아르트 데커르(Eduard Douwes Dekker: 1820-1887)의 필명이다. 물타(multa) 뚤리(tuli)는 라틴어로 "(나는) 많은 고통을 당했다"는 뜻인데, 필명으로는 '더 할 수 없는 고통'으로 해석된다. 막스 하벨라르는 동명 소설 주인공 이름이기도 하다. 1860년에 간행된 막스 하벨라르는 19세기 네덜란드 문학의 최고 걸작으로 꼽히며, 이 책에 대한 찬사는 오늘날까지 이어지고 있다. 정신분석학의 창시자이자 유명한 〈꿈의 해석〉으로 한 시대를 주름잡았던 프로이트(Sigmund Freud: 1856-1939)는 자신의 저서 출판으로 유명해진 출판사에서 당대 '최고의 저서 10권'을 추천해 달라는 주문을 받았다. 그는 조금도 주저하지 않고 자신의 저작을 모두 제쳐놓고 막스 하벨라르를 첫 손가락에 꼽았다. 뉴욕 타임즈가 1999년 6월 '지난 1000년의 베스트스토리'의 하나로 막스 하벨라르를 선정하였고, 영국 서섹스대학교(Sussex University)의 피터 복설(Peter Boxall) 교수는 이 책을 '죽기 전에 읽어야 할 1001권의 책' 121번 순위에 올려놓았다. 가장 최근인 2002년 네덜란드문예진흥원은 소설 막스 하벨라르에 '네덜란드 문학사상 최고의 걸작'이라는 영예를 헌정하였다.

소설 〈막스 하벨라르〉의 주인공 막스 하벨라르는 네덜란드령 힌디아 블란다(Hindia Belanda)(네덜란드령 인도네시아의 당시 명칭)의 식민정부 하급관리였다. 그는 자바 농촌과 원주민들에 대한 식민정부의 학정과 수탈에 의구심을 가지고 깊은 고민에 빠진다. '문명국가'라고 굳게 믿었던 조국 네덜란드에 대한 배신감이 크게 작용하였다. 식민정부는 불모지 개간을 위하여 수시로 원주민들을 강제동원하고, 식량 자급자족에도 버거운 자바 농민들에게 특정 열대작물을 강압적으로 재배케 하여 이를 자신들이 매긴 헐값으로 수매하여 유럽 시장으로 실어 날랐다. 이로써 네덜란드 본국 정부의 금고는 넘치고, 토착지주들과 결탁한 식민정부 관리들과 중간 상인들은 검은 돈을 세며 불거져 나온 아랫배를 두드리고, 이들을 위한 향락업소는 독버섯처럼 도시 곳곳에 늘어났다. 이와는 정반대로 홍수와 가뭄이 거듭되면, 식량 고갈로 무기력해진 자바 농민들은 소리 없이 스러져갔다. 그러나 그 누구도 이들을 동정하거나 거들떠보지도 않았다. 막스 하벨라르는 피를 토하며 외친다. "이 세상에는 단 하나의 악, 죄악, 범죄가 있다. 그것은 양심(良心)의 부재(不在)다." 나아가서 '해적국가'가 된 조국이 저지른 이 거대한 죄악이 정녕 신의 뜻이라면, 자신은 결코 신을 믿지 않겠노라고 맹세한다.

1860년 막스 하벨라르가 발간되자마자 네덜란드뿐만 아니라 전 유럽사회는 충격과 함께 격한 논쟁에 휩싸이게 되었다. 이 소설은 한 용감한 식민지 관리가 조국 네덜란드와 식민지 현지 지배층의 착취와 비양심적인 행동을 신랄하게 비판하는 고발문학 형태로 전개되지만, 온갖 부정부패를 일삼는 비양심적인 식민지 관리들과 이들과 결탁한 부르주아 자본가들을 웃음거리로 만든 해학(諧謔)

이 넘치는 대화식 문체와 독특한 유머는 당대 유명작가들을 능가하였다. 지식인을 자처하거나 인간의 양심을 논하는 유럽인들은 모두 막스 하벨라르를 읽었다. 곧 쟈바에서의 정의실현을 주장하며 힌디아 블란다에 거주하는 자국민들의 비양심적인 사고방식을 비판하는 양심세력들이 등장하였다. 독일과 프랑스 같은 이웃 강대국들도 상대적으로 약소국인 네덜란드의 식민정책을 비판하는 데 가세했다. 네덜란드 자유진보세력들이 식민정책의 방향전환과 인도네시아 원주민들을 위한 윤리정책을 강력하게 제안하고 나섰다. 당시의 저명한 변호사 판 데이펀떠르(van Deventer)가 앞장섰다. 그들은 네덜란드 정부가 인도네시아에서 착취한 이익을 인도네시아 발전을 위해서 되돌려줘야 한다고 주장하였다. 1870년 드디어 열대작물강제재배시대가 종료되고 윤리정책시대가 문을 열었다. 막스 하벨라르가 열어젖힌 새로운 시대의 서막이었다.

윤리정책에 따라 인도네시아 원주민들을 위한 교육제도와 의료지원 체제가 생겨나고, 식민정책 완화를 위한 국내외적으로 새로운 정치적 환경이 조성되었다. 힌디아 블란다 식민정부 근무를 명령받은 관리들은 막스 하벨라르를 가슴에 품고 현지로 떠났다. 그렇다고 해서 황금알을 낳는 인도네시아를 방임할 네덜란드는 결코 아니었다. 강제농업정책은 철폐되었으나, 네덜란드인 개인 명의로 넘어간 토지에 대한 소유권을 보호하고, 나아가서 자국민이 황무지를 개간하여 영구 임대할 수 있도록 제도화함으로써 오갈 데 없는 쟈바 농민들은 새로운 형태의 소작농으로 전락하였다. 당연하게 노동력과 생산물 착취가 계속되었다. 식민통치 초기에는 동인도회사(VOC)가 군대를 동원하여 착취하였고, 그 후에는 식민정부가 나서서 유럽시장 맞춤형의 열대작물(향신료, 커피, 설탕, 차(茶), 담배)을 강제 재배케 하여 수탈하였으며, 이번에는 윤리정책의 탈을 쓰고 수많은 악덕 사업가들이 이전 보다 교묘한 수법으로 가난한 쟈바 농민들을 쥐어 짰다.

에두아르트 데커르는 1820년 암스테르담(Amsterdam)에서 출생, 선장이었던 부친을 따라 1838년 쟈바로 가서 네덜란드 식민정부의 하급관리가 되었다. 열성적으로 일한 그는 1851년 향료군도 중심지 암본(Ambon)지역의 지방 총독을 보좌하는 차석 자리까지 올랐다. 그러나 그는 평범한 식민지 관리로 끝날 운명이 아니었다. 오늘날 수카르노-핫타 국제공항이 위치한 반뗀(Banten)은 옛 반땀(Bantam) 왕국의 터전으로 유럽시장으로 향한 후추의 집산지였다. 데커르는 그의 마지막 임지로 이곳 반땀에 부임하면서부터 식민정부의 부정부패와 비리와 비밀거래에 의분(義憤)을 느끼기 시작했다. 그는 식민정부에 이를 항의하고 본국의 식민정책을 비판하였으며, 전임자의 전횡과 비리를 고발했다. 그러나 오히려 자신에게 바타비아 총독의 정직(停職) 명령이 떨어지자 더 이상 희망이 없음을 절감하였다. 1856년 과감하게 사표를 던지고 귀국하여 작은 호텔에 머무르면서 막스 하벨라르를 쓰기 시작했다. 그의 나이 36세 되던 해였다.

우리는 신을 믿지 않는다. 우리는 숫자를 믿을 뿐이다. 이는 천부적으로 이재에 밝은 네덜란드인들이 '낮은 목소리'로 스스로에게 다짐하는 말이다. 이러한 네덜란드인들이 자신들의 치부를 만천하에 드러낸 물타뚤리(에두아르트 데커르)를 소설의 주인공 막스 하벨라르처럼 심장이 뜨거운 '문명국가의 양심'으로 대접하지 않았다. 오히려 조국의 이익에 반하는 불온주의자이거나 시대 흐름에 역행하고 세상물정을 모르는 정신병자로 취급하였다. 그는 조국 네덜란드에서 변변한 직업도 얻지 못한 채, 이웃나라 벨기에와 독일 등으로 방랑생활을 하면서 집필과 연설로 연명하다가 1887년 67세의 나이로 일생을 마감하였다. 비록 몸과 마음이 피폐하고 식탁과 침대는 불편하였지만, 한 시대의 영웅으로 그는 영광스러운 삶을 살다 갔다.

에두아르트 데커르는 그렇게 갔지만, 100년 후 물타뚤리의 막스 하벨라르는 '공정무역'의 꽃으로 다시 피어났다. 자신들이 재배한 커피원두의 값을 제대로 받지 못하고 다국적기업의 수족 노릇을 하는 중간 상인들에게 헐값에 넘기고는 고리채(高利債)에 시달리는 멕시코 농민들을 목격한 네덜란드의 신부 프란스 호프(Frans van der Hoff)가 막스 하벨라르 꽃을 다시 피워낸 주인공이다. 그는 1973년 멕시코 남부 오악사카(Oaxaca)주에 우시리(UCIRI)라는 약자의 커피협동조합을 만들어 1988년 네덜란드로 판로를 개척하면서 '막스 하벨라르' 라벨을 붙였다. 막스 하벨라르표 공정무역 커피가 등장한 것이다. 원유 다음으로 많은 커피원두 교역과 커피의 가공생산은 당연하게 세계적인 다국적기업들이 휘감고 있지만, 막스 하벨라르를 기억하고 있는 네덜란드 사람들은 기꺼이 자신들의 기호품을 바꿔 무명의 멕시코 농촌의 협동조합에서 생산한 막스 하벨라르 표 커피로 갈아탔다.

막스 하벨라르 커피는 1988년 첫 해 네덜란드 국내 커피소비량의 2퍼센트를 상회하는 성공을 거두었으며, 독일과 프랑스 등 50여 개국이 네덜란드 발(發) 커피공정무역에 동참하는 부수적인 성과를 올리면서 네덜란드의 국격 제고에 기여하였다. 2016년 현재 전 세계 74개국 2000여개의 단체가 커피공정무역에 동참하고 있다. 2006년 네덜란드에서만 4,100만 유로(4,300만 달러)가 팔린 막스 하벨라르 커피는 판매고가 매년 증가하여 2016년에는 국내소비의 약 3퍼센트를 기록하고 있다. 제 값을 받고 수출한 커피원두 대금은 가난한 커피농장 노동자들의 노동환경과 노동조건 개선에 쓰이고 있다. 막스 하벨라르 재단은 커피에 그치지 않고 카카오와 초콜릿, 차와 바나나에 이르기까지 공정무역의 범위를 확대하는 중이다. 프란스 호프 신부와 니코 로전(Nico Roozen)이 공저한 〈해적국가의 양심이 만든 공정무역〉이 막스 하벨라르를 기리며 오늘도 '국제교역의 양심'을 역설하고 있다.

물타뚤리가 탄생한 나라 인도네시아에서 그의 흔적을 찾아볼 수 있다. 쟈카르타 멘뗑(Menteng)지역에 위치한 고색창연한 건물 쿤스트끄링 빨레이스(Kunstkring Paleis)에 독립된 작은 물타뚤리 룸이 있다. 에두아르트 데커르(물따뚤리)의 사진과 당시의 쟈바풍물과 네덜란드인 고용주와 쟈바 하인 간의 관계를 극명하게 나타내는 사진이 몇 점 벽면을 장식하고 있다. 예술궁전이라는 의미를 가진 이 건물은 1914년에 완공되어 힌디아 블란다의 네덜란드 문화예술 공간으로 쓰였다. 1934년부터 1939년까지 이곳에서 고흐, 피카소, 고겡, 샤갈 등 대가들의 작품이 전시되기도 하였다. 격변의 역사 속에 이 예술궁전은 용도와 주인이 바뀌어 현재는 건물 정면의 높다란 외벽에 네덜란드 통치 말기에 만든 이민청(移民廳) 벽 간판을 내 단 채 도시 속의 조용한 유럽풍 레스토랑으로 자리 잡고 있다.

물타뚤리가 대형 동상으로 인도네시아 대도시(아마도 쟈카르타)에 세워질 뻔 하기도 했었다. 수카르노 대통령이 350년 네덜란드 압제로부터의 해방과 새로운 국가의 국민적 통합을 목적으로 인도네시아 전국 곳곳에 대형 조형물을 세울 때, 측근의 한 사람이었던 쁘라무댜 아난따 뚜르(Pramoedya Ananta Toer)는 물타뚤리의 동상건립을 건의하였다. 당시 쁘라무댜는 인도네시아공산당(PKI) 산하 조직의 하나인 문인과 화가와 예술인동맹인 렉라(Lekra: Lembaga Kebudayaan Rakyat)를 이끌었는데, 렉라는 1963년 인도네시아 전국에 200개 지부와 10만 회원을 거느리고 있었다. 쁘라무댜는 물타뚤리가 윤리정책 시대를 연 인도네시아 원주민의 가장 가까운 친구였다고 기억했고, 수카르노는 물타뚤리의 작가 에두아르트 데커르도 식민통치의 주체였던 네덜란드 사람이라는 점에 주목했다. 수카르노는 쁘라무댜의 제안을 거절했다. 수하르토 집권(1965년) 후, 쁘라무댜는 PKI의 낙인이 찍혀 1979년까지 14년 간 말루꾸 군도의 부루(Buru)섬에 갇혔다. 2006년 4월에 타계한 그는 동남아 최고의 작가로 칭송 받으며 매년 노벨문학상 수상 후보군에 올랐다.

영국, 독일, 프랑스 사이에 낀 네덜란드는 유럽의 강소국이다. 국토면적은 4만 평방킬로미터 남짓하고(이 나마 약 1/4은 해수면 아래에 있다), 인구는 1,710만 명(2018년)에 불과하다. 그러나 우리나라에 앞서 무역고 1조 달러를 달성하였으며, 영독불과 이탈리아와 함께 명실상부한 유럽의 5대 경제 강국으로 꼽힌다. '세계의 언어'로 통하는 축구의 나라다. 2002년 한 해 동안 한국을 붉게 물들였던 축구의 장인(匠人) 히딩크(Guus Hiddink)의 나라다. 전 세계 주요 프로 축구팀 감독의 60퍼센트가 네덜란드인이다. 또한 용감한 양심의 나라, 막스 하벨라르의 나라이기도 하다.

스탐포드 래플즈(Thomas Stamford Raffles)

리센룽(李顯龍) 싱가포르 수상은 2013년 9월 16일 부친 리콴유(李光耀: 1923-2015)의 90세 생일을 맞아 “국가 건설은 아직 완성되지 않았으나 아버지가 없었다면 싱가포르는 지금 이 자리에 없었을 것”이라고 부친을 칭송했다. 2004년부터 13년 째 수상직에 있는 리센룽은 1959년부터 1990년까지 32년 간 초대 수상으로 오늘날의 싱가포르를 건설한 리콴유의 장남이다. 대다수의 싱가포르 국민들도 당연하게 리콴유를 국부(國父: *Father of Singapore*)로 칭송하며 존경과 사랑을 아끼지 않는다. 140년(1819-1959) 동안 영국의 식민통치를 받은 이곳 싱가포르에는 ‘현대 싱가포르의 건설자(*Founder of Modern Singapore*)’라는 이름의 역사적 인물이 한 사람 더 있다. 영국사람 토마스 스탐포드 래플즈(Sir Thomas Stamford Raffles: 1781-1826)다. 싱가포르의 아시아문명박물관 경내에 세워진 래플즈의 백색입상(立像) 아래에는 래플즈가 싱가포르에 상륙한 날짜(1819년 1월 28일)와 장소와 함께 ‘작은 어촌이었던 싱가포르를 지금과 같은 엄청난 항구 도시로 만들었다’고 적고 있다.

싱가포르는 무인도가 아니라 일찍부터 사람들의 왕래가 있었고,

바다의 실크로드 시대(12-14세기)에 이르러서는 말라카의 번영에 따라 교역 전진기지나 소규모 상업중심지로 발전했다. 그러나 유럽열강들이 몰려오기 전까지 이곳은 본격적인 역사의 무대가 아니었다. 14-15세기에 싱가포르는 번갈아 가며 쟈바, 수마트라 그리고 싸얌(Siam: 태국)의 지배를 받았다. 1365년에는 마쟈빠힛(Majapahit) 왕국, 1390년에는 스리비쟈야(Srivijaya)왕국, 1402년에는 아유타야(Ayutthaya)왕국의 지배하에 있었다는 기록이 있다.

16세기부터 싱가포르는 서구열강의 손으로 넘어가 19세기 초까지 패권국의 전리품 취급을 받았다. 1526년 포르투갈의 영향 하에 놓인 후 17세기 초부터는 네덜란드 영향권의 말레이 반도 남단의 죠호르(Johor)왕국으로 넘어갔다가 1819년 스탐포드 래플즈와 더불어 영국이 이곳에 등장하였다. 140년이 지난 1959년 싱가포르의 첫 총선에서 압승을 거둔 리콴유 수상(당시 36세)에게 식민종주국 영국이 외교와 국방을 제외한 자치권을 부여함으로써 동남아에서 영국 시대가 막을 내렸다.

토마스 스탐포드 래플즈는 1781년 7월에 카리브 해의 자메이카(Jamaica)로 향하던 배에서 태어났다. 가계가 몹시 빈한하였기 때문에 그는 14세의 어린 나이에 영국동인도회사에 취직하여 허드렛일을 시작하였다. 그러나 총명하고 천성이 부지런하며 무엇보다 탐구심이 강하여 동인도를 드나들면서 동인도의 여러 지역과 동양 사람들의 이모저모에 대한 다양한 자료를 수집 정리한 〈동인도와 그곳 사람들〉에 관한 리포트로 주위를 놀라게 하였다. 약관 22세의 나이였다. 그는 이 열정적인 노고로 기사작위를 수여받게 되었다.

일찍부터 말레이어에 능통하였던 래플즈는 현지인들과 부딪치는 모든 일을 도맡아 처리함으로써 동인도회사에서 승진을 거듭하였다. 쟈바의 총독 대리인으로 발탁된 이래, 수마트라에서도 같은 직책을 역임하였고, 그 후 싱가포르에 아시아지역본부를 건설하는 임무를 부여 받게 되었다. 래플즈는 새로운 임지마다 부총독에 해당하는 총독 대리인(*lieutenant governor*)이라는 직책으로 해결사 역할을 하였다. 그의 성공은 당연히 주위로부터 찬사와 더불어 질시를 받았다.

19세기 초에 동인도(동남아)는 대부분이 네덜란드의 영향권이었다. 쟈바는 일찍이 네덜란드령이 되었고, 말라카 해협에서 포르투갈 해군을 격퇴한 이후로는 싱가포르를 포함한 말레이 반도가 네덜란드의 수중에 떨어졌다. 네덜란드는 죠호르(Johor) 왕국 등 말레이 반도 남부의 이슬람 왕국을 간접통치하고 있었다. 이러한 상황에서 네덜란드령 동인도가 일시 영국의 지배하에 놓이게 되었다. 1811년 유럽에서 나폴레옹 전쟁이 발발하자 영국 해군은 네덜란드의 동인도 통치 중심지인 쟈바의 바타비아(Batavia)를 공격하여 네덜란드·프랑스연합군을 격퇴하고 1816년까지 6년 간 영국 지배시대를 열었다.

약관 30세의 토마스 스탐포드 래플즈가 이 때 쟈바의 총독 대리인으로 등장하였다. 그는 즉시 네덜란드령 동인도(인도네시아)의 식민정책 개혁에 나섰다. 네덜란드의 국부(國富)를 상징하던 열대원예작물강제재배제도와 유럽시장을 내다 팔 원예작물의 의무공출제도를 폐지하였다. 그 대신 농민들에게 농지를 임차해 주는 제도로 바꾸고, 노예를 해방하였으며, 사법제도도 만들었다. 그러나 래플즈의 원대한 쟈바 통치계획은 단기간에 최대한의 이윤추구를 목적으로 하는 영국동인도회사의 반발에 부딪쳤고, 1816년 나폴레옹 전쟁이 끝나고 네덜란드가 동인도로 복귀하면서 결실을 보지 못한 채 종료되었다. 당시 유럽의 강대국들은 모두 동인도회사(*East India Company*)를 가지고 있었다. 영국을 비롯하여 프랑스 · 네덜란드 · 덴마크 등이었는데, 이 중 네덜란드동인도회사(VOC)가 유럽 시장으로 가장 많은 식민지 산품을 실어 날랐다.

래플즈 시대에 인도네시아는 중요한 것을 얻었다. 역사 속에 잠자고 있던 보로부두르(Borobudur) 대탑 사원을 발굴해 낸 것이다. 쟈바의 총독 대리인으로 있으면서 스탐포드 래플즈는 직무와는 직접적인 관련이 없는 네 그룹의 현지인 전문가들을 고용하였다. 제1그룹은 정글로 보내어 수목·꽃·이끼 등 열대식물을 조사케 하고, 제2그룹은 벌레·메뚜기·나비·지네 등에 관한 연구를, 제3그룹은 어패류를, 그리고 제4그룹은 조류와 짐승 등 열대동물을 연구케 하였다. 이들 네 그룹의 충실한 고용원들은 래플즈의 업적에 크게 기여하였다. 1814년 래플즈는 고대의 기록물들을 통한 오랜 연구와 현지인들의 증언을 토대로 보로부두르 발굴 작업에 나섰다. 그는 바타비아로부터 일단의 병사들이 포함된 수하들을 중부 쟈바로 파견하고 현지인들을 대거 동원하여 만 2개 월 동안 땀을 쏟는 노고 끝에 천년 세월을 정글 속에 묻혀 있던 인류의 보물을 캐내는 쾌거를 이루었다. 이를 계기로 래플즈는 1817년 런던에서 〈쟈바의 역사(*the History of Java*)〉라는 역사서를 펴냈다. 인도네시아 군도의 여러 가지 동식물에도 첫 발견자인 래플즈의 이름이 붙여졌는데, 그 중 하나가 래플레시아(Rafflesia)다. 1818년 수마트라 정글에서 발견한 이 거대한 꽃은 무게가 7킬로그램이고 직경이 90센티나 된다. 래플레시아에는 '이 세상에서 가장 큰 꽃'이라는 수식어가 따라 다닌다.

네덜란드 시대가 다시 시작되면서 바타비아를 떠나 영국으로 돌아간 스탐포드 래플즈는 쉴 틈도 없이 새로운 아시아지역본부를 건설하라는 명을 받고 동인도로 되돌아 왔다. 그러나 불과 몇 년 사이에 말라카 해협 일대와 쟈바와 수마트라의 여러 지역은 이미 네덜란드의 세상이 되어 있었다. 처음에는 수마트라의 리아우(Riau) 일대를 염두에 두었으나 네덜란드와의 큰 충돌이 우려되었으므로, 래플즈 일행은 말라카 해협을 따라 남하하여 싱가포르에 도달했다. 래플즈는 처음부터 지정학(地政學)적으로 양호한 싱가포르의 미래를 예견하였다. 당시 싱가포르는 죠호르 왕국의 술탄 후세인 샤(Sultan Hussein Shah) 영지였다. 후세인은 네덜란드의 간섭에서 벗어나려고 벼르던 차에 래플즈의 솔깃한 제안을 받게 된 것이었다. 래플즈는 죠호르 술탄 왕가를 보전하고, 후세인과 휘하의 추종 세력들을 보호하며, 매년 스페인 은화로 3,000달러의 연금을 지급한다는 조건으로 싱가포르 전 지역을 영국동인도회사에게 영구 할양하는 조약을 성립시켰다. 1819년 2월에 죠호르의 술탄 후세인과 영국동인도회사(*British East India Company*)를 대리하여 토마스 스탐포드 래플즈가 조약에 서명함으로써 140년 영국의 싱가포르 통치시대를 열었다.

래플즈는 싱가포르를 무역중심지로 만들기 위해서 모든 정책의 기준을 현지화에 맞추었다. 학교와 교회를 세우고 현지 언어인 말레이어(믈라유어) 사용을 권장하고, 무역기지 건설을 위하여 중국인과 인도인 이주자들을 끌어들였다. 그는 도시 계획에도 착수하여, 네 부류의 사람들의 거주지를 구분하여 충돌을 막고 나아가 서로 화합할 수 있는 기반을 조성하였다. 술탄 후세인과 그의 추종자들을 포함하여 말레이 무슬림들은 깜뽕 글람(kampong Glam)에 거주하게 하고, 유럽인들은 유럽인 타운(*European Town*)에, 인도인들은 깜뽕 출리아(Kampong Chulia)에, 그리고 중국인들은 챠이나 타운(*China Town*)에 모여 살도록 하였다. 싱가포르의 영국시대가 막 궤도에 오르자마자 스탐포드 래플즈는 수마트라 서남부 해안의 벤쿨렌(*Bencoolen*)의 총독 대리인으로 파견하는 명령이 떨어졌다. 그는 1818년부터 1824년까지 벤쿨렌의 경략까지 맡게 되었다.

벤쿨렌은 1685년 영국동인도회사가 후추무역기지로 만들면서 영국의 동인도 식민통치사의 변방이 되었다. 붕꿀루(Bengkulu)주가 이때부터 본격적으로 개발되어 오늘날 서부 수마트라의 가장 중요한 항구도시로 자리 잡았다. 1714년 영국군은 오늘날까지 남아있는 견고한 말보로 요새(*Fort of Marlborough*)를 축조하였다. 영국동인도회사는 이곳을 후추무역의 전진기지로 삼아 유럽 후추시장에서 네덜란드와 경쟁하였다. 인도양에 면한 항구도시 벤쿨렌은 지진이 잦고 악성 전염병이 수시로 창궐하였으며, 더구나 생필품 조달에 큰 어려움을 겪었으면서도 1824년까지 140년 동안 영국군이 주둔하였을 만큼 후추무역에 공을 들였다. 알란 하필드(Alan Harfield)의 〈벤쿨렌 개척사(*Bencoolen: A History of the Honourable East India*

Company's Garrison on the West Coast of Sumatra, 1685-1825)〉가 남아 있다. 1824년은 영국과 네덜란드가 동인도 전 지역에 대해서 통치영역의 경계를 획정한 '영화(英和)조약'을 맺은 해이다. 이때부터 네덜란드는 인도네시아 전역을 차지하였고, 영국은 말라카를 중심으로 말레이 반도에 집중하게 되었다.

말보로 요새는 영국공작 말보로(*Duke of Marlborough*)로부터 붙여진 이름이다. 1701년 스페인왕위 계승전쟁에서 맞붙은 영국과 프랑스 간의 블렌하임(*Blenheim*) 전투에서 대승을 거둔 처칠(John Churchill) 장군에게 당시의 앤(Ann) 여왕(재임: 1702-1714)이 1704년에 하사한 작위이다. 말보로 공작은 궁전도 하사 받았는데, 후일 영국 수상이 되어 제2차 세계대전을 승리로 이끈 처칠이 1874년 칠삭둥이로 이곳에서 태어났다. 말보로 공작은 18세기 초에 가장 유명한 장군이었으므로 여러 지명과 건축물에 그의 이름이 붙여졌다. 벤쿨렌(*Bencoolen*)이 뱅끌루(Bengkulu)로 불렸듯이 말보로는 인도네시아에서 말리오보로(Malioboro)로 정착되었다. 중부 쟈바 죡쟈카르타의 중심 번화가 쟐란 말리오보로(Jalan Malioboro)도 말보로 공작의 이름에서 따온 것이다. 스탐포드 래플즈는 영령 벤쿨렌 시대 말기 3년의 어려운 시기를 말보로 요새에서 보내고 1822년 싱가포르로 돌아 왔다.

1823년 스탐포드 래플즈는 싱가포르의 미래를 위해서 교육이 필수적이라고 판단하고 교육기관 설립을 위한 청사진을 제시하였다. 1905년 뻬낭(Penang)·말라카(Malacca)·싱가포르(Singapore)로 구성된 해협식민지말라야연방학교가 래플즈의 구상에 의해서 설립되었다. 1913년에는 처음으로 고등교육기관 형태를 갖춘 에드워드 7세(Edward VII)의과전문학교로 확대 발전된 후, 1921년 에드워드 7세 의과대학으로 개명하여 자리를 잡았다. 1949년 말라야연방이 결성되자 에드워드 7세 의과대학은 종합대학 말라야대학(*University of Malaya*)으로 확대 개편되었다. 1959년 싱가포르가 자치정부의 지위를 획득하자 쿠알라룸푸르(Kuala Lumpur)에도 독립 캠퍼스를 열고 말라야대학교(UM: Universiti Malaya)라는 교명을 사용하게 되었다. 싱가포르가 말레이시아연방에 가입한 1962년 말라야대학 싱가포르 캠퍼스는 국립싱가포르대학교(NUS: *National University of Singapore*)로 교명을 변경하였다. 오늘날 일본의 도쿄대학교, 중국의 베이징대학교와 더불어 아시아 3대 대학으로 우뚝 서게 된 NUS는 현대 싱가포르의 건설자 토마스 스탐포드 래플즈 경의 원대한 구상에 의해서 탄생된 것이다.

도시국가 싱가포르는 도시 전체가 관광 상품이다. 그 중 하나로 스탐포드 래플즈 호텔이 있다. 이 호텔은 1887년 방갈로 10개로 시작하여 비치하우스라고 명명했던 것을 104개의 객실을 갖춘 아담한 호텔로 개조하고 일찍이 스탐포드 래플즈의 이름을 붙여 세계적인 관광 명소가 되었다. 호텔 탄생 100주년을 맞은 1987년 싱가포르 정부는 이를 국가기념물로 지정하고 초창기의 모습으로 복원하기로 하였는데, 우리나라 쌍용건설이 1991년 복원공사를 성공적으로 마쳤다. 이 호텔은 엘리자베스 영국 여왕, 찰리 채플린 같은 유명 인사들이 묵은 곳으로도 유명하다. 그 중에는 〈달과 식스펜스(*The Moon and Sixpence*)〉의 작가 섬머셋 모옴(William Somerset Maugham:

1874-1965)도 끼어 있다. 모옴은 르네상스 풍의 래플즈 호텔을 즐겨 찾았는데, 이곳에서 그의 대표작 달과 식스펜스를 완성(1919년 발표)하였다. 달(*moon*)은 '이상(理想)'이고 식스펜스(*sixpence*)는 '현실(現實)'을 상징한 것인데, 식스펜스는 6펜스가 아니라 당시 영국 화폐의 최소 단위 명칭이었다.

많은 사람들이 그 맛과 멋과 향을 기억하는 싱가포르 슬링(*singapore sling*)이라는 칵테일이 있다. 이 칵테일은 싱가포르의 아름다운 저녁노을을 묘사하기 위해서 1890년대 초에 스탐포드 래플즈 호텔에서 태어났다. 오늘날까지도 이 호텔의 2층에 자리 잡고 있는 롱 바(long bar)에서 평생토록 근무했다는 응지암(Ngiam Tong Boon 嚴崇文)이라는 중국인 바텐더가 싱가포르 슬링을 세상에 내놓은 주인공이다. 슬링은 원래 약간의 알콜에 오렌지 종류의 과일 액즙을 첨가하여 설탕이나 물을 섞은 가벼운 과일음료로 주로 열대지방에서 애용해 왔다. 바텐더 응지암은 갓 짜낸 파인애플 쥬스를 바탕으로 진(*gin*)을 첨가한 후, 약간의 체리 브랜디와 베네딕틴(*benedictine*) 몇 방울 첨가하여 저녁노을 색깔과 함께 독특한 향(香)을 내고, 체리와 파인애플로 칵테일 잔을 장식하여 손님들에게 서비스하였다. 그는 특히 맛있는 파인애플을 고르는데 신경을 썼는데, 신선한 사라와크(Sarawak)산(産)을 고집하였다고 전해지고 있다.

토마스 스탐포드 래플즈는 1824년 영국으로 돌아와 동양학자로서 대접을 받았다. 그는 동인도에서의 경험을 살려 런던 동물원(*London Zoo*)을 열고 초대 원장을 맡기도 하였다. 래플즈는 분명하게 화려한 역사적 인물이었으나 가족사는 순탄치 못하였다. 그는

1804년 23세 때 10년 연상인 올리비아와 정략 결혼하였다. 1814년 사망할 때까지 올리비아는 래플즈의 출세를 위한 충실한 협조자였다. 올리비아가 죽은 2년 후 소피아와 재혼하여 1826년 뇌종양으로 사거할 때까지 10년 동안 래플즈는 다섯 자녀를 두었으나 모두 어린 나이에 죽었다. 그러나 소피아 부인은 래플즈 사후에도 30년을 더 살면서 남편의 생애와 업적에 관한 자료를 모아 책으로 엮어냈다. 토마스 스탐포드 래플즈는 그가 처음으로 싱가포르에 상륙했던 캔닝 힐 요새(*Fort of Canning Hill*)에 묻히기를 원했다. 그곳은 출입이 금지된 언덕(Bukit Larangan)이라 하여 14세기 싱가포르가 한 때 번성했을 당시의 통치자였던 끄라맛 이스깐다르 샤(Keramat Iskandar Shah)의 무덤이 있는 곳이었다. 인간사는 무상(無常)하고 역사는 영원한 것이다.

에디 수나르소(Edhi Sunarso)

인도네시아를 여행하다 보면 어느 도시에서나 역사적 건물이나 기념비나 동상을 발견할 수 있다. 특히 네덜란드 식민통치시대에 만든 유럽풍의 건물은 어느 도시든 하나씩은 꼭 남아있다. 쟈카르타도 예외가 아니다. 이들 건물이나 조각상들은 그 하나하나가 역사적 사건을 기록하는 상징성을 지닌다. 인도네시아 국민들 중 특히 쟈카르타 시민들은 시내에 산재된 조각상들을 보면서 '투쟁하는 사람들'의 모습을 떠올린다. 이들에게는 더 이상 외세의 침탈이 없는 탄탄한 역사의 버팀목을 만들어 국가와 수도를 만들어야 한다는 공통된 목표가 있었다. 붕 까르노(Bung Karno)로 널리 불리는 이 나라 초대 대통령 수카르노(Sukarno)(1901-1970)와 에디 수나르소(Edhi Sunarso)가 쟈카르타의 기념비적 조각상들로 인도네시아의 새 시대를 단장한 두 장본인이다.

붕 까르노와는 달리 에디 수나르소를 아는 사람은 많지 않다. 그는 1933년 중부 쟈바 살라띠가(Salatiga)에서 태어나 2016년 85세의 일기로 족쟈카르타(Yogyakarta)에서 일생을 마쳤다. 일곱 살 때부터 부모와 떨어져 지내야 했던 그는 소년기부터 네덜란드군에 맞서 싸우는 인도네시아 유격대를 돕는 일에 뛰어 들었다. 초등학교 5학년 때였다. 찌말랴야(Cimalaya)에서 유격대원들과 함께 네덜란드군에 체포된 소년 에디는 4년 간 감옥과 감옥을 오가며 지냈다. 그가 마지막으로 거쳤던 감옥은 반둥(Bandung)의 군 형무소였다. 이 감옥에서 에디는 사람의 뼈로 반지를 만들거나 그림을 그리기 시작했다. 16살이 되던 해에 출소하였는데, 마땅히 가야할 데가 없었다. 군대에 남게 된 이유였다.

에디 수나르소는 곧 군인으로 살아가는 것에 대한 무료함을 느끼기 시작했다. 1950년 4월, 그는 인생의 갈림길에 서게 되었다. 군대 생활을 이어나갈 것인지, 아니면 학업을 시도해 볼 것인지 하는 것이었다. 당시 그는 족자카르타 소재 국립조형예술대학(ASRI: Akademi Seni Rupa Indonesia) 교정에서 다소 여유로운 시간을 보내고 있었다. 에디는 학생들이 그림 그리는 모습을 보며 그가 감옥에서 그림 그리던 때를 회상했다고 했다. 자연스레 학생들을 따라 다니면서 그림을 그렸다. 어느 날 그 대학의 교수이자 화가인 헨드라 구나완(Hendra Gunawan)과 조우하게 되었다. 그렇게 두 사람의 인연이 시작되었고, 헨드라는 에디가 이전 학교의 졸업장이 없음에도 불구하고 자신의 클라스에서 미술 공부를 할 수 있게 도움을 주었다.

에디는 국민화가(Pelukis Rakyat)라는 옥호의 미술학원을 겸한 헨드라의 집에서 생활했다. 자연스레 헨드라의 미술학원 일을 돕게 되었고, 헨드라 이외에 많은 다른 예술가들과 교류하는 기회를 가졌다. 가끔 족자카르타 깔리우랑(Kaliurang) 지역의 머라삐(Merapi)

화산 계곡에 가서 돌을 쪼아 조각을 하기도 했다. 당시에는 돌 다루는 기술이 개발되지 않았기 때문에, 에디는 진흙을 더 많이 사용했다. 그는 밤낮 가리지 않고, 그림을 그리고 조각과 조형에 열정을 쏟았다. 헨드라의 클라스에서 청강한 지 3년 째 되던 해에 에디는 시험을 거쳐 ASRI의 정규 학생이 되었다. 1952년, 그는 런던에서 개최된 세계조각대회에 '무명의 정치범(*The Unknown Political Prisoner*)'이라는 작품을 가지고 참여했다. 이 대회에서 에디는 은상을 탔는데, 그의 작품은 현재 런던의 왕립테이트박물관(Tate Modern Museum)에 전시되어 있다.

ASRI에서 공부를 마친 에디는 예술적 재능을 인정받아 유네스코의 장학금으로 타고르(R. Tagore)가 세운 인도 북동부의 대학도시 산티니케탄(Santiniketan)에 소재한 인도종합예술학교로 유학을 떠났다. 인도와 인도네시아는 당시 비동맹운동으로 매우 가까운 나라였다. 산티니케탄에서 2년 반 가량 수학하는 동안, 그는 외국인으로는 처음으로 인도 정부가 젊은 예술가에게 수여하는 골드메달(*Gold Medal*)을 받았다. 귀국 후 에디는 1959년부터 ASRI의 전임강사로 자리를 잡고, 석고와 시멘트를 이용한 조형기법을 개발하기 시작했다. 이듬해부터 그는 조소과 학과장 직을 맡았다.

에디(Edhi Sunarso)의 이름은 1953년 5월 스마랑 기념비(Monumen Tugu Muda Semarang) 제막식에서 수카르노를 만난 다음부터 널리 알려지게 되었다. 수카르노는 영국과 인도에서 에디의 국위 선양을 치하했고, 언론을 이를 크게 다루었기 때문이었다. 1958년 어느 날 에디는 수카르노 대통령의 관저에 초대를 받았다. 그 자리에는 당시 자카르타 부지사이자 당대의 유명한 화가였던 헹크안뚱(Henk Ngantung)도 있었다. 수카르노는 에디에게 자카르타에서 열릴 예정이었던 아시안게임(*Asian Games IV*)을 앞두고 외국방문객을 환영하는 동상을 세우자고 제안했다.

수카르노 대통령 자신이 아시안게임 환영동상(Monumen Selamat Datang)의 모델이 되겠다고 나섰다. 헹크안뚱이 동상을 스케치하고 에디가 작업팀을 이끌었다. 1961년 독립기념일(8월 17일)에 시작한 공사는 만 1년이 걸려 자카르타 아시안게임(1962년 8월 24일부터 9월 4일까지) 직전에 완공되었다. 자카르타의 심장부인 '분다란 하이(Bundaran Hotel Indonesia)'에 우뚝 선 동상인데, 남녀 두 사람이 손을 흔들며 방문객들을 환영하는 제스쳐를 취하고 있다. 여자는 왼손에 꽃을 들고 있고 남자는 팔을 들어 올리고 있는데, 손끝에서 발끝까지의 높이가 7미터이며 기단까지 합치면 30미터에 이른다. 분다란 하이는 자카르타를 대표하는 국립 '호텔 인도네시아'가 위치한 광장이라는 뜻이다. 총 18개국이 참가한 자카르타 아시안게임에서 주최국 인도네시아는 일본과 인도에 이어 종합성적 3위를 차지했고, 한국은 5위에 머물렀다.

수산또(Mikke Susanto)라는 원로 큐레이터는 자신의 자서전에서 에디가 여러 공공장소에 설치한 대형 기념비나 영웅들의 동상은 국가와 국민을 이어주는 가교 역할을 했다고 썼다. 에디는 1940년대 격동기를 산 혁명투쟁가로서 자신의 작품을 역사적인 관점에서 조명하였다. 그는 작품 활동을 통해서 젊은 시절의 경험을 바탕으로 국민들의 애국심을 고취시켰다. 수카르노가 인도네시아의 국가와 국토와 국민을 한데 묶는 거대한 신생국의 설계자였다면, 에디는 국가와 국민을 연결하는 애국심 창출의 연출자였다. 애국심을 주제로 한 에디 수나르소의 대표적인 작품이 바로 분다란 하이를 지키고 있는 아시안게임 참가자들을 위한 환영 동상이다.

분다란 하이의 동상을 성공적으로 만들어 낸 것을 계기로 에디는 수카르노의 두터운 신임을 얻게 되었다. 1963년 그는 수카르노의 부름에 따라 오늘날의 파푸아(Papua)지역인 서부 이리안(Irian Barat)에 이리안해방동상(Patung Pembebasan Irian Barat)을 세웠다. 이 동상은 인도네시아 국민들이 맨 주먹으로 막강한 군사력의 네덜란드에 맞서 싸워 서부 이리안을 구해 낸 영웅적 투지를 상징하고 있다. 인도네시아 젊은이가 감옥 창틀에 매달려 자유를 향해 울부짖는 모습이다. 이 동상은 에디와 아르짜가족(Keluarga Artja)이라는 작업팀이 만들었는데, 동상 무게만 8톤에 달했다. 발 끝자락부터 손끝까지 높이는 11미터이며, 기단까지 합치면 20미터 가량이 된다.

에디는 곧 이어 분다란 빤쪼란(Bunderan Pancoran)에도 동상을 세워달라는 대통령의 부탁을 받았다. 원래 이 동상은 '창공을 향한 동상(Patung Dirgantara)'이라고 명명되었는데, 수카르노는 이 동상에 가까운 장래의 번영된 조국에 대한 인도네시아 국민들의 염원을 담고자 했다. 그래서 옛 인도네시아 공군본부 자리인 알디론 창공관(館)(Wisma Aldiron Dirgantara) 건너편인 가뜻 수브로또가(街)(Jl. Jend. Gatot Subroto)의 빤쪼란 광장이 동상 위치로 낙착되었던 것이다. 창공을 향한 동상이 쟈카르타 사람들 사이에 '빤쪼란 동상'으로 불리게 된 연유이다. 이곳에서 멀지 않은 곳에 코린도(Korindo)

본사가 있다.

이 동상 건설작업은 '소련과 미국이 최신형 전투기를 막강한 국력의 상징으로 내세우는데, 인도네시아는 무엇을 국가의 자부심으로 내세울 것인가' 하는 수카르노와 에디가 함께 공감한 물음에서 시작되었다. 이 물음에 대한 답은 바로 '사람'이었다. 수카르노는 발 디딘 곳을 박차고 창공을 향해서 날아오를 것 같은 포즈를 취하고 있는 동상 위의 가상 인물을 가똣 까쨔 멘탈 븐똘로(Gatot Kaca Mental Bentolo)라 명명하고, 대통령 자신이 이 모델이 되고자 했다. 그래서 수카르노는 수시로 에디의 작업실을 찾아 와서 포즈를 취하곤 했는데, 그는 인도네시아 국민들이 완성된 이 동상을 바라보며 협동과 화합과 미래 지향적인 인도네시아 정신과 함께 애국심을 고취할 것으로 기대하였다. 이 동상은 1964년부터 1965년까지 1년여의 기간 동안 에디와 에디의 작업팀 아르쨔 가족이 제작에 전념하였다. 27미터 높이에 청동만 11톤이 소요되었다. 제작비가 모자라자 수카르노는 대통령 전용 승용차를 한 대 처분하여 100만 루피아(1964년)를 보태기도 했다. 그러나 정작 수카르노 대통령 자신은 이 빤쪼란 동상의 준공을 보지 못하였다. 수하르토(Suharto) 군부가 득세하는 혼란기로 휘말려 들었기 때문이었다.

수 년 동안 대통령 수카르노와 교류하면서 에디 수나르소는 젊은 시절 자신의 열정과 국가원수의 국가관이 조화를 이룬 작업을 통해서 매우 인상적인 예술작품을 만들어 냈다. 이런 유형의 동상들은 모두 에디가 수카르노와 함께 창출한 것이다. 이러한 일련의 경험을 바탕으로 에디는 그 후 계속해서 인도네시아 전역에 많은 동상을 세웠다. 그의 대표적인 예술작품으로 암본(Ambon)의 '조국에 헌신한 슬라멧 리야디 대령 기념비(Monumen Pahlawan Nasional Kolonel Slamet Riyadi)', 반둥(Bandung)의 '아흐맛 야니 장군 기념비(Monumen Jenderal Ahmad Yani)', 수라카르타(Surakarta)의 '가똣 수브로또 장군 기념비(Monumen Jenderal Gatot Subroto)', 수라바야(Surabaya)의 '수라바야 기념비(Monumen Surabaya)', 쟈카르타(Jakarta)의 수많은 기념비들, 이를 테면, '애국자 사무드라 기념탑(Monumen Pahlawan Samudera)', 인도네시아 국방부 경내의 '수디르만 장군비(Monumen Panglima Besar Raden Sudirman)', 그리고 인도네시아 9·30사태 이후에 만들어진 '빤쨔실라 기념비(Monumen Pancasila Sakti Lubang Buaya)', 파푸아 비악(Biak)의 '요스 수다르소 제독기념비(Monumen Yos Sudarso)'와 디굴(Digul)에 세워진 '무명용사비(Monumen Pahlawan Tak Dikenal)', 그리고 수마트라 쟘비(Jambi)의 '토하 사이푸딘 술탄 기념비(Monumen Sultan Thoha Syaifudin)' 같은 것들이다.

오늘날의 인도네시아 국토의 외형은 1910년에 완성되었다. 1605년에 시작된 네덜란드 식민당국의 경제적 이익을 우선한 점진적인 통치영역 확대가 이때 종결된 것이다. 300년이라는 긴 세월이 소요되었다. 1910년 이전에 이 나라의 역사는 단 한 번도 오늘날의 거대한 인도네시아 군도 전체를 통치영역에 포함한 적이 없었다. 17,508개의 크고 작은 섬으로 세계 최대의 군도국가인 이 나라에는 약 300여 종족과 600여 지역 언어(종족언어)가 있고, 과거 무역왕국 시대에는 오늘날의 주요 해안 도시들이 모두 독립된 왕국이었다. 수카르노는 과거를 딛고 국가와 민족의 미래를 열었다. 국부이자 초대 대통령의 최대 업적이랄 수 있다. 그는 1928년 인도네시아전국청년회의에서 채택한 젊은이의 맹세(Sumpah Pemuda)인 '하나의 나라, 인도네시아; 하나의 국어, 바하사(bahasa) 인도네시아; 하나의 민족, 방사(bangsa) 인도네시아'를 완성하였다. 네덜란드 통치시대의 역사적 건물은 인도네시아사의 과거로 소중하게 보존하면서, 새로운 시대를 향해 가는 인도네시아 정신과 애국심 창출의 원천으로 삼았다. 이를 딛고 수많은 기념비와 동상들이 수카르노의 고뇌에 찬 국가 사랑을 웅변하고 있다.

에디 수나르소는 수카르노라는 거인 곁을 그림자 처럼 따라 다닌 장인이었다. 그의 예술 인생은 실로 험난한 여정이었으며, 언제나 새로운 도전 과제로 가득했다. 2014년 83세의 늦은 나이에 에디는 족자카르타 좀보르(Jombor)에 마련한 새 집으로 옮겼다. 그가 오랫동안 지켜 온 족자카르타 깔리우랑(Kaliurang)의 고가와 작업실이 있던 자리는 새 아파트 단지가 들어섰기 때문이었다. 이곳에 인도네시아 국가와 민족의 '하나 됨'을 위해서 진력해 온 에디 수나르소의 투쟁과 희생정신과 그리고 창의적이며 경이적인 작품세계에 대한 존경의 뜻으로 그의 이름을 딴 작은 갤러리가 세워졌다. 에디에게 수카르노는 자신을 예술가로서 참 인생으로 인도해 준 아버지와 같은 존재였다. 에디는 자신의 작품에 대한 평가를 과찬으로 여겼다. 좀보르의 새 저택에서 진행된 한 인터뷰에서, 그는 '인도네시아 역사의 망망대해에서 자신은 한 점의 티끌과 같은 사람'이라고 자신의 공을 모두 수카르노 대통령에게 돌렸다.

술탄 하멩꾸부워노 10세
(Sultan Hamengkubuwono X)

족자카르타 술탄 하멩꾸부워노 10세의 다섯 명의 공주 중 넷 째 공주가 2013년 10월 21일과 23일 두 차례에 걸쳐 족자카르타의 소박한 술탄 궁전 크라톤(Kraton)에서 결혼식을 올렸다. 하객들이 너무 많아서(공식 초청인사만 4,500명) 같은 식순의 결혼식을 두 차례나 거행하였다. 공주의 공식 이름은 깐젱 라뚜 하유(Kanjeng Ratu Hayu)이며, 앙거르 쁘리바디 위보워(Angger Pribadi Wibowo)라는 사가(私家)의 이름을 가진 신랑은 깐젱 빵에란 하르요 노또네고로(Kanjeng Pangeran Haryo Notonegoro)라는 술탄 왕가의 공식 명칭을 부여 받았다. 각각 '하유 왕비'와 '하르요 노또네고로 왕자'라는 뜻이다. 이들의 공식 명칭 앞에 붙는 깐젱(kanjeng)도 쟈바 고어로 하멩꾸부워노 왕가의 지체 높은 사람의 이름 앞에만 붙이는 경칭이다. 하유 왕비는 결혼 당시 31세이고 하르요 왕자는 41세로 만혼인데, 이들은 미국에서 10년 넘게 연애를 했다고 한다. 술탄의 막내 공주는 언니를 앞질러 2012년에 결혼하였다. 술탄은 아버지로서 할 일을 다 한 것 같다며 시원섭섭하다는 소회를 밝혔고, 족자카르타 주민들은 한결같이 술탄 왕가의 마지막 결혼을 축하하는 들뜬

분위기였다.

술탄 하멩꾸부워노 왕가는 인도네시아 역사에서 가장 큰 왕국인 힌두불교문화를 기반으로 한 마쟈빠힛(Majapahit)의 왕통을 이은 쟈바의 여러 군소 왕국 중 최후의 승자로 남게 된 마따람(Mataram) 왕국의 후반기 네 갈래 중 전통시대의 왕실을 원형에 가깝게 유지 발전시켜 오늘날까지 족쟈카르타특별주(DIY: Daerah Istimewa Yogyakarta)를 이루고 있다. 인도네시아의 34개의 주(Provinsi) 중 유일하게 족쟈카르타 주는 주지사 선거를 하지 않고, 매 4년 마다 하멩꾸부워노 가의 술탄이 주지사직을 연임하고 있다. 왕조시대의 왕실의 권위가 어느 정도 살아 있는 셈이다. 약 400만(2017년)의 족쟈카르타 주민들도 이를 반겨 만족하고 있으니 더욱 그러하다.

쟈바의 전통 왕국들은 네덜란드동인도회사(VOC)와 긴장과 갈등 관계 속에서 명맥을 유지했다. 쟈바 왕국사의 가장 위대한 군주였던 마따람 왕국의 술탄 아궁(Sultan Agung)의 치세(1613-1645)가 끝나면서 동인도회사의 집요한 쟈바 왕국에 대한 분열과 와해공작이 시작되었다. 1741년 총독으로 임명된 후스따프 환 임호프(Gustaaf van Imhoff)가 1743년 바티비아에 도착하면서 쟈바 북부의 전 해안을 관장하려는 시도가 본격화 되었다. 환 임호프의 궁극적인 목표는 전 쟈바를 속령(屬領)으로 만드는 것이었다. 이를 위해서 쟈바 북부의 항구와 군소도서를 동인도회사의 관할 하에 두고자 했다. 이러한 공세적인 네덜란드의 시도에 대해서 왕국의 수도 수라카르타(Surakarta)를 지키고 있던 빠꾸부워노 2세(Paku Buwono II: 재위 1727-1749) 왕은 적절한 대처를 할 힘을 가지고 있지 못하였다. 그는 환 임호프의 계속된 압력에 굴복하여 매년 스페인 은화 2만 레알(*Real*)을 받고 자바 전 해안의 어업과 무역권을 동인도회사에 임차하는 형식으로 포노로고(Ponorogo)조약에 서명하였다. 이로써 자바는 네덜란드의 속령 형태로 전락하게 되었다.

빠꾸부워노 2세의 무능함과 네덜란드의 권모술수에 한 동안 왕의 최측근이었던 망꾸부미(Mangkubumi) 왕자가 분연히 일어섰다. 그는 환 임호프 총독과 동인도회사를 강력하게 비난하고 왕과 왕국의 심기일전을 촉구하였다. 총독은 망꾸부미 왕자가 향후 네덜란드의 자바 통치에 걸림돌이 될 것으로 판단하고 빠꾸부워노를 통하여 왕자의 권한과 영향력을 간섭하고 견제하기 시작하였다. 왕의 나약함에 실망한 망꾸부미는 더 이상 왕실 내에서는 변화를 이끌어 낼 수 없을 것이라는 판단 하에 수라카르타를 떠나 대 네덜란드 항전에 나설 것을 결심하게 되었다. 망꾸부미는 위질(Wijil), 크라뺙(Krapyak), 하디위죠요(Hadiwijoyo) 등 세 왕자를 대동하고 반란 세력을 이끌고 있던 라덴 사이드(Raden Mas Said) 진영에 합류하였다. 1746년 5월이었다.

라덴 사이드는 빠꾸부워노 왕실의 실력자였으나 빠꾸부워노 2세 왕의 모함으로 네덜란드에 의해서 스리랑카를 거쳐 아프리카 남단 희망봉으로 추방당한 아르야 망꾸너가라(Arya Mangkunegara)의 아들이었다. 그는 일찍이 왕실과 네덜란드에 대항하는 세력을 규합해 왔는데, 망꾸부미 등 왕실의 네 왕자가 반란 세력에 가담함으로써 쉽게 제3차 자바전쟁(1746-1757)의 불을 당기게 되었다. 제1차(1704-1708)와 제2차(1719-1723) 등 세 차례에 걸쳐 전개된 자바전쟁은 모두 마따람 왕조의 왕위 계승과 왕권 다툼이 그 원인이었다. 이 과정에서 네덜란드는 당연하게 군대를 동원하여 쟈바전쟁에 깊숙하게 개입함으로써 동인도회사의 이권과 영향력을 확대해 나갔다.

제3차 쟈바전쟁은 망꾸부미의 전쟁이었다. 1747년 전쟁 개시 1년 만에 망꾸부미는 2,500명의 기병대를 포함한 13,000명의 군대를 지휘하게 되었다. 이듬해에는 수라카르트타를 여러 차례나 실질적으로 위협하였으나, 왕실을 유린하지는 않았다. 이러한 전쟁의 와중에서 1749년 빠꾸부워노 2세가 병사하였다. 그 해 말 망꾸부미는 그의 군대와 수많은 추종자들의 추대에 의해서 빠꾸부워노 왕실과는 별개의 왕위에 올랐다. 그는 마따람 왕국 영역 내에 있던 죡쟈카르트타(Yogyakarta)의 반란군 사령부에서 수수후난 빠꾸부워노(Susuhunan Pakubuwono)라는 새로운 군주의 칭호를 부여 받았다. 그리하여 그는 후일 술탄 하멩꾸부워노 1세가 되어 술탄 아궁(Sultan Agung) 이래 마따람 왕국에서 가장 유능한 군주로 43년에 걸쳐 쟈바를 통치하였다.

하멩꾸부워노의 등장으로 쟈바는 1749년 말부터 반란으로 세워진 왕국(하멩꾸부워노 1세)과 동인도회사의 지원을 받는 군주국(빠꾸부워노 3세)으로 양분되어 대립하는 구도가 형성되었다. 그러나 반란 세력이 막강했고, 동인도회사는 재정적으로나 군사적으로 크게 위축되어 있었으므로 반란 세력을 진압할 여력이 없었다. 1750년에 들어서면서 반란 세력은 더욱 위세를 떨쳤다. 망꾸부미의 최측근이 된 라덴 사이드는 1750년 다시 수라카르트타를 공격하여 동인도회사 수비군에게 막대한 피해를 입혔다. 이에 따라 동인도회사도 크게 곤경에 빠지게 되었다. 동인도회사의 쟈바 북동부 해안 수비대의 신임 사령관 리꼴라스 하르띵(Nicolaas Hartingh)은 1754년 승승장구하는 망꾸부미에게 마따람 왕국의 일부를 분할해 줌으로써 그의 공세를 중지시킬 수 있을 것이라고 판단했다.

망꾸부미와 리꼴라스 하르띵 양측은 1754년 4월부터 9월까지 협상을 가졌다. 망꾸부미는 마따람 왕국의 수도(수라카르타)가 포함된 왕국 영토의 절반을 분할 받았다. 빠꾸부워노 3세는 자신의 왕국이 분할되는 데도 변변하게 의견도 내세우지 못하고 동인도회사의 결정에 따를 수밖에 없었다. 1755년 2월 기얀티(Giyanti)협정이 체결되고, 동인도회사는 망꾸부미를 중부 쟈바의 절반을 지배하는 술탄 하멩꾸부워노 1세로 인정했다. 이러한 극적인 결정은 쟈바에서 마따람 왕국의 안정을 통해서 식민지 경략을 시도했던 동인도회사로서는 커다란 양보이자 망꾸부미와의 쟁패에서 패배를 인정한 셈이었다. 기얀티는 수라카르타 근교의 작은 마을로 기얀티 협정체결로 역사적인 장소가 되었다.

술탄 아궁 이래 최초로 술탄(sultan)의 칭호를 얻게 된 망꾸부미는 1755년 공식적으로 왕가와 군왕의 칭호로 하멩꾸부워노(Hamengku Buwono)를 채택하고 자신이 1세가 되었다. 마따람 왕국의 어느 군주보다도 기회를 잘 활용할 줄 아는 지혜를 가졌던 하멩꾸부워노 1세는 1755년 수라카르타에서 멀지 않은 오늘날의 족쟈카르타에 도읍을 정하고 새 궁전을 지었다. 그는 인도 신화 라마야나(Ramayana)에 등장하는 아요댜(Ayodya)왕국의 이름을 따서 새 도읍지를 아요댜카르타(Ayodyakarta)로 명명하였다. '아요댜왕국을 닮은 왕도(王都)'라는 뜻인데, 쟈바 사람들의 발음 편의에 따라 요그야카르타(Yogyakarta)로 변형되었다. 오늘날에는 요그야카르타 보다 발음하기 쉬운 족쟈카르타 또는 족쟈(Djokja)로 부르고 있다.

술탄 하멩꾸부워노 왕가가 오늘날의 족쟈카르타에 이르는 길은 결코 순탄치 못했다. 무엇보다 동인도회사가 분할해 준 영지가 또 다른 한편으로는 빠꾸부워노 3세가 통치하는 마따람 왕국의 영지와 겹치기 때문이었다. 또한 망꾸부미에 이어 술탄 하멩꾸부워노 1세가 있게 만든 장본인인 라덴 사이드가 있었다. 하멩꾸부워노 1세와 라덴 사이드 간에 암투가 있었고, 빠꾸부워노 3세는 선친의 정적이었던 아르야 망꾸너가라의 아들 라덴 사이드와 화해하고, 그에게 광활한 영지를 양여하였다. 빠꾸부워노 3세는 라덴 마스 사이드가 망꾸너가라 1세(Adipati Mangkunegara I)로 등극하는 터전을 마련하여 하멩꾸부워노 1세와의 경쟁구도를 만들었다. 이로써 마따람 왕국의 중심부에 세 왕국이 등장하였다.

하멩꾸부워노 1세는 재위(1749-1792) 43년 동안 족쟈카르타 술탄 왕국의 기초를 다지고 80세의 일기로 세상을 떠났다. 하멩꾸부워노 2세는 재위 기간(1792-1810) 중 군사력을 다지고 궁정 엘리트들을 장악하였으나, 친형제들과의 사이가 벌어지게 되었다. 그 중에서도 행정수완이 뛰어 나고, 지적인 풍모를 지녔으며, 영향력까지 남달리 돋보인 나타꾸수마(Natakusuma)와 불화가 지속되었고, 나타꾸수마는 급기야 영어(囹圄)의 몸이 되었다. 1811년부터 1816년 사이의 6년 동안 토마스 스탐포드 래플즈(Sir Thomas Stamford Raffles)의 영국 시대가 잠시 네덜란드를 밀어내고 인도네시아에 내도했을 때,

나타꾸수마는 감옥에서 풀려나 자연스럽게 영국의 협조자가 되었다. 망꾸너가라를 앞세운 영국과 빠꾸부워노 4세의 연합군이 족자카르타로 밀려들었다. 이 공격으로 하멩꾸부워노 2세는 폐위되어 말레이 반도 북부의 뻬낭(Penang)으로 추방되고, 그의 아들 하멩꾸부워노 3세가 새 술탄에 올랐다. 삼촌 나타꾸수마는 영국에 협조한 대가로 족자카르타 영내에 광활한 토지를 양여 받고, 빠꾸알람 1세(Pakualam I)로 새 살림을 차렸다. 마따람 왕국이 네 왕국으로 분할된 것이다. 네덜란드(동인도회사)에 의해서 빠꾸부워노 영지가 양분되었듯이, 영국에 의해서 하멩꾸부워노의 영지도 양분된 것이다. 오늘날 족자카르타 주지사와 부지사를 하멩꾸부워노가와 빠꾸알람가가 나누어 가지게 된 역사적 배경이다.

2019년에 술탄 하멩꾸부워노 왕실의 역사는 264년이 되었다. 10명의 술탄이 대를 이었는데, 하멩꾸부워노 1세는 네덜란드동인도회사시대에, 2세부터 8세까지 일곱 술탄은 네덜란드 식민통치시대에, 9세 술탄은 식민통치시대부터 독립에 이르는 전환기에, 그리고 현존하는 10세 술탄은 인도네시아가 독립한 이후에 술탄 직위에 올랐다. 역대 술탄이 술탄위에 장기간 재위한 것이 하멩꾸부워노 술탄 왕국을 건재케 하였다. 하멩꾸부워노 2세부터 4세까지는 단명한 술탄이었는데, 각각 8년(1792-1810), 4년(1810-1814), 8년(1814-1822) 동안 재위하였다. 그 이외의 술탄은 모두 장수하였다. 하멩꾸부워노 1세는 43년, 5세는 33년(1822-1855), 7세는 44년(1877-1921), 그리고 하멩꾸부워노 9세는 52년(1939-1991) 간 재위하였다. 장수 술탄들은 모두 술탄 왕실 발전에 큰 족적을 남겼는데, 인도네시아 현대사에 가장 돋보이는 술탄은 단연 하멩꾸부워노 9세였다.

현대 인도네시아의 초기 선각자의 한 사람이었던 술탄 하멩꾸부워노 9세는 조국의 독립과 근대화에 남다른 열정을 보였다. 현대식 군대를 만들고, 교육에 힘썼다. 족자카르타의 가자마다대학교(UGM: Universitas Gadjah Mada)는 술탄의 영지 위에 세워진 인도네시아 최초의 국립대학이었다. 그는 수카르노(Sukarno)를 도와 독립 인도네시아 건설에도 앞장섰다. 그는 자신의 영지를 기꺼이 인도네시아공화국의 영토로 내놓았으므로, 이에 크게 감동한 수카르노는 족자카르타 일원을 공화국 영토로 받아들이되 하멩꾸부워노가에서 계속해서 술탄 직위를 유지하도록 세습 술탄지위를 인정하였다. 그의 영지도 족자카르타특별주(DIY: Daerah Istimewa Yogyakarta)로 선포하였다. 수하르토(Suharto) 통치기에 기존의 수도 자카르타와 아쩨(Aceh), 족자카르타 이외에 이리안 자야(Irian Jaya)와 동티모르(Timor Timur)가 특별주로 추가 설정되었다. 수하르토 이후 문민정부가 들어선 후, 동티모르는 독립하였고, 이리안자야는 파푸아(Papua)와 서파푸아(Papua Barat)로 분주(分州)되었으나 특별주의 지위는 계속해서 유지하게 되었다. 오늘날 인도네시아의 34개 주 중 족자카르타를 포함한 5개의 특별주가 있다.

인도네시아 역사 상 최초의 국민직선으로 대통령에 오른 유도요노(Susilo Bambang Yudhoyono: 재임 2004-2014)는 처음부터 족자카르타도 주지사 직선제를 도입해야 한다고 생각하였다. 그는 민주공화국체제 하의 인도네시아에서 봉건왕정의 잔재인 당연직 세습 주지사 제도는 옳지 않다며 족자카르타 주의 5개 기초 자치단체 (족자카르타 시와 4개 군)처럼 주지사와 부지사도 주민직선에 의해서 선출되어야 한다고 주장했다. 찬반양론이 격해지자 대통령은 족자카르타 주지사 직선제 법안을 국회로 넘기고 발을 뺐다. 이러한 관점을 가진 유도요노는 대통령 재임 시 족자카르타를 방문할 경우에도 주지사 집무실을 이용하지 않고 별도로 마련된 대통령 임시 집무실로 향했다. 이로 인해서, 머라삐(Merapi)화산 폭발(2014년) 같은 거대한 자연재해를 당해서도 이재민 지원과 재해복구 같은 시급한 현안도 자카르타 중앙정부와 족자카르타 주정부가 따로따로 정책을 집행하는 이원적 행정체계가 항상 문제점으로 지적되었다.

족자카르타 주의회와 국회를 거치는 동안 많은 논란이 제기되었다. 두 차례 4년 임기의 주지사를 연임한 술탄 하멩꾸부워노 10세는 '꼭 필요하다면 직선도 좋다'는 입장이었고, 빠꾸알람 9세(재임 2003-2015) 부지사는 '직선제라니 말도 안 된다'고 펄쩍 뛰었다. 관계법이 지지부진하게 국회에 계류 중이었으므로 하멩꾸부워노 10세는 두 차례나 1년 씩 잠정(임시) 주지사로 재임하였다. 족자카르타 주정부는 유도요노의 주지사 직선제 주장이 틀리다는 것이 아니지만, 족자카르타 주민들의 정서와는 전혀 다르다는 점을 내세웠다. 이들은 족자카르타 문제는 1945년 독립 이전의 인도네시아 역사에 기인한다며, 인도네시아가 350년 외세의 지배를 받았지만 족자카르타는 마따람 왕국시대 이후로 한 번도 외세의 지배를 받은 적이 없었음을 강조하였다. 그러므로 정부가 주지사와 부지사 직접선거를 하겠다고 나선다면, 말레이시아처럼 왕국체제와 공화국체제가 공존하는 제도가 옳다고 주장하였다.

오랜 논란 끝에 인도네시아 국회는 2012년 10월 족쟈카르타의 술탄 세습제를 실질적으로 인정하고, 매 4년 마다 쟈카르타 중앙정부가 하멩꾸부워노가의 술탄을 주지사로 임명하는 방식으로 매듭을 지었다. 술탄의 넷째 공주가 결혼하던 한 주 동안 족쟈카르타에 머무르면서 가쟈마다대와 족쟈카르타무함마디야대 교수 10명과 택시 운전사 10명에게 물었다. 이들 중 족쟈카르타가 고향이 아닌 교수 한 명을 제외하고는 모두 술탄 하멩꾸부워노 10세 주지사를 지지하였다. 이유를 물었더니, 모두 '족쟈카르타의 전통'(adat istiadat)이라고 답했다. 부정부패 문제로 족쟈카르타 주민을 실망케 한 일이 없었다는 답도 있고, 딸 만 다섯인데 후사를 위해서 새 왕녀(왕비)를 얻지 않았기 때문이라는 답도 있었다.

INDONESIA

제2장

인도네시아의 음식문화

INDONESIA

제2장 인도네시아의 음식문화

1. 인도네시아 향신료 입문
2. 나시고렝과 사떼와 삼발
3. 와르뜩과 루마마깐 미낭
4. 콩과 까짱(kacang)

인도네시아는 향신료의 나라이다.

적도를 중심으로 환태평양화산대에 연결되어 해양부 동남아를 차지하고 있는 이 나라는 일 년 내내 햇볕이 뜨겁게 내려 쬐고 비가 많이 내린다. 지진이 잦고 화산이 폭발하지만, 태풍은 없다. 화산재가 만든 비옥한 땅에 식생활 용도의 식용작물과 세계시장을 향한 원예작물, 그리고 값비싼 진기한 향신료가 많이 난다.

네덜란드의 350년 식민지배가 바로 이 때문이었다. 부강한 민주복지국가 네덜란드의 오늘날은 인도네시아가 있기에 가능했다. 동부 인도네시아 말루꾸 군도로부터 향신료를 수집하고, 쟈바를 중심으로 향신료를 재배하고, 그리고 다시 향신료를 유럽시장의 수요에 맞추어 다양화하였다.

육두구와 정향에서 사탕수수, 차(茶), 담배, 커피를 거쳐 수많은 특용작물과 화훼작물 개발로 이어졌다. 네덜란드가 세계 최대의 화훼(花卉)산업을 성공적으로 정착시킨 저변에는 세 번째 단계와 깊은 관계가 있다.

인도네시아는 오랫동안 가난한 나라로 있었다.

쌀을 주식으로 하는 이들은 생활주변에서 식재료를 조달하였다. 한 예로 이 나라에서 모든 과일은 순수한 과일용도뿐만 아니라 식재료나 부식이나 다양한 양념으로 쓰인다. 야자 속살을 긁어 양념으로 쓰고, 사탕수수와 야자 액즙도 설탕과 식용유를 만든다. 모두 부엌 문 앞에 항상 대기하고 있다. 이 나라 음식이 단 이유이다

이 나라 음식의 또 다른 특징은 매운 고추를 많이 쓴다는 것이다.

고추의 나라라 할 만큼 다양한 고추가 있다. 고추의 매운 정도를 나타내는 스코빌 척도(*Scoville scale*)로 청양고추의 10배 내지 20배까지 매운 고추도 있다. 우리가 얼마 전까지 짠 음식을 먹고 싱겁고 구수한 숭늉으로 희석했듯이, 인도네시아는 아직도 매운 음식을 단 음식이나 음료로 희석하고 있다. 달고 매운 음식, 인도네시아 음식의 특징이다.

제2장 인도네시아는 도시와 농촌, 대도시와 군소도시 간의 격차가 심함. 생활비의 격차에 따라 지역(도시)마다 매년 최저생활비를 책정하며 급여에 반영함. 음식 값이나 교통요금 다르고, 흔한 라면 값도 다름. 유통망이 원활하지 못한 것이 주된 요인의 하나임.

인도네시아 향신료 입문

향신료(香辛料)의 역사는 인류 문명사와 더불어 발전해 왔을 것이라고 단언할 수 있다. 왜냐하면, 보다 맛있는 음식에 관한 갈망은 인간의 본초적인 욕망이 분명하기 때문이다. 보통 향신료라 하면 식물의 줄기, 잎, 뿌리, 열매, 종자 따위로 음식물을 맵게 하거나 향기로운 맛을 더하는 조미료(調味料)를 총칭한다. 우리 주변의 겨자, 고추, 후추, 생강(새앙), 파, 마늘, 깨 같은 양념류가 이에 속한다. 별스런 것도 아닌 것 같은 이들 향신료가 세계사의 큰 줄기를 이루었다면, 믿을 수 있을까? 육상 실크로드 시대가 끝나면서 14세기 말부터 최소 2세기 동안은 해상 실크로드(바다의 실크로드) 시대가 이어졌다. 정확하게 열리고 닫치는 계절풍이 실어 나른 범선을 통해서 유럽시장으로 흘러들어간 동양의 향신료는 맛없는 음식에 식상(食傷)한 유럽 사람들을 흥분시키기에 충분했다. 이들은 머지않아 해풍의 방향을 거슬러서 항해할 수 있는 동력선을 발명하기에 이르렀다. 그리고는 곧 '향료군도'를 향하여 먼 탐험여행을 시작했다. 유럽 열강에 의한 식민통치 시대는 이렇게 시작되었다.

유럽 사람들이 동양의 향신료에 집착한 이유는 크게 세 가지였다. 첫째는 맛없는 유럽 음식문화를 동양의 향신료가 바꾸어 놓은 것이다. 향신료가 본격적으로 소개되기 이전까지 유럽 사람들은 찐 감자와 삶은 양고기가 주식이었다. 또한 냉장기술이 아직 발달되지 않았기 때문에 긴 겨울동안 그들은 소금에 절이거나 혹은 훈제한 고기 밖에 먹을 수가 없었다. 인도네시아 군도로부터 흘러들어오는 향신료는 밋밋한 고기 맛에 훌륭한 향취(香臭)를 가미하였으며 오랫동안 선도(鮮度)를 유지하는 역할을 하였다. 화학조미료 글루타민(*glutamine*) 산(酸) 소오다(*soda*)가 만들어 낸 다시마 맛이 경제개발 성과가 막 나타나기 시작한 한국인들의 입맛을 확실하게 바꿔 놓았으며, 미원(Miwon) 브랜드를 단 한국산 화학조미료가 오늘날 인도네시아와 베트남 등 동남아 여러 나라를 휩쓸었던 이유도 이 때문이다. 둘째로 향신료는 다양한 약품으로 사용되었다. 중세 유럽은 아직 의학이 발달되지 못하여 썩은 냄새가 각종 질병을 가져온다는 막연한 생각을 가지고 있었다. 동양의 신비한 향신료는 악취를 제거하는 데 출중한 효능을 나타내었다. 셋째는 미약(媚藥)으로서의 효능이었다. 오늘날의 수많은 방향(芳香) 화장품은 향신료에서 출발한 것이다.

인도네시아의 향신료 중에서 가장 널리 알려진 것으로 육두구(肉荳蔻)와 정향(丁香), 그리고 생강(새앙), 계피(桂皮), 후추 같은 것들이 있다. 이 중에서 육두구는 인도네시아 동부의 말루꾸(Maluku) 군도가 원산지이다. 일찍이 유럽에 향료군도로 알려진 몰루카스(*Moluccas*)군도가 바로 이곳이다. 유럽 열강들은 이곳을 차지하기 위해서 처절한 투쟁을 벌였다. 포르투갈을 선두로 하여 네덜란드·영국·프랑스 등이 경쟁하였으며, 결국 주도면밀(周到綿密)하게 계획하고 준비한 네덜란드의 수중에 떨어지게 되었다. 영어로 너트메그(*nutmeg*)라고 하는 육두구를 생산하는 이 나무는 약 20미터 정도로 자라고 잎은 진녹색 타원형으로 10센티 가량으로 커진다. 열은 황색을 띤 백색 꽃이 핀 후, 종(鐘) 모양의 열매가 열린다. 이 열매가 5센티 내지 6센티 정도 자라면 세 쪽으로 갈라지면서 씨를 낸다. 씨는 타원형으로 길이가 3센티 정도이다. 껍질을 제거하고 말린 것이 육두구인데, 진귀한 향신료이자 약재가 되며, 교취제(嬌臭劑)의 원료가 된다. 육두구는 말려서 건위제(健胃劑)나 강장제(强壯劑)로 널리 쓰인다. 육두구 껍질을 말린 메이스(*mace*)는 생선요리에 필수적인 고급 향미료(香味料)로 예로부터 미식가들의 사랑을 받아 왔다. 너트메그는 '사향(麝香) 향기가 나는 호두'라는 의미를 가지고 있기도 하다.

전 세계적으로 널리 쓰이는 중요한 향료의 한 가지이자 향기 치료제로서 널리 쓰이는 정향(丁香)도 말루꾸 군도가 원산지이다. 원주민들이 쯩께(cengkeh)로 부르는 정향은 4미터 내지 7미터의 키로 자라는 늘 푸른 큰키나무(교목)의 꽃을 말린 것이다. 정향나무는 분홍색 꽃을 피우는데, 이 꽃이 바로 정향의 원료다. 꽃이 만개하기 직전에 따서 햇볕에 말린다. 실내에서 불을 지펴 말리기도 하는데, 자연 상태에서 건조하는 것에 비해서 향이 좀 떨어진다. 정향의 말린 꽃봉오리가 마치 못(丁)을 닮았다고 해서 정향이라는 이름이 붙었다. 영어 명칭인 클로브(*clove*) 역시 못이라는 뜻의 불어 꿀루(*clou*)에서 유래했다고 한다. 정향꽃을 딸 때는 세심한 주의가 필요하다.

왜냐하면, 못의 머리 부분 같은 꽃봉오리가 벌어지면 향료로서의 가치가 반감되기 때문이다. 정향은 16세기 초 말라카(*Malacca*) 무역 왕국을 정복했던 포르투갈 탐험대에 의해서 처음으로 발견되었다. 그러나 이들은 오랫동안 정향의 정체에 대해서 알지 못했다. 그러다가 정향의 향기에 매료되어 이를 건조시켜 분말 상태로 이용하게 되었다. 후일 건조 이전에 기름(정향유)을 짜는 방법을 터득하게 되었는데, 정향 기름은 향수(香水)의 원조격인 셈이다.

정향은 예로부터 대표적인 묘약(妙藥)으로 쓰였다. 기원전 3세기경인 후한(後漢) 때 이미 정향을 사용했다는 기록이 있다. 관리들이 황제를 알현할 때 입 냄새를 제거하기 위해서 정향가루를 입 속에 털어넣었는데, 이것이 한방에서 말하는 정향의 다른 명칭인 계설향(鷄舌香)이다. 중세 아라비아에서는 정향 분말을 장복하면, 불로장생하고 백발을 막는다고 믿었다. 고대 이집트에는 아라비아 보다 훨씬 먼저 정향이 알려져 있었다. 2세기경에 이미 정향의 신비한 용도가 알려져서 잠깐 사이에 지중해 전역에 전파되었다. 유럽에는 8세기경에 정향이 알려졌고, 포르투갈은 일찍이 정향을 독점하려는 야욕을 키웠다. 정향의 원산지인 말루꾸 군도를 정복한 후 포르투갈은 이곳을 '향료군도'(*the Spice Islands*)로 유럽에 소개하였다.

1605년 포르투갈로부터 말루꾸 군도를 접수한 네덜란드는 가격을 올리기 위해서 말루꾸 군도의 중심도서인 암본(Ambon) 섬에서만 정향을 생산하도록 하였다. 이를 위해서 다른 섬에 있는 정향나무는 베어 내거나 불태워 버렸다. 그러나 인도양 남서부 마다가스카르(Madagascar) 동쪽에 위치한 모리셔스(Mauritius)의 프랑스 총독이 1770년 암본으로부터 어렵게 정향나무 종자를 반출하여 동부 아프리카 지역에 재배하기 시작했다. 원나라에서 목화씨를 숨겨온 고려 말기의 문익점(文益漸) 같은 역할을 한 셈이다. 아프리카 동해안의 쟌지바르(Zanzibar)공화국은 오늘날 세계 최대의 정향 생산국으로 국제 향신료시장에서 거래되는 정향의 90퍼센트를 공급하고 있다. 그러나 정작 원산지인 말루꾸 군도는 인도네시아 국내의 정향 소비량이 늘면서 생태계 파괴라는 심각한 환경문제를 동반하게 되었다. 암본을 중심으로 말루꾸 군도의 여러 섬에서 정향나무 조림지가 늘어나자 천연림이 대량으로 파괴된 것이다. 이에 따라 현지 주민들은 땔감 부족으로 부족한 소득의 40퍼센트를 연료구입에 지불한다는 보도가 있었다.

말루꾸 군도로부터 생산이 소폭이나마 꾸준하게 증가하고는 있지만, 소비를 따라가지 못하기 때문에 정향의 원산지인 인도네시아는 세계 최대의 정향 수입국이라는 불명예를 안게 되었다. 인도네시아는 그만큼 정향을 많이 소비하는 나라인데, 그럴만한 사연이 있다. 19세기 후반 인도네시아 거주 중국인들은 담배와 정향을 혼합해서 크레떽(kretek)이라는 정향담배를 만들기 시작했다. 상재(商材)가 뛰어난 중국인들이 단 것을 좋아하는 인도네시아 사람들의 입맛에 '딱 맞는' 기호품을 생산해 낸 것이다. 개항(開港) 시 인천항으로 들어 왔던 화상(華商) 1세대들은 가난한 한국인들의 주머니 사정과 엄청난 식사량에 입맛까지를 고려하여 만들어 낸 짜장면과 같은 것이었다. 관광객들이 쟈카르타 인근의 쯩까렝(Cengkareng)에 위치한 수카르노-핫타(Soekarno Hatta) 국제공항에 첫 발을 디디면서 맡게 되는 '달착지근한' 냄새는 바로 크레떽 담배연기가 내는 것이다. 크레떽은 쫑께가 함유된 담배가 타들어 갈 때 내는 소리에 따라 부쳐진 이름이다. 인도네시아에는 현재 10만에 육박하는 노동인력이 쫑께 담배인 크레텍 생산 현장에 종사하고 있다. 판촉 광고도 요란하다. 오늘날 전 세계에서 생산되는 정향의 절반은 2억 6,800만 명(2018년)의 인도네시아 사람들이 애용하는 크레떽 담배 연기로 사라지고 있다.

정향의 말린 꽃봉오리는 그대로 또는 가루 형태로 팔리는데, 각종 음료와 육류 음식의 향신료로 사용된다. 정향은 향기가 뛰어날 뿐만 아니라 부패를 예방하며 살균력이 출중하다. 이에 따라, 휘발성(揮發性) 정향유는 치과용 약제(항균제)로 많이 쓰이고, 현미경 렌즈 세척제·구충제·치약·고급 비누·향수 등으로 다양하게 이용된다. 일본에서는 일본도(刀)에 녹이 스는 것을 막기 위해서 정향유를 바른다. 또한 일본 간장의 맛을 내는 묘약(妙藥)으로도 알려져 있다. 우리나라에서도 오래 전부터 정향은 귀한 약재로 사용되었다. 정향은 환약(丸藥)이나 가루약 형태로 또는 달여 쓰는 탕약(湯藥)의 형태로 소개되고 있다. 동의보감(東醫寶鑑)에도 정향의 처방이 상세하게 실려 있다. 비위(脾胃)가 허하여 배가 차고 아프며 게우거나 설사를 하고 입맛이 없을 때, 딸꾹질이 끊이지 않거나 소화가 안 되고 무릎과 허리가 시리고 아플 때 정향을 처방하고 있다. 식품과 약품의 원료로, 또는 방부제로 쓰이며, 발작증(發作症) 치료와 치아 진통제로 탁월한 효과가 있다고 쓰고 있다.

생강은 동남아에 흔한 향신료로 해양부 동남아가 원산지로 알려져 있으나, 이론(異論)도 만만치 않다. 동남아에서 생강은 향신료 보다 채소 용도로 재배한다. 생강은 고온성 작물이므로 섭씨 18도 이상이어야 발아하며, 20도 이상 30도의 온도에서 잘 자란다. 번식은 주로 뿌리줄기를 꺾꽂이하는 형태인데, 생강을 땅에 심어 재배하는 것이다. 생강은 뿌리줄기의 각 마디에서 가짜 줄기가 생겨나서 지표 위로 곧게 서는데, 30센티 내지 50센티의 키로 자란다. 우리나라에서 생강은 꽃이 피지 않으나, 인도네시아 등 열대 지방에서 생강은 일 년에 한 차례 길이 20센티 가량의 꽃대가 나오고 그 끝에서 황색 꽃이 핀다. 뿌리줄기는 연한 토양을 찾아 옆으로 퍼진다. 생강은 다육질(多肉質)로 덩어리 모양이고 황색이며 매운맛과 향긋한 맛을 반반씩 가지고 있다.

『고려사』에 등장하는 기록으로 보아 우리나라에서도 고려시대 이전부터 생강을 재배했으리라 추정하고 있다. 고려시대 의서(醫書)의 하나인 『향약구급방』에는 생강이 약용식물로 기록되어 있다. 생강의 뿌리줄기는 말린 후 갈아서 제과, 제빵, 카레, 각종 소스, 피클(*pickle*) 등을 만드는 향신료로 쓰인다. 껍질을 벗기고 끓인 후 시럽에 넣어 절이기도 하고 생강차와 생강주를 만들기도 한다. 말린 뿌리줄기는 다양한 용도의 약재로 쓰인다. 한방에서 생강의 뿌리줄기 말린 것을 건강(乾薑)이라고 하는데, 소화불량·구토·설사에 효과가 있고, 혈액순환을 촉진하며, 항염증과 진통 효과도 뛰어나다.

계피(桂皮)는 계수나무의 껍질이다. 이 나무는 녹나무과에 딸린 늘 푸른 큰키나무로 남중국에서 동남아를 거쳐 인도에 이르기까지 널리 분포되어 있다. 다 자라면 키가 10미터 안팎이 된다. 특이한 방향(芳香)을 가진 계수나무의 잎은 질기며 잎 뒤에 세 줄기로 잎맥이 뚜렷하다. 위도에 따라 다소 다르나 인도네시아 등 동남아에서는 7월경에 작은 흰 꽃이 핀다. 계피는 계수나무의 뿌리·줄기·가지 등의 껍질을 벗겨 말린 것을 총칭하나, 계지(佳枝)라 하여 껍질을 벗기지 않고 그대로 말린 가지를 구분해서 사용하기도 한다. 계지는 특히 심장을 강하게 하는 작용이 있고 혈액순환을 촉진하므로 심장이 약한 사람에게 좋다고 한방에서 설명하고 있다. 계피나 계지는 주로 차(茶)로 하여 음용하나, 분말로 만들어 방향성(芳香性)의 건위제(健胃劑)로서 다른 산제(散劑)와 혼합하여 식욕증진제로 사용하기도 한다.

계피는 성질이 따뜻하고 독성이 없는 약제이다. 계피의 주성분은 계피유로 통칭하는 정유(精油)로 위장의 점막을 자극하여 분비를 왕성하게 하고, 위장의 경련성 통증을 억제하며, 위장운동을 촉진하여 가스를 배출하고 흡수를 좋게 한다. 또한 계피는 신경을 흥분시켜서 혈액순환을 촉진시키고 몸을 따뜻하게 하는 기능도 있다. 그래서 몸이 찬 사람이 장복하면 효과가 있다. 특히 계피유에 함유되어 있는 알데하이드(*aldehyde*) 성분은 말초 혈관을 확장하는 작용을 한다고 한다. 계지나 계피는 뱃속이 냉할 때 탕으로 달이거나 가루를 내어 가을이나 겨울철에 음용하는 것이 좋다. 오한이 있고 손발이 차거나 허리나 등이 쑤실 때, 특히 여성의 경우는 생리통에 특별한 효험이 있다고 한다.

또 다른 중요한 향신료인 후추는 남부 인도가 원산지이며, 말라카 해협을 끼고 있는 수마트라(Sumatra)와 말레이(*Malay*)반도 전역

그리고 쟈바(Jawa)해(海) 인근의 쟈바에서 많이 생산된다. 수마트라 최북단 웨(Weh)섬의 사방(Sabang)항구나 최남단 람뿡(Lampung) 항구는 해상 실크로드 시대부터 후추 무역항으로 이름을 떨쳐 왔다. 오늘날에도 람뿡에 가면 어디서나 햇볕에 후추를 말리는 광경과 '매캐한' 후추 냄새를 맡을 수 있다. 문민시대로 들어선 후 서부 쟈바에서 분주(分州)한 쟈카르타 서부의 반뗀(Banten)주는 과거 후추 왕국으로 유명했던 반뗀 왕국의 터전이었다. 증거 사료(史料)가 충분치 않지만, 반뗀 왕국의 군주는 한 때 중국계로 중국과 유럽을 잇는 후추무역으로 작지만 부강한 왕국을 육성했다는 설도 있다.

후추나무는 후추과에 딸린 늘 푸른 떨기나무로 줄기는 2센티 가량의 둥근 기둥 모양으로 약간 넝쿨 지는 성질이 있고 다 자라면 8미터 내외가 된다. 잎은 어긋나고 두꺼우며, 끝이 뾰족한 넓은 달걀 모양이다. 암수 딴 그루로 위도에 따라 다르나 인도네시아에서는 5월부터 7월 사이에 흰색 꽃이 핀다. 후추 열매는 장과(裝果)이며 직경이 5밀리 내지 7밀리의 크기이며 붉게 익는다. 열매는 다 익기 전에 따서 껍질 채 말리면 검어지는데 맵고 향기로운 풍미가 있다. 이를 검은 후추(*black pepper*)라고 하며, 다양한 용도의 향신료나 조미료로 쓰인다. 완숙한 후추 열매의 껍질을 제거하고 건조시킨 것이 하얀 후추(*white pepper*)인데, 검은 후추 보다 매운 맛은 약하지만 온후한 깊은 풍미가 있어서 상품으로 친다.

후추의 성질은 따뜻하고 매우나 독성이 없다. 후추의 성분은 당질(糖質)이 주성분이지만, 단백질과 지방질도 많이 포함되어 있다. 검은 후추에는 철분이 다량 포함되어 있는 것이 특이한 점이다. 후추의 매운 맛은 차비신(*chavicine*)이라는 성분인데, 모든 종류의 후추에 많게는 3퍼센트까지 포함되어 있다. 후추는 추위를 없애고 풍을 제거하며 진통 효과가 있고, 비위를 튼튼하게 하며 식욕을 촉진한다. 또한 오장(五臟)을 편안하게 하고 신장과 혈기를 보강해 주는 신경흥분제이기도 하다. 이로 인해서 후추는 조미료이자 향신료이며, 구풍제(驅風劑)이자 건위제로 널리 쓰이고 있다. 후추는 향신료로서 향기나 맛을 내는 이외에 야채 요리의 드레싱에 사용하면, 각종 기름의 산화(酸化)를 억제시키는 효과가 있다. 약용으로 후추는 위에 작용하여 소화액의 분비를 촉진하고, 장에서는 가스를 제거하고 장관활동을 편안하게 하며, 뇌의 발달을 돕는다. 약간의 환각작용도 하지만, 중독증세는 없다. 후추에서 추출한 후추기름은 동맥경화를 막고 순환기 계통의 질병치료에도 효능을 가지고 있다.

후추는 향신료뿐만 아니라 탁월한 방부(防腐) 효과도 아울러 가지고 있다. 이 때문에 햄이나 소시지 등 육가공품에는 반드시 후추가 사용된다. 그러므로 후추는 육류 음식문화를 종족에게는 필수불가결한 조미료였다. 특히 북유럽은 겨울이 길고, 추운 겨울 동안 신선한 가축사료를 공급하기가 어려웠다. 그러므로 가을이 되면 많은 가축은 도살되고 소금에 절이거나 훈제하였다. 이 때 살코기의 방부제로 후추가 사용되었던 것이다. 후추가 처음 유럽에 전래되었을 때, 유럽 사람들에게 후추는 조미료나 향신료가 아니라 불로장수의 정력제로 알려져 있었다. 이로 인해서 유럽에서 후추는 한 때 화폐로 통용되었다. 우선 고가(高價)의 상품인데다가 썩지 않고 보관이 간편했던 까닭이었다. "대추가 풍년이면, 딸을 시집보낸다"던 우리 선조들의 경우처럼, 인도네시아에서는 후추가 풍년이면 딸을 시집보낸다고 한다고 한다.

고려 명종 때의 학자인 이인로(李仁老)의 『파한집(破閑集)』에 후추에 관한 기록이 나오는 것으로 미루어, 후추는 고려 중엽에 이미 수입되기 시작한 것 같다. 신안 앞 바다에서 인양된 원나라의 무역선에도 후추가 가득 담긴 상자가 발견되었다. 고려시대에 이미 활발한 후추거래가 있었다는 증거이다. 『고려사』에도 1389년 오키나와(琉球)에서 온 일본 사신이 후추 300근을 가져왔다고 쓰고 있다. 민간에서는 아침마다 후추를 먹으면 더위와 추위를 타지 않는다고 믿었다. 특히 여름철 찬물을 마실 때, 후추 한 알을 넣어 마시면 배탈이 나지 않는다하여 선비들의 장거리 여행의 상비약으로 구비하기도 했다. 후추에 대한 맹목적인 소유 심리는 선조 때 영의정이었던 유성룡(柳成龍)의 『징비록(懲毖錄)』에 잘 묘사되어 있다. 선조 때 도오토미 히데요시(豊臣秀吉)는 사신을 보내어 조선을 염탐하게 했다. 한양에 도착하여 이들은 조정에서 베푸는 주연에 참석하게 되었다. 여러 순배(巡杯)가 돌아 모두 취하게 되었을 때, 일본 사신 중 두 사람이 갑자기 일어나 후추를 마구 뿌리기 시작했다. 그러자 주연에 있던 벼슬아치·악공(樂工)·기생할 것 없이 모두가 정신없이 후추를 주워 허리춤에 집어넣기 바빴다. 이를 본 일본 사신들은 나라의 규율이 이렇듯 문란하니 조선을 침략하기 쉬울 것이라고 생각하고 침략의 야욕을 굳혔다고 했다.

우리 선조들은 파, 마늘, 고추, 겨자, 후추 등의 향신료를 사용하여 매운 맛을 냈다. 대부분이 한반도에서 재배되고 있지만, 후추만은 아직도 전적으로 수입에 의존하고 있다. 말레이시아와 인도네시아가 주 수입원이다. 초창기 인도네시아 교민들이 들깻닢이 긴요한 육류요리를 위해서 들깨를 심어 보았다. 싹이 난 후, 실낱 같이 키만 훌쩍 자라고 꼭 필요한 잎은 1.5미터 가량 자란 후 성장점 부근에서 새끼 손톱만한 얼굴을 대여섯 개 내밀었을 뿐이다. 인삼 얘기를 자주 들어 온 인도네시아 현지인이 어렵게 구해다 준 인삼 씨를 정성껏 심었다. 6개월이 채 되지 않았을 때, 인삼 재배에 성공했다는 흥분된 전화가 걸려 왔다. 6년산을 1/10 기간으로 줄인 인도네시아 산(産) 인삼은 단무지용 무우 크기로 자라 허겁지겁 달려온 방문객들을 실소하게 했다. 아마도 한국산 인삼 씨가 아니었을 것이다. 가장 질 좋은 인삼은 우리 토양에서만 나는 것처럼, 커피는 적도를 중심으로 한 화산토(火山土) 고원지대에서만 재배되고, 질 좋은 향신료는 인도네시아 동부 군도에서 가장 많이 생산되고 있다. 이 나라를 350여 년 간 식민통치한 유럽의 작은 나라 네덜란드가 오늘날 영국과 24개 유럽연합 회원국 중 독일, 프랑스, 이탈리아에 이어 유럽의 5대 경제대국 반열에 합류할 수 있었던 까닭도 향신료 무역에 집중하였기 때문일 것이다.

나시고렝과 사떼와 삼발

우리나라 음식문화의 특징을 질문 받고, 쌀밥과 김치와 된장국으로 설명하면 적절할까하고 잠시 망설인 적이 있다. 다양한 사회적 경제적 여건의 변화로 변화무쌍해진 우리 음식문화를 몇 마디로 정리하는 것은 쉽지 않다. 그러나 전통음식이라는 다소 좁은 울타리를 치면, 역시 한국의 음식문화는 쌀밥과 김치와 된장국로 설명할 수 있겠다는 판단이 섰다. 같은 범주에서 인도네시아 음식문화의 특징을 들자면, 나시고렝(nasi goreng)·사떼(sate)·삼발(sambal) 등의 세 가지로 설명할 수 있을 것이다.

나시고렝은 볶음밥이다. 인도네시아도 미작(米作)문화권이기 때문에 쌀밥을 상식한다. 이 나라의 중심 도서인 쟈바(Jawa)가 '쌀의 섬'이라는 어원을 가지고 있다. 이곳에서도 요즘에는 전기밥솥을 많이 쓰고 있지만, 전통방식은 물에 불려 씻은 다음 뜨거운 김으로 찐다. '뜸' 들이는 과정이 없다. 보온 밥그릇 대신 소쿠리에 퍼 담은 밥은 접시에 덜어서 먹는다. 호텔 뷔페 메뉴에 찐 밥(*steamed rice*)이라는 라벨이 붙는다. 이곳의 쌀은 기름기가 거의 없기 때문에 밥이 식으면 웬만큼 센 입김에도 날아간다. 식은 밥은 언제나 볶음밥으로 변신한다. 이곳의 볶음밥은 대개 야자기름으로 볶아내는데, 닭고기나 염소고기를 잘게 썰어 볶다가 밥과 함께 손질해 놓은 각종 야채를 듬뿍 넣고 뜨거운 불 위에서 짧은 시간에 조리한다. 볶은 밥은 접시에 동그랗게 담아 계란 후라이 하나 얹고, 튀긴 닭고기 한두 조각을 곁들인다. 호텔에서 주문하면, 꽂이구이가 두세 꽂이 따라 나온다.

사떼는 영락없는 꽂이구이다. 가장 흔한 주재료는 닭고기와 염소고기인데, 다양한 종교를 가진 인도네시아 주요 종족들이 공통적으로 거부감이 없는 육류이다. 쇠고기는 그 다음 순서쯤 된다. 어른의 새끼손가락 끝마디 정도의 길이로 얇게 저민 육류를 20-30센티 길이의 대나무 꼬챙이에 꿰어 매콤하고 달달한 양념장을 듬뿍 묻혀 숯불에 구워 땅콩 소스와 함께 내온다. 자카르타(Jakarta)에는 코린도(Korindo) 본사 인근에 사떼 빤쪼란(sate Pancoran) 거리의 사떼가 맛있다. 반둥(Bandung)에 위치한 서부 자바 주청사(州廳舍)를 거둥 사떼(Gedung Sate)라 칭하는데, 청사 중앙의 첨탑이 사떼 꽂이 대나무 꼬챙이처럼 길고 뾰족해서 얻은 별칭이다. 술라웨시에는 생선류 사떼가 많다. 바다 물고기가 많이 잡히는 까닭인데, 더러는 거북고기 사떼도 있다. 사는 지역과 그 곳 사람들의 입맛에 따라 주재료가 달라진다. 그래서 부자 동네와 가난한 동네가 다르다. 부자 동네에는 바다 생선이나 비둘기 고기도 있지만, 질긴 말고기 사떼는 가난한 동네에만 있다. 이곳 사람들은 사떼를 안주 삼아 술을 마시거나, 밥 대신 먹는 경우는 거의 없다. 사떼는 주로 식사 때 나온다.

삼발은 고추양념장이다. 고춧가루에 메주가루를 섞어 발효시킨 것이 우리의 고추장이지만, 이곳에서는 빨강색 매운 생 고추와 마늘, 양파 등을 으깨서 필요할 때마다 만들어 먹는다. 뜨라시(trasi)라 하여 작은 새우나 작은 물고기를 갈아 만든 젓갈류를 첨가한 뜨라시 삼발은 조금 비싸다. 녹색 삼발도 있다. 당연하게 덜 여문 녹색 고추로 만든 것이다. 삼발은 대개 양념 고추장 상태로 먹지만, 야자기름에 살짝 볶아서 먹기도 한다. 공장에서 대량으로 생산하여 도시의 슈퍼마켓마다 삼발이 넘쳐난다. 매운 맛, 달달한 맛, 약간 짠 맛, 덜 짠 맛 등등 정말 다양하다. 집집마다 가족의 구미에 맞추어 구입한 삼발에 다시 양념을 첨가하기도 한다. 삼발은 어떤 음식과도 잘 어울린다. 닭고기 튀김에도 좋고, 볶음 라면에도 어울리고, 꼬리곰탕에 풀어도 맛있다. 따듯한 밥에 비벼 먹어도 우리네 고추장과는 다른 맛이 있고, 생선구이와 함께 먹어도 맛있다.

인도네시아는 향신료의 본고장이다. 그만큼 맛있는 요리도 많다. 전임 대통령의 한 분인 메가와티(Megawati) 여사는 한국 방문 시 한 모임에서 인도네시아 음식 중에 한 가지를 꼽으라면 어떤 것이 있겠느냐는 질문에 망설이지 않고 른당(lendang)을 꼽았다. 른당은 우리의 장조림과 비슷한데, 쇠고기 대신 닭고기를 쓰기도 한다. 른당은 빠당(Padang) 음식점에 많고, 녹색 삼발을 찍어 먹으면 더 좋은 맛을 즐길 수 있다.

와르뜩과 루마마깐 미낭

인도네시아는 문화자원의 보고(寶庫)다. 세계 최대의 도서대국이자 따듯하고 비가 많이 내리고 땅이 비옥한 천혜의 자연조건 위에 300여 종족이 각기 다양한 문화적 독창성을 지켜 나왔기 때문이다. 그 중에서도 수마트라(Sumatra)와 쟈바(Jawa)는 자웅을 겨루는 종족문화의 본고장이다. 오늘날 쟈바가 명실상부하게 인도네시아의 중심 도서임이 분명하지만, 이 나라의 역사와 문화는 말라카(*Malacca*) 해협이 만든 교역로를 따라 수마트라로부터 발흥하여 말레이 반도와 쟈바로 전파된 후 인도네시아 전역으로 퍼져 나갔다. 네덜란드가 쟈바를 중심으로 본격적인 식민지 경략에 들어간 18세기 이전까지 인도네시아군도의 중심부는 분명하게 수마트라였다. 이로 인해서 수마트라를 대표하는 아쩨(Aceh), 바딱(Batak), 미낭까바우(Minangkabau), 말레이(Malay)족과 쟈바의 3대 종족인 쟈바, 순다(Sunda), 마두라(Madura) 족은 문화적 우월성을 놓고 언제나 팽팽한 경쟁관계를 유지해 나왔다.

음식문화는 종족적 특성을 나타내는 가장 중요한 요소의 하나임이 분명하다. 미낭(Minang)으로 약칭하는 수마트라의 미낭까바우

족과 자바 소수 종족의 하나인 뜨갈(Tegal) 사람들은 각각 루마마깐 미낭(rumah makan Minang)과 와르뜩(warteg)이라는 독특한 음식점을 인도네시아 전역에 열고 있다. 루마마깐은 음식점이라는 뜻이고, 와르뜩은 뜨갈(Tegal) 사람들의 음식 가게(warung)라는 뜻이다.

미낭 사람들은 중서부 수마트라에 집중적으로 군거해 왔다. 이들은 지리적으로 수마트라 동부의 말라카 해협과 자바의 북부에 위치한 자바 해(*Sea of Jawa*)가 중심인 인도네시아 역사의 변방에 위치하였다. 그러나 이들은 지리적인 악조건을 딛고 모계사회를 발전시키는 계기로 삼았다. 자바의 대왕국인 마자빠힛(Majapahit) 왕국이 한 때 이곳의 중심지인 오늘날의 주도(州都) 빠당(Padang)을 석권했을 때, 전통적인 소(牛)싸움에서 언제나 미낭까바우의 작은 물소가 점령자들이 들여온 자바의 큰 물소를 이겼다고 했다. 이에 따라, 미낭(Minang) 까바우(kabau)라는 종족명을 붙이게 되었는데, '미낭'은 '므낭'(menang: 승리하다)에서, '까바우'는 '끄르바우'(kerbau: 물소)에서 진화한 단어이다. 모계사회의 남자들은 모두 전투와 사냥에 동원되고, 집안 경제와 육아는 전적으로 여자들의 몫이였다. 이들의 음식문화도 이런 틈새에서 나왔다. 요즘도 미낭까바우의 전통 마을에서는 집안에는 여자들과 어린 아이들 뿐이고, 성인 남자들은 수라우(surau)나 마드라사(madrasah) 같은 이슬람 사원을 중심으로 모여 있다.

이에 비해서, 뜨갈은 중부 자바의 북부 해안 도시로 스마랑(Semarang)과 찌르본(Cirebon) 사이에 위치하고 있다. 해안을 잇는 철도가 이곳을 경유하며, 인근에 해발표고 3,418미터의 슬라멧

(Slamet) 화산이 있다. 뜨갈 사람들은 예로부터 어부(漁夫)이거나 소규모 무역상이 주류를 이루었다. 이곳은 과거 식민지 시대에 주석(朱錫) 수출항으로 손꼽혔지만, 바타비아(Batavia)가 개항하면서 뜨갈 항구의 기능이 크게 위축되었다. 바타비아는 오늘날의 수도 쟈카르타(Jakarta)인데, 네덜란드가 식민통치의 중추 거점으로 건설하고 육성하였다. 오늘날 뜨갈 항에서는 수공예품과 코프라(*copra*) 같은 농작물을 수출하고 있다. 카부빠뗀(kabupaten)이라 하여 우리나라의 군청(郡廳) 소재지인 뜨갈은 여타의 쟈바 북부 해안 도시의 경우와 마찬가지로 도시와 경제규모에 비해서 인구가 많이 집중되어 있다. 일찍부터 먹고 사는 문제가 당면문제로 등장하게 되었다.

루마마깐 미낭은 우선 식사 분위기가 산뜻하고 음식이 정갈하며 맛있다. 주문하지 않아도 다양한 반찬을 식탁 위에 죽 늘어놓는다. 반찬 접시가 많다보니, 더러는 접시와 접시 사이에 포개 놓기도 한다. 모두 다 맛있으니, 마음대로 골라 드시라는 뜻이다. 대개는 두 조각씩인데 한 조각만 먹으면, 반값만 내면 된다. 국물을 찍어서 맛을 보는데, 쟈바에서는 새끼손가락을 쓰지 않고 검지를 쓴다. 이곳 사람들은 새끼손가락을 사용하면, 가난해진다는 속설(俗說)을 믿고 있다. 족쟈카르타 같은 대학 도시에서 돈 없는 대학생 녀석들은 데이트를 할 때, 한두 가지 반찬만 선택하고 다른 접시에 담긴 반찬의 액체(국물)를 수저로 살짝 떠다가 밥을 먹기도 한다. 계산에 포함되지 않기 때문이다. 루마마깐 미낭은 좋은 쌀로 밥을 짓는 것이 또 다른 특징의 하나이다. 그러므로 당연하게 밥값이 비싸다. 작은 대나무 소쿠리에 바바나 잎을 깔고 밥을 퍼 담아 내오는 바꿀(bakul)

단위로 4-5인용 기본이 3만 루피아가 넘는다. 우리나라 대학 캠퍼스의 학생식당 급이다. 와르뜩의 가장 큰 특징은 싸다는 점이다. 우선 값싼 쌀로 지은 밥을 얼마 전 까지만 해도 손님 마음대로 접시에 퍼 담을 수 있었다. 반찬이라야 달걀과 야채볶음과 튀김(주로 야채류) 등 서너 가지로 가정식 백반 수준이다. 그러나 일인당 1만 5천 루피아 내지 2만 루피아(1,600원)면, 가난한 이들의 허기진 배를 가득 채울 수 있다. 이것은 쟈카르타 기준(2017년)이고 죡쟈카르타에서는 1만 루피아에 밥과 달걀에 야채 반찬이 딸려 나온다.

루마마깐 미낭과 와르뜩은 모두 장사가 잘 된다는 공통점을 가지고 있다. 루마마깐 미낭은 중산층 이상의 손님이 찾아오고, 와르뜩은 하류층이 주요 고객이다. 먹고 난 후, 종업원이 빈 접시를 세어 가며 밥값을 계산하는 미낭 음식점은 대상 손님과 시간대에 따라 가격이 조금씩 다르다. 이를 테면, 성인 남자끼리 손님이 뜸한 시간대에 식사를 하면 계산이 적게 나온다. 그러나 연인끼리 데이트 중이거나 주말을 맞아 가족 전체가 함께 식사를 하면 식사비용이 조금 다르게 나온다. 반찬값을 시비할 사람들이 아니기 때문에 조금 더 붙이는 것이다.

정갈한 미낭 음식점에 비해서 와르뜩은 깨끗하지만 허름하다. 반찬 진열대 앞에 식탁이 붙어 있는 경우가 많다. 의자를 이동하여 많은 사람들이 한꺼번에 앉을 수 있게 되어 있다. 새로 들어오는 손님은 의자만 하나 가져 와서 같은 식탁에서 식사한다. 죡쟈카르타 같은 중소도시의 경우다. 쟈카르타 같은 대도시의 와르뜩은 건설 노동자들이 주요고객이지만, 최근 들어서는 어느곳이나 꽤 깨끗하게 꾸며 놓고 있다. 미낭 음식점이나 와르뜩의 밥과 반찬은 어디를 가나 거의 같다. 그러므로 맛있는 음식점을 찾아 멀리 가지 않아도 된다. 식사 시간대가 되면, 이들 두 음식점은 언제나 손님이 많다. 와르뜩이나 루마마깐 미낭은 그 자체로 상표 역할을 하는 셈이다. 그래서 쟈카르타나 서부 쟈바의 대도시에는 와룽 순다(warung Sunda)라는 순다 음식점이 와르뜩과 경쟁적으로 고객을 끌고 있다.

수마트라와 쟈바를 대표하는 미낭 음식점과 와르뜩은 나름대로의 특색 있는 반찬을 만든다. 뜨갈 사람들의 반찬은 주로 야채류인데, 채로 썰어 기름에 살짝 볶아내는 데, 이를 오셍오셍(oseng-oseng)이라고 한다. 야자의 하얀 속살(果肉)을 조미료 대용으로 쓰지 산탄(santan)을 많이 쓰지 않는다. 음식도 달달하기는 하지만, 죡쟈카르타 같은 쟈바 내륙 지방처럼 달지는 않다. 와르뜩에 있는 반찬은 어떤 것이든지 외양과는 달라서 대개 맛이 있다. 와룽순다에 가면, 오이나 양배추 같은 생야채가 많이 나온다.

이에 대해서 산탄을 많이 쓰는 미낭 음식은 시각적으로 카레를 많이 쓴 것이 보인다. 실제로 인도양에 접해 있는 서부 수마트라는 인도문화의 영향을 많이 받았다. 음식문화도 예외가 아닐 것이 분명하다. 수많은 반찬이 모두 나름대로의 특색이 있고 맛깔스러우며, 다소 맵고 짜다는 것이 미낭 음식을 처음 대하는 사람들의 공통된 반응이다. 육류나 어류가 많고 야채류가 적다. 미낭 음식점에 등장하는 야채류 반찬은 세 가지 정도이다. 싱꽁(singkong) 잎과 어린 낭까(nangka) 열매 속살과 가지(terong belanda) 나물이 그것인데, 모두 먹을 만하다. 싱꽁은 카사바(*cassava*)를 지칭하는 표준 인도네시아어 단어로 감자와 고구마 중간 쯤 되는 줄기뿌리를 말한다. 싱꽁 잎사귀도 아주까리 잎처럼 식용으로 많이 이용하고 있다. 삶아서 쌈으로 사용한다. 낭까는 열대지방에서 열리는 가장 큰 과일인데, 고무향이 있고 값이 싸서 비싼 두리안(durian) 대신 먹기도 하는데, 어린 낭까의 속살로 반찬을 만든다. 미낭 음식에 왜 채류(菜類)가 적으냐고 물었더니, 야채는 값이 너무 싸서 약삭빠른 장사꾼에게 이익을 많이 남겨주지 않는다는 대답이었다.

어떤 음식이 와르뜩과 루마마깐 미낭을 대표하는지 다수의 현지인들에게 물어 봤다. 와르뜩은 이깐 반등(ikan bandeng)이, 루마마깐 미낭은 른당(rendang)과 덴뎅(dendeng)과 아얌 굴라이(ayam gulai)라는 답을 쉽게 얻을 수 있었다. 이깐 반등은 가장 싸고 가장 흔한 바다 생선이다. 어른 한 뼘 쯤 되는 생선인데(더 큰 놈도 있다), 모양이 전어 비슷하게 생겼다. 이것을 숯불에 굽거나 산탄을 조금 넣고 양념을 많이 풀어서 졸인 것이다. 작은 수퍼마켓에서도 이깐 반등은 우리나라의 고등어나 삼치같이 양념이 된 상태에서 비닐봉지로 밀봉하여 판매하고 있다. 와르뜩에서 듬뿍 담은 밥 위에 달걀과 한두 가지 야채 반찬과 함께 이깐 반등을 한 마리 얹으면, 족자카르타 도시 노동자들의 최고 식사 메뉴가 된다고 한다. 2만 루피아다. 이깐 반등은 수요가 많아 네네르(nener)라는 치어(穉魚)를 바다와 강이 만나는 지역에서 유인하여 대량으로 키우기도 한다.

미낭을 대표하는 른당은 영락없는 쇠고기 장조림이다. 산탄을 많이 넣고 양념을 한 후 오래도록 졸려서 액체가 거의 없거나 아주 없게 만든 것인데, 쇠고기 대신 닭고기를 쓰기도 한다. 덴뎅은 쇠고기나 닭고기를 얇게 베어서 육질을 부드럽게 하기 위해서 한참 두들기고 양념한 후 야자기름에 살짝 튀기거나 반 쯤 구운 것이다. 수퍼마켓에는 덴뎅 만들기 좋게 손질한 포장 제품이 많이 나와 있다. 이것은 한국인들의 술안주에 등장하는 육포 형태인데, 좀 더 두툼하고 육질이 부드러우며 숯불고기 맛이 난다. 아얌 굴라이는 영계를 산탄을 많이 넣고 졸인 것이데, 매운 고추 양념을 하지 않은 것이 특징이다. 닭고기가 쇠고기 보다 상대적으로 싸고 흔하기 때문에, 아얌 굴라이가 가장 많이 팔린다고 한다.

우리나라에 수많은 중국음식점이 있지만, 정작 화상(華商)들이 직접 운영하는 경우는 상대적으로 많지 않다. 이와 마찬가지로, 와르뜩이나 루마마깐 미낭은 장사가 잘 되다 보니까, 뜨갈 사람이나 미낭 사람이 아니어도 많은 사람들이 같은 옥호의 음식점을 내고 있다. 루마마깐 미낭(rumah makan Minang)은 미낭(까바우) 사람들이 직접 영업을 하지만, 루마마깐 빠당(rumah makan Padang)의 경우에는 미낭 사람인 경우도 있고 그렇지 않은 경우도 많다. 때때로 미낭 사람들은 타 종족과의 차별성을 위해서 두타 미낭(Duta Minang)이라 하여 대사(大使)라는 직함을 높임말로 미낭 앞에 붙이기도 한다.

중국 음식점을 한국인이 운영하면서 화상이라는 명칭을 붙이기가 쉽지 않은 것처럼, 외지 사람들이 루마마깐 미낭을 옥호로 내걸지는 않는다. 많은 지역에서 같은 형태의 음식점을 내다보니까, 루마마깐 빠당이 더 많게 되었다. 빠당(Padang)은 서부 수마트라(Sumatra Barat)의 최대 도시이자 주도이며, 모든 미낭까바우 사람들의 정신적인 고향이다. 인도네시아 음식 맛에 대해서 일가견이 있음을 강조하는 지인 한 사람은 3대 미낭 음식으로 른당(rendang) 이외에 아삼 빠데(asam padeh)와 아얌 칼리오(ayam kalio)를 들었다. 아삼 빠데는 산탄을 적게 넣은 새콤한 맛의 생선요리이고, 아얌 칼리오는 산탄을 듬뿍 넣어 조리한 닭고기 요리이다.

어느 시대 어느 사회나 사회적 계층이 있게 마련이고, 이들 간의 화합과 갈등구조가 역사 발전의 중요한 변수의 하나로 등장한다. 뜨갈 사람들을 족자카르타(Yogyakarta)나 수라카르타(Surakarta) 또는 말랑(Malang) 같은 중부 자바의 내륙 도시에 사는 사람들은 '상스럽고 배우지 못한 장사꾼'으로 본다. 어부였거나 무역상인 출신인 이들이 격식 없이 누구하고나 잘 사귀고 친하게 지내는 것을 얕보는 것이다. 이에 대해서 뜨갈 등 자바 북부 해안 도시의 사람들은 내륙 사람들을 '밑천도 없으면서 격식이나 차리는 속이 텅 빈 양반' 정도로 저평가하고 있다. 이들 사이에 서부 자바의 순다 사람들은 말을 아끼며 어느 쪽 손도 들어 주지 않는다. 수마트라 음식문화를 대표하는 미낭까바우는 수마트라의 여러 종족 중에서 가장 전통을 중시하고 격식을 차리는 사람들의 대명사이기도 하다. 자바와 수마트라의 음식문화는 이러한 종족적 특색을 바탕으로 하여 전승되었다.

콩과 까짱(kacang)

2007년 말 우리나라 농수산물유통공사는 중국의 한 농산물 수출회사와 계약했던 콩 21,000톤을 도입하지 못했다. 그 회사가 2007년 8월 공사와 물품대금과 부대비용을 합쳐 톤(ton) 당 459달러짜리 수출계약을 위약금(違約金)까지 물면서 파기해 버렸기 때문이었다. 농수산물유통공사는 할 수 없이 171달러씩이나 더 주고 톤 당 630달러하는 콩을 들여올 수밖에 없었다. 계약금보다 콩 값이 몇 배나 더 오른 것이다. 밀이나 옥수수와 쌀에 비해서 크게 주목을 받지 못했던 콩이 세계적인 애그플레이션(*agflation*) 폭풍의 한가운데 서게 되었다. 애그플레이션은 '농산물로 인한 물가인상'이라는 신조어(新造語)다. 시카고의 곡물선물시장에서 콩(大豆: *soybean*) 가격은 27.2㎏에 해당하는 부셸(*bushel*) 당 가격이 2006년 10월 5.25달러에서 2007년 1월 7.35달러로, 2008년 1월에는 다시 12.6달러로 수직상승하였다. 이에 따라 농수산물유통공사는 2006년에는 톤당 330달러에서 2007년에는 378달러로, 다시 2008년에는 690달러를 주고 콩을 수입하였다.

인도네시아도 사정은 마찬가지다. 2008년 1월 14일에는 쟈카르타와 인근 공단지역의 두부와 뗌뻬 제조업자연합회(Koptti: Koperasi Tahu Tempe Se-Indonesia)가 주도하는 대규모 항의집회가 열렸다. 이들의 주장에 의하면, 끄윈딸(kwintal: 100킬로그램) 당 35만 루피아 (당시 시가 약 4만원)하던 대두가 2007년 12월 이래로 75만 루피아로 폭등(暴騰)했다는 것이었다. 급기야 대통령까지 나서서 일부 국내적 요인도 있지만 대부분이 외부적 영향임을 설명하고, 이에 대한 장기적인 대비책을 주문하고 있다. (Jakarta Post, 22 Feb. 2008) 대두 국제시세는 계속해서 가파르게 상승하고 있다. 2017년 7월 선물가격이 톤당 980달러로 나와 있다.

우리 주변에는 여러 가지 두숙류(豆菽類) 작물이 있다. 이 두숙류는 두류(豆類)로 약칭하며, 씨를 먹이로 하는 콩과(科) 식물을 전체를 일컫는다. 두류에는 콩(大豆)을 위시하여 낙화생(落花生: 땅콩)·완두(豌豆)·팥(小豆)·녹두(綠豆) 등이 포함된다. 대두 콩은 중국 대륙이 원산지이다. 한반도를 비롯하여 만주와 북미 대륙에서 많이 나고, 모양은 약간 다르지만 아프리카에도 난다. 콩은 종류가 다양하지만, 우리 주변에서는 대두(콩)가 이들을 대표하고 있다. 생활 주변에서 가장 널리 흔하게 쓰이기 때문이다.

그래서 음식재료로는 콩이 가장 많은 속담의 소재가 되고 있다. "콩 심은 데 콩 나고 팥 심은 데 팥 난다"(원인이 있으면, 결과가 있다), "콩도 닷 말, 팥도 닷 말"(공평하게 베푼다), "콩 반(半) 알도 남의 몫 지어 있다"(하찮은 것도 주인이 있다), "콩 볶아 먹다가 가마솥 깨뜨린다"(서툰 작은 일로 큰일을 그르친다), "콩 본 당나귀처럼 홍홍한다"(좋아하는 것을 눈앞에 두고 어쩔 줄 몰라한다), "콩 심어라 팥 심어라한다"(지나

치게 간섭한다), "콩으로 메주를 쑨대도 곧이듣지 않는다"(거짓말을 많이 해서 바른 말을 한 대도 믿기 어렵다), "콩이야 팥이야 한다"(시비하는 말투로 꼬치꼬치 따진다) 등 인데, 이 밖에도 더 많다.

우리의 경우와 달리 인도네시아에서는 '콩'하면, 누구나 땅콩을 우선 떠올린다. 두류를 총칭하는 이 나라 말은 까짱(kacang)인데, 다른 수식어 없이 그냥 까짱하면 '땅콩'이다. 우리가 그저 '콩'하면, 노랑색 대두(大豆)를 연상하는 것과 같다. 노랑색 콩도 까짱이라고 칭하지만, 대개는 노랑색(kuning)이라는 수식어를 첨가하여 까짱꾸닝(kacang kuning)이라고 해야 상호이해가 정확하게 이루어진다. 인도네시아에서도 콩 생산량이 땅콩 보다 많다. 몇몇 사람에게 물어봤다. 한국에서는 콩하면 대두를 지칭하는데, 이곳에서는 왜 까짱하면 땅콩을 연상할까하는 질문에 지극히 상식 수준의 답이 돌아 왔다. 땅콩은 음식문화에 아주 밀접하며 대개 원형 그대로 즉시 사용되지만 콩은 두부나 콩우유(두유)를 만들거나 또는 뗌뻬를 만드는 다소 긴 과정이 있어서 그렇지 않겠느냐는 것이었다. 뗌뻬는 우리나라 청국장의 변종(變種)이라고 말할 수 있는데, 이곳 사람들은 남녀노소 할 것 없이 밥반찬으로나 스낵으로 즐기고 있다. 대두 값이 많이 올라서 그런지 2017년 7월 쟈카르타 간다리아 우따라 지역의 롯데마트에서 조리용 뗌뻬 600그램짜리 하품 가격이 7천루피아(580원)였다.

땅콩은 남미(南美)가 원산지이다. 역사 기록에 의하면, 인도네시아에는 1579년부터 1610년 사이에 향료군도 말루꾸(Maluku)를 찾아 나섰던 유럽 원정대의 일원으로 내도했던 스페인 사람들에 의해서 소개되었다고 한다. 그러나 땅콩이 처음부터 인도네시아 군도에서 인기를 누렸던 것은 아니었다. 여타의 식용 작물과는 달리 이곳의 비옥한 토양에도 불구하고 생장(生長) 기간이 8개월 내지 10개월로 너무 길었던 것이다. 오늘날 인도네시아에서 흔하게 볼 수 있게 된 땅콩의 역사는 뜻밖에도 매우 짧다. 1963년에 한 영국인이 땅콩의 새 품종을 소개하였는데, 파종에서 수확까지 3개월 내지 5개월로 단축되어 일 년에서 세 차례씩 재배할 수 있게 된 것이다. 인도네시아 사람들은 외국인에 의해서거나 외국의 지원에 의해서 만들어진 제품이나 개량된 농산물에 대해서 그 근원을 밝히는데 인색하지 않다. 우비 저빵(ubi jepang)이나 쨔베 방콕(cabai bangkok), 또는 끌라빠 타이완(kepala taiwan) 같은 것들인데, 각각 일본의 지원으로 더 맛있게 개량된 고구마, 태국 연구진에 의해서 크게 개량된 고추, 열매를 맺는 기간이 10년에서 3년으로 단축된 타이완 야자 같은 것이다. 다만, 대문자를 써서 고유명사 표기를 하지 않고 보통명사로 쓰고 있다. 그렇다면, 까쨩 잉그리스(kacang inggeris: 영국 땅콩)는 없냐고 물었더니 고개를 갸우뚱했다.

인도네시아의 땅콩의 내피(內皮)는 네 가지 색깔로 구분된다. 하양색·빨강색·보라색·옅은 빨강색 등인데, 옅은 빨강색 내피를 가진 땅콩이 제일 맛있다고 한다. 땅콩은 모래가 많이 섞인 땅이면 어디서든지 잘 자란다. 특히 화산자락에서 소출이 높은데, 토양이 무르고 기름지며 물이 잘 빠지면 80일 만에도 수확이 가능하다고 한다. 족자카르타(Yogyakarta) 인근 머라삐(Merapi)화산 인근 지역도 땅콩이 많이 소출되는 지역이다. 다 자란 땅콩은 약 60센티의 키가 된다. 우리나라의 경우와 마찬가지로 콩깍지나 콩닢과 줄기 할 것 없이 모두 가축의 사료로 그만이다. 퇴비 원료로도 인기가 높다.

인도네시아에서 땅콩은 우리의 경우와 비교해서 그 쓰임새가 훨씬 다양하다. 맥주 안주로 쓰이고 땅콩버터용으로도 쓰이지만, 이 나라에서 땅콩은 각종 요리의 부자재나 반찬을 만드는데 더 많이 사용된다. 가도가도(gado-gado)라는 음식이 있다. 기름에 튀긴 두부와 여물기 이전의 연한 긴 콩깍지와 숙주나물이 주재료이고 오이나 기타 다양한 야채류가 식성에 따라 첨가된다. 이 때 땅콩은 드레싱 소스를 만드는데 필수적으로 그것도 꽤 많이 들어간다. 이 소스에는 붉은 생고추와 마늘·양파·생새우 등이 첨가되는데, 땅콩이 소스의 맛을 좌우한다. 가도가도는 밥반찬으로도 등장하고, 밥 없이 가도가도로 요기를 하기도 한다. 귀에 익숙한 명칭 때문이기도 한데 가도가도를 아는 한국인 관광객이 많다.

인도네시아의 땅콩은 아주 잘다는 외형상의 특징을 가지고 있다. 우리가 알고 있는 일반적인 땅콩 크기의 1/2 내지 1/3 정도이며, 땅콩과 콩의 중간 쯤 되는 겉모양을 하고 있다. 스낵용으로 나올 경우, 대개 껍질(내피) 채 그냥 먹는다. 거부감이 거의 없기 때문이다. 소금으로 간을 하고 기름으로 살짝 볶아내는데, 맛도 좋다. 맥주 안주로 제격이다. 또한 흔하기 때문에 호텔에서 생맥주를 한 잔 마시면서, 여러 차례 주문을 해도 군말 없이 몇 번이고 듬뿍듬뿍 담아 내온다.

지방 마다 특색 있는 먹거리는 어디에나 있게 마련인데, 술라웨시 북부지방에 가면 까짱 고양(kacang goyang)이라는 것이 있으니 찾아서 맛보라는 권유가 있었다. 이 밖에도 땅콩이 주제가 된 특별한 먹거리로 뻬옉 까쨩(peyek kacang)과 엔띵엔띵 까쨩(enting-enting kacang)이 있다. 전자는 흔한 '새우깡' 맛의 손바닥만하게 넓적한 과자로 밥과 함께 먹는 끄루뿍(kerupuk)에 땅콩을 듬성듬성 박아 만든 것이고, 후자는 땅콩을 으깬 후 야자설탕으로 달게 버무린 스낵이다. 이곳에서는 땅콩을 볶거나 기름에 튀길 때 다양한 양념을 넣는다. 양파와 마늘을 첨가하는 것이 보통이며, 고추를 넣어 맵게 하는 경우도 있다. 붐부 아얌(bumbu ayam)이라는 닭고기 맛이 나는 가공양념을 조금 넣기도 한다. 그러나 으깬 땅콩을 이용하여 조리하거나 요리의 부자재로 사용하는 경우가 훨씬 많다. 가도가도 이외에 가장 흔한 형태로 뻐쩔(pecel)과 까레독(karedok)이 있다. 뻐쩔은 가도가도에 많이 들어가는 산탄(santan)이나 으깬 달걀이 들어가지 않은 것이다. 산탄은 야자열매의 속살을 갈아서 보조 양념으로 사용하는데, 대부분의 야채 요리에 넣는다. 까레독은 주로 서부 자바의 순다(Sunda) 사람들이 좋아하며 가도가도와 뻐쩔의 중간 쯤 된다고 한다. 으깬 땅콩이 주제가 되는 반찬에는 대부분 야자설탕과 마늘이 들어간다.

우리나라에 '콩'을 주제로 하는 속담에 '땅콩'이 등장하지 않는 것과는 정반대로 인도네시아의 속담에는 콩 대신 땅콩만 등장한다. "땅콩이 자신의 껍질을 잊어버린다(Kacang lupa akan kulitnya)"(은혜를 갚을 줄 모른다), "시절이 좋아지면 땅콩은 껍질을 잊어버린다(Panas hari lupa kacang akan kulitnya)"(형편이 좋아지면 사람이 자신의 근원을 잊거나 도움을 준 사람을 잊어버린다), "땅콩 한 알 볶는 듯하다

(Bagai kacang direbus satu)"(좋아서 팔짝팔짝 뛴다), "땅콩이 웃자라는 두 달(Bagai kacang tengah dua bulan)"(하루가 다르게 몸집이 커지는 아이들, 또는 그 기간), "땅콩이 껍질 탓을 한다(Mengapa kacang benci akan kulinya)"(잘못되면 조상 탓을 한다), "자란 자리를 잊지 않는 땅콩(Kacang tak akan lupa akan junjungannya)"(자신을 아는 사람) 같은 것들이다. 인도네시아의 땅콩 속담에서 껍질은 모두 외피(外皮)를 의미한다는 것과, 대부분의 속담이 경구(警句)이거나 부정적인 의미를 담고 있는데, 이 나라 속담은 긍정적인 내용도 있다는 것이 특징이라면 특징이다.

1910년 독일 과학자 루돌프 디젤(Rudolf Christian Karl Diesel)은 처음으로 땅콩에서 대체에너지를 찾아내었다. 땅콩이 대체에너지의 효시(嚆矢)였다는 것은 참 흥미롭다. 2003년도 FAO 공식보고서에 따르면, 당해 연도 대체에너지 생산 원료 중 10퍼센트가 땅콩이었다고 한다. 원유 매장량이 급격하게 줄어들면서 나라마다 대체에너지 개발에 숨이 가쁘다. 인도네시아도 선두 주자의 한 나라이다. 머지않아 대체에너지와 인간들의 먹거리 간에 대회전(大會戰)이 벌어질 지도 모르겠다. 그러고 보면, 국내에서는 된장찌개에 썰어 넣는 흔한 두부를 사기 힘들까봐 걱정이고, 인도네시아에서는 뗌뻬가 줄어들면서 후한 인심도 줄어들까봐 조금 걱정이 된다. 시원한 빈땅 맥주(bir Bintang) 한 잔 하고 몇 알 땅콩을 씹는 맛도 괜찮았는데, 그 재미마저 줄어들면 어쩌나하고 걱정이 된다.

INDONESIA

제3장

인도네시아의 종족문화

INDONESIA

제3장 인도네시아의 종족문화

1. 자바 사람과 수마트라 사람
2. 순다(Sunda)족 이슬람의 순수성
3. 강성(强性)의 마두라(Madura)족
4. 인도네시아에서 이종교 간의 결혼

인도네시아는 세계 최대의 도서대국이다. 이 나라의 공식적인 도서 숫자가 17,508개다. 도서 숫자는 주로 외부 학자나 연구기관에서나 헤아리지 국내에서는 이 숫자에 별 다른 관심이 없다. 그만큼 많다는 뜻이다. 이 중 약 1/2 정도는 무인도다.

네덜란드는 식민통치의 전형으로 분리주의 정책을 썼다. 도서 국가 인도네시아를 하나의 통합된 나라로 이끌어 가지 않고, 통치의 편의를 위하여 분리된 나라로 방치하였다. 주요 도서 간의 교류는 연안 여객선이었다. 이 나라가 독립 후, 항공 산업 부문에 나라 살림에 걸맞지 않은 높은 관심을 가진 이유는 도서 간의 소통을 원활하게 하여 국민적 통합을 갈망했기 때문이다. 도서마다 주요 종족들이 자웅을 겨루거나, 작은 도서에는 숫자가 적은 종족이 독립적으로 살았다. 당연하게 종족어가 다르고, 종족문화가 달랐다.

네덜란드는 이를 활용하여 1949년 말 잠시 인도네시아합중국을 만들었다. 주요 종족 별로 독립된 국가로 경계를 긋고 네덜란드와 연합체(연방국가)를 시도하였다. 가장 큰 도서 간의 경계는 자바와 수마트라였다.

수마트라는 인도네시아 역사와 문화의 발상지로 고대문화가 만개했다. 네덜란드가 발을 디디기 전까지 인도네시아 군도의 중심지는 수마트라였다. 자바는 네덜란드의 식민정책에 의해서 개발되었다. 오늘날의 수도 자카르타(Jakarta)도 네덜란드가 바타비아(Batavia)로 건설한 것이다.

수마트라의 주요 종족은 아쩨족·바딱족·미낭까바우족·말레이족 등 4대 종족이며, 쟈바의 3대 종족은 쟈바족·순다족·마두라족이다. 아쩨족과 바딱족은 수마트라 북부에서 종족 간에 경계를 이루고 있다. 두 종족 모두 강성 종족으로 분류된다. 식민통치자들도 이들 두 종족을 꺼렸다. 쟈바에서는 쟈바족이 월등하게 많은 종족 숫자로 우월한 지위를 가지고 중원을 지배하고 있다.

순다족은 지리적으로 쟈바족의 쟈바 서부에 군거하며, 마두라족은 마두라 섬을 중심으로 쟈바 동부에 집중되어 있다. 인도네시아 이질적인 종족문화를 가름할 수 있는 순다족과 마두라족의 독자적인 문화가 흥미롭다.

제3장 '쟈바 사람과 수마트라 사람'은 <작은 며느라의 나라>에 실었던 내용을 옮겨다가 일부 재편집한 것임. '인도네시아에서 이종족 간의 결혼'은 서명교 교수(한국외대)의 글에서 많이 인용하였음.

쟈바 사람과 수마트라 사람

인도네시아를 조금만 깊이 살펴보아도 동서(東西) 간의 문화적 격차가 현격(懸隔)하고, 도서(島嶼) 간의 이해관계가 판이하게 다르며, 종족 간의 경제적·종교적 갈등이 심하다는 것을 알게 된다. 우선 동(東)과 서(西)가 다르다. 동쪽으로 갈수록 기독교세가 상대적으로 강하고, 서쪽으로 갈수록 이슬람세가 압도적으로 강하다. 그래서 동부에서는 기독교와 이슬람의 첨예한 갈등이 상존하고 있다. 모두 자기편이 정의롭다고 말한다. 수하르토 정권이 붕괴하고 경제위기가 닥치자, 남부 말루꾸의 암본(Ambon)과 중부 술라웨시의 뽀소(Poso) 등지에서는 대규모 폭동이 일어나 많은 양민들이 희생되었다. 이질적인 종교가 양측을 구분하였으므로 종교 갈등으로 분류되었다. 그러나 내면을 살펴보면, '파이 싸움'의 성격이 짙다.

쟈바와 수마트라를 중심으로 한 서쪽 군도는 이슬람세가 절대적이다. 그러나 이곳에는 농촌에 거주하는 농부들이 주축이 된 전통주의 이슬람과 도시민을 중심으로 한 현대주의 이슬람 간에 세(勢)대결이 팽팽하다. 그래서 이해관계가 걸린 사안에는 누구도 양보하지 않는다. 전자는 엔우(NU)로 약칭하는 나흐다뚤 울라마

(Nahdatul Ulama)에 소속되어 있고, 후자는 '사도(使徒) 무함마드의 길'이라는 의미를 지닌 무함마디야(Muhammadiyah)와 함께 한다. 이들은 종교적 선명성(鮮明性)을 놓고 다투는데, 정치적·경제적 이해관계가 걸리면 언제나 대규모 군중을 동원하는 방법으로 상대편을 압도하려 든다.

도서 간의 갈등과 분규에 따른 괴리(乖離)도 심각하다. 인도네시아 사회문제를 크게 쟈바(Jawa)문화와 비(非)쟈바(Non-Jawa)문화의 갈등으로 보는 사회학자들이 많은데, 쟈바와 수마트라 간의 이해다툼으로 요약된다. 수마트라는 스리비쟈야(Srivijaya) 왕국의 본거지이자 인근 말라카(Malaka) 무역왕국으로 인해서 해상실크로드 시대가 만개(滿開)했던 말레이문화권의 중추이다. 유럽을 향한 후추무역의 중심항구가 사방(Sabang)과 람뿡(Lampung) 등 여러 곳에 있었고, 양질의 미작(米作)산지였으며, 원유와 가스가 대량으로 생산된다. 더욱이 수마트라 북단(北端)은 외래문화를 받아들이던 관문이었다. 이곳을 통과한 문화와 문물은 말라카 해협을 거쳐 인도네시아 군도로 전파되었다.

수마트라가 역사적·문화적 우월성을 내세워 쟈바 중심주의를 공격하는 것을 쟈바 사람들은 애써 외면한다. 쟈바의 역사는 네덜란드의 시민통치자들에 의해서 3세기 가량 휘둘려 졌다. 초기 향신료무역을 관장하던 네덜란드의 동인도회사(VOC)가 말루꾸 군도의 중심지인 암본(Ambon)에 세워졌으나, 쿤(Coen) 총독에 의해서 오늘날의 수도 쟈카르타인 바타비아(Batavia)로 옮겨졌다. 말라카해협과 수마트라-쟈바 간의 순다(Sunda)해협을 관할하여 외침에 대비하고,

긴 항해를 위한 선박보존과 수리, 각지에서 수집해 온 각종 진기한 향신료의 보관과 포장 등을 위해서 바타비아가 건설되었는데, 결과는 대성공이었다.

네덜란드 식민통치 하의 쟈바는 바타비아를 중심으로 크게 번영하게 되었다. 암스테르담과 바타비아 간에 향신료 무역이 확고하게 자리를 잡자, 곧 이어 쟈바에는 유럽시장을 겨냥한 사탕수수·커피·차(茶)·담배 등 4대 열대 원예작물(園藝作物)이 대대적으로 재배되기 시작하였다. 네덜란드가 단일작물재배(*monoculture*) 정책을 전개한 이래로 쟈바 전 지역의 2/5가 개간되었다. 부지런하고 상재(商材)가 뛰어난 중국인들을 비롯해서 많은 외지인들과 인도네시아 군도 각지에서 많은 사람들이 쟈바로 몰려들었다. 수마트라가 중심이었던 인도네시아는 네덜란드에 의해서 정치·경제·사회·문화 등 전 분야에서 쟈바 중심으로 바뀌게 되었다. 수마트라는 쟈바의 번영을 질시(嫉視)하며 외세(네덜란드)에 의한 중심부의 이동에 대해서 강한 불만과 함께 식민통치자들과 영합한 쟈바인을 곱지 않은 시선으로 보게 된 것이다.

쟈바나 수마트라를 대표하는 종족들로는 여럿이 있다. 수마트라에는 아쩨(Aceh)족·바딱(Batak)족·미낭까바우(Minangkabau)족·말레이(Malay)족 등 네 종족이 군웅할거하고 있고, 쟈바에는 쟈바(Jawa)족·순다(Sunda)족·마두라(Madura)족 등 세 종족이 자웅을 겨루고 있다. 오랜 역사를 통하여 인도네시아 주요 두 도서지방의 대표 종족으로 자리 잡은 이들은 나름대로 강한 응집력을 확보하고 생존방식을 터득하여 종족 보존능력을 배양하였다.

수마트라 북단에 자리 잡은 아쩨족은 원리주의 이슬람을 바탕으로 네덜란드와 일본 등 외부의 식민통치세력이 이들과의 접촉을 꺼릴 만큼 배타적이고 강인한 종족으로 알려졌으며, 또바(Toba)호(湖)를 둘러싼 북부 수마트라 고산지대를 확보해 온 바딱족들은 일찍이 인도네시아에서 가장 용맹스런 종족으로 자리매김하였다. 고산족의 특징과 강한 아쩨족을 이웃하고 있었기 때문이다. 수마트라 서남부에 위치하여 인도양의 거센 파도와 싸우며 모계사회의 특성을 발전시켜 나온 미낭까바우족은 빠당 음식(masakan Padang)이라는 상호로 인도네시아 전국에 걸쳐 가장 맛있는 음식을 만들어 내고 있다. 말라카 해협 쪽으로 쟈바 해에 걸쳐 길고 넓게 분포되어 있는 말레이족들은 말레이족 특유의 온순함과 순종적인 적응력을 바탕으로 예로부터 말라카의 해상무역을 석권해 왔다. 이로 인해서 특히 수마트라의 리아우(Riau)주는 오늘날까지도 말레이 반도의 말레이인과 매우 밀접한 교류관계를 유지하고 있다.

중동부 쟈바에 널리 분포된 쟈바족은 인도네시아 최대 종족으로 2억 6800만 인구(2018년)의 42퍼센트 수준으로 1억 명이 넘는다. 그러므로 이들은 이 나라의 중심부인 쟈바를 장악하고, 정치·군사·경제·종교·사회·문화 등 제반분야에 절대적인 패권적 지위와 영향력을 확보하고 있다. 서부 쟈바에서 순다 해협 건너 수마트라 최남단에 이르는 지역에 분포되어 있는 순다족은 인도네시아 제 2위의 종족으로 전체 인구의 15퍼센트이다. 이들은 문화적으로 가장 뛰어난 종족으로 알려져 있다. 순다어(語)와 순다문학(文學)작품의 우수성이 이를 뒷받침해 준다. 또 다른 쟈바의 주요 종족으로는 마두라족이 있다. 이 종족은 서부 쟈바 북부의 마두라 섬에 집중적으로 분포되어 있다. 마두라족은 오늘날 종족수가 쟈바족과 순다족에 이어 전체 인구의 5퍼센트를 차지하는 제 3위의 대종족이다. 그러나 같은 영역 안에 쟈바족과 순다족이 버티고 있으며, 쟈바와 달리 마두라 섬은 토양이 거칠어 농업도 상대적으로 발전하지 못하였다. 해상무역과 사냥이 이들의 주요 생계수단이었으므로 마두라족은 거칠고 다루기 힘든 종족의 하나로 분류되어 왔다.

수마트라와 쟈바의 여러 주요 종족을 한데 묶어 수마트라 사람과 쟈바 사람으로 비교하는 것은 무리가 따른다. 그러나 한국인은 자신의 속을 감추지 못하며, 중국인들의 천길 같은 속은 알 수 없고, 일본인은 겉과 속이 판이하게 다르다는 식으로 '수박 겉핥기' 같은 비교는 가능하다.

우선 음식에서 차이가 난다. 수마트라 음식은 맵고(pedas), 짜고(asin), 시다(kecut). 이에 비해서 쟈바 음식은 덜 맵고 덜 시큼하며, 특히 매우 달다(manis)는 특징이 있다. 연전에 작고한 이브라힘 알피안(Ibrahim Alfian) 교수는 아쩨 출신으로 인도네시아를 대표하는 사학자(史學者)의 한 사람이었다. 이 분이 죡쟈카르타 가쟈마다대학에 와서 쟈바의 단 음식을 익히는데, 만 일 년이 걸렸다고 했다. 인도네시아 음식을 전체로 묶어 놓고 볼 때, 달고 맵다는 두 가지 특징으로 요약된다. 이 나라에 흔한 사탕수수와 야자열매가 모두 천연설탕의 원료이기 때문이다. 단 맛을 희석하고 조화를 이루기 위해서 매운 맛이 등장하였다. 인도네시아 군도는 일본을 거쳐 우리나라에 남양 고추를 전파한 곳으로 추정된다. 인도네시아 슈퍼마켓에도 한국산 라면이 많이 눈에 띈다. 인도네시아산 매운 고추(cabai hijau)를 한 두 개 통 채로 넣어서 끓이면 맛이 더욱 좋다.

말소리가 다르다. 수마트라인은 목소리가 크고 빠르며 말의 높낮이가 분명하다. 이에 비해서 쟈바인들은 조용하게 말하며 목청을 돋우는 경우가 없다. 말도 느리고 높낮이가 거의 없다. 수마트라인들은 큰 소리로 솔직하게 얘기하며, 쉽게 부정적인 의사를 밝히고 과감하게 거절한다. 이에 비해서 쟈바인들은 예의를 갖추고 상대방의 기분을 헤아리며 자신의 속 마음을 분명하게 드러내지 않는다. 그러므로 모든 대답은 진실과 관계없이 긍정이거나 긍정에 '가깝게' 표현한다. 쟈바인들이 말 할 때는 우리네의 경우처럼 고개를 끄덕인다. 그러나 수마트라인들이 왁자지껄하게 떠들어 대는 광경을 보면, 동의하는 의사 표시로 고개가 뒤로 제쳐지는 것을 쉽게 볼 수 있다. 쟈바인은 긍정의 표시로 고개를 끄덕이고 수마트라인은 반대로 고개를 뒤로 제친다고 토를 다는 사람도 있다.

수마트라 사람들은 말도 헤프고 씀씀이도 헤프다(suka boros). 말이 빠르고, 행동도 빠르며, 의복도 아무 것이나 닥치는 대로 제 멋대로 입는다. 이에 대해서 쟈바 사람들은 분명하게 수마트라 사람들과 구분된다. 돈도 없지만, 있어도 대단히 아껴 쓴다(irit/hemat). 자녀의 결혼식 같은 특별한 경우를 제외 하고는, 기분을 내서 저녁 한 번 '쎄게' 내는 일이 절대로 없다. 혹시 저녁을 초대해도 차와 몇 가지 음식을 간단하게 맛 볼 정도로만 준비한다. 쟈바 사람들은 크고 작은 모임이나 행사에 언제나 정장(正裝)을 한다. 바띡(batik) 천을 말아 머리를 덮는 쟈바 상류사회 모자인 블랑콘(blangkon)을 쓰고, 사룽(sarung)을 입고 손목까지 내려오는 바틱 상의를 입는다. 조용조용 이야기하고, 행동도 제스쳐도 조그맣게 한다. 이들은 큰 소리로 떠들고 술 마신 듯 행동하는 사람은 미친(gila) 사람으로 취급한다.

쟈바와 수마트라 사람들을 비교하다 보면, 수마트라 사람들이 우리 한국인들과 유사한 부분이 많음을 발견하게 된다. 행동이 거칠고 시끄럽고 쉽게 술 취하며, 취중에는 큰 소리로 다툰다는 것이다. 오래 전에 쟈카르타 공항의 국제선 로비에서 탑승시간을 기다리며 책을 보고 있는데, 키가 훤칠한 빳빳한 제복의 헌병이 국제선 청사를 휘젔고 다니는 것을 목격하였다. 아무리 군사문화의 나라(당시)라고는 하지만, 버스 터미널도 아니고 국내선 청사도 아닌데 헌병이 활개를 치고 다니나 싶어서 '피식'하고 웃음이 나왔다. 그런데, 아뿔싸 그 헌병하고 눈이 마주치게 된 것이다. 그 녀석이 성큼성큼 다가와서 물었다. "왜 웃으십니까?" 혹시 '잠깐 갑시다'하면 어쩌나 하고 순간적으로 긴장했다. 더듬거려가며 인도네시아를 연구하는 한국 교수로 전공이 군부의 이중기능(*Dual Function*)인데, 당신이 너무 멋져 보여서 나도 모르게 웃음이 나왔다고 많이 보탠 거짓말을 했다. 이 친구 워커(*walker*) 뒤축을 소리 나게 부딪치며 거수경례를 부치더니 자신과 같은 바딱(Batak)사람들은 모두 한국을 좋아한다고 했다. 이 친구 다시 경례를 하면서 안녕히 가시라는 인사 끝에 쟈카르타 인근 공단에서 십장(什長) 노릇을 하는 바딱 사람들은 모두 '오랑 꼬레아'(한국사람)라고 부른다고 했다. 탑승시간을 보내면서 내내 창피한 생각을 지울 수가 없었다.

한국학 박사과정에 있는 가자마다대학교의 니닝(Nining)교수는 열렬한 한국팬이다. 남편이 의료 기구를 취급하는 무역상인데, 이름이 나낭(Nanang)이다. 나이 마흔에 이들은 아직 아이가 없는데, 낳는다면 사내 녀석이나 딸 아이 관계없이 이름을 노농(Nonong)이라고 지으라고 했더니, 고개를 설레설레 젓는다. 노농은 심한 앞짱구를 놀리는 말이라고 했다. 니닝에게 물어봤다. 쟈바 사람은 궁(窮)하여 이웃에 돈을 꿀 때, 돈 좀 빌려달라는 말을 꺼내지 못하고 이런저런 이야기를 둘러대어 이웃으로 하여금 '불쌍한 생각'이 들게 하여 스스로 지갑을 열게 한다고 했다. 족자카르타에서 자카르타로 갈 때도 여비나 기타 여행 여건이 미흡할 때는 일단 제일 가까운 솔로(Solo)까지 가서 친척 집에 며칠 있다가, 친척의 차편으로 수라바야(Surabaya)나 혹은 스마랑(Semarang)으로 이동하여, 항구 인근에 며칠 죽치고 있다가 가장 싼 배편을 타고 자카르타 외항(外港) 딴중 쁘리옥(Tanjung Priok)을 거쳐 한 달 만에 자카르타로 입성(?)할 것이라고 했다. 이에 대해서 수마트라 사람들은 자신의 사정 이야기를 짧게 하고 상대방의 입장을 크게 고려하지 않고 단도직입적으로 돈을 꿔 달라고 하며, 차비가 없어도 자카르타까지 직행노선을 택할 것이 분명하다고 했다. 야간 기차에 무임승차하여 차표 단속을 피하여 뛰어내리고 뛰어 타기를 거듭하여 짧은 시간 내에 자카르타에 도착할 것이라는 설명이었다.

쟈바 농촌에는 생계형 좀도둑이 끊이지 않는다. 그래서 마을 마다 자경단(自警團)이 조직되어 있고, 굵은 대나무에 구멍을 뚫거나 야자 뿌리를 다듬고 속을 파내어 만든 끈똥안(kentongan)이라는 타

악기를 두드려서 알리는 경보체제도 마련되어 있다. 그러나 간 큰 도둑은 여봐란 듯이 농부들이 애써 말린 환금작물(換金作物)을 눈 깜짝할 사이에 거두어 가면서 문 앞 공터에 큰 무더기로 똥까지 싸 놓고 달아난다. 옛날 우리나라에서도 그랬다. 이럴 경우, 동네 사람들이 매운 고추를 한 웅큼 씩 가지고 모여든다. 그리고 뱀이 똬리를 튼 모양의 인분(人糞) 위에 생 고추를 쌓아 놓고 불을 지핀다. 매운 연기가 동네를 뒤덮는다. 동네 사람들은 모두 그 도둑놈의 똥구멍(肛門)은 지금쯤 생고추의 매운 연기처럼 타들어 갈 것이라고 고소해 한다. 똥 위에 생 고추를 태우는 쟈바 사람들에 대해서 어떻게 생각하느냐는 질문에 수마트라 빠당(Padang) 출신 인류학자 샤프리(Sjafri Sairin)교수는 서슴지 않고 수마트라 사람은 태울 고추를 잘근잘근 씹으면서 전의(戰意)를 가다듬고 낫을 갈아서 범인을 찾아 나설 것이라고 했다.

인도네시아는 군사문화가 뿌리 깊게 자리 잡은 나라이다. 군사문화를 이끌어 온 주역들도 대개 수마트라와 쟈바 출신이다. 국민직선에 의한 대통령 선거가 시작되어 그 의미가 많이 희석되었지만, 문민정부 이전의 인도네시아 대통령의 기본 조건은 쟈바 출신·무슬림(이슬람교도)·군부 지도자라는 데 어떤 이견도 없었다. 그 당시 인도네시아 군부의 최고 지도자가 누구냐고 물으면, 누구나 서슴지 않고 수디르만(Soedirman)·시마뚜팡(Simatupang)·나수티온(Nasution)·수하르토(Soeharto) 등 네 사람을 꼽는다. 이들 중 수디르만과 전 대통령 수하르토는 쟈바 사람이고 사마뚜팡과 나수티온은 바딱족 수마트라 사람이다. 수마트라 군부는 명령체계가 분명하여 상명하복(上命下服)이 일사불란하게 이루어진다. 이에 대하여 자바 군부는 무언(無言)으로 명령하고 '알아서' 복종한다. 군부의 생리상 자바나 수마트라 군부는 모두 나름대로의 존재 가치를 가지고 있는 셈이다.

순다(Sunda)족 이슬람의 순수성

인도네시아 국장(國章) 가루다(Garuda)가 날카로운 두 발로 옹위하고 있는 국가의 상징 '비네까 뚱갈 이까'(Bhinneka Tunggal Ika)는 쟈바 고어로 '다양성 속의 통일'이라는 뜻이다. 이 나라는 세계 최대의 도서국가로 17,508개의 크고 작은 섬으로 구성되어 동남아의 적도 상에 넓고 길게 분포되어 있다. 우리가 한반도의 길이를 표현하는 '백두(산)에서 한라(산)까지'가 인도네시아에서는 '사방(Sabang)에서 므라우께(Merauke)까지'다. 사방은 아쩨(Aceh) 북단에 위치한 웨(Weh)섬의 북쪽 끝에 있고, 므라우께(Merauke)는 파푸아(Papua)주 동남쪽 끝자락에 위치한다. 두 도시의 직선거리가 5245㎞로 서울-쟈카르타(5304㎞) 간의 거리다. 사방에서 메단, 쟈카르타, 쟈야뿌라를 경유하여 므라우께까지 가는 국내선 비행시간만 20시간 걸린다. 이처럼 광대한 군도에 300여 종족이 560여 개의 지역 언어를 사용하며 흩어져 살고 있다.

인구가 300만 이상인 종족이 쟈바, 순다, 바딱, 마두라, 브따위, 미낭까바우, 부기스, 말레이, 반뗜, 반쟈르, 아쩨, 발리, 사삭, 다약 등 14개 종족이나 된다. 그 중에서 쟈바(Jawa)족이 월등하게 많고 순다(Sunda)족이 그 뒤를 잇는다. 2000년 인구센서스에서 자바족은 전체 인도네시아 인구의 42.0퍼센트, 순다족은 15.4퍼센트로 나타났다. 이 수치가 2010년에도 각각 42.7퍼센트, 15.4퍼센트로 거의 변화가 없다. 인도네시아의 2018년 총 인구가 2억 6,800만 명으로 추산되는데, 2010년의 종족 규모의 백분율을 적용하면, 자바족은 1억 1000만, 순다족은 4000만 명이다. 순다족은 자바족의 1/3이 수준이며, 두 종족을 합치면 전체 인구의 57.7퍼센트나 된다. 자바족은 중부와 동부 자바, 족자카르타에 군거하며, 순다족은 서부 자바에 집중되어 있다. 반둥(Bandung)이 순다족의 중심도시다. 수도 자카르타와 인근의 보고르(Bogor), 브카시(Bekasi), 데뽁(Depok), 땅으랑(Tangerang) 등이 순다족의 주요 인구 밀집 도시이다.

순다 지역에는 3개의 광역 행정구역이 있다. 수도 자카르타와 서부 자바, 그리고 반뗀이다. 인도네시아공화국의 수도인 자카르타 특별주(DKI Jakarta)는 1949년 12월에 공표되었고, 반뗀 주(Provinsi Banten)는 2000년 10월 서부 자바 주에서 분주했다. 서부 자바 주(Provinsi Jawa Barat)는 다소 복잡한 과정을 거쳤다. 서부 자바는 제2차 세계대전 종전 후 패전 일본이 물러가고 인도네시아에 재상륙한 네덜란드가 급조한 친(親)네덜란드 연방에 느가라 빠순단(Negara Pasundan), 즉, '독립국가 빠순단'이라는 이름으로 참여하였다. 1949년 12월에 성립된 인도네시아합중국(Republik Indonesia Serikat: *Republic of the United States of Indonesia*)이 연방국가의 모체였다. 이 때 인도네시아는 네덜란드의 사주에 의해서 느가라 빠순단을 포함하여 7개 국가와 9개 지역이 독자적으로 인도네시아합중국에 참여하였다. 이 변형된 정체(政體)는 1950년 8월까지 지속되었다. 느가라 빠순단의 당시 영역도 오늘날처럼 서부 쟈바와 쟈카르타 일원과 반뗀 지역이었다. 수하르토 정권이 무너지고 문민정부가 지방분권을 지향해 가는 과정에서 순다족은 중앙정부에 서부 쟈바주(Provinsi Jawa Barat)를 빠순단주(Provinsi Pasundan)로 개명해 달라는 청원을 내기도 하였다.

순다족들이 '순다인들의 터전'이라는 의미의 '빠순단'에 집착하는 역사적 배경이 있다. 순다족들의 왕국은 669년부터 1579년까지 빠순단에 존속하며 40명의 제왕을 모셨다. 힌두왕국(*Hindu Sunda Kingdom*)으로, 왕국의 터전이 오늘날 순다족들이 중심을 이룬 세 광역 행정구역과 같았다. 가장 유명한 군주는 빠쟈쟈란(Pajajaran) 왕국의 실리왕이(Siliwangi: 재임 1482-1521)왕이다. 네덜란드의 재입성으로 야기된 독립전쟁 당시인 1948년 인도네시아 최정예부대로 창설된 실리왕이 사단(Divisi Siliwangi)이나 1957년에 개교한 반둥의 빠쟈쟈란대학(Unpad)은 실리왕이 대왕의 업적을 기리는 순다족의 상징이다. 쟈바족을 대변하는 디포네고로 사단(Divisi Diponegoro)은 실리왕이 사단 보다 2년 늦은 1950년에 창설되었다. 좁은 쟈바에서 경쟁하던 양대 종족은 역사를 통하여 항상 긴장 상태에 있었다. 수적으로 압도적으로 우세하고 쟈바 중부의 너른 곡창지대를 장악한 쟈바족은 항상 서쪽의 순다족을 제압할 기회를 엿보고 있었고, 강력한 화산대로 이루어진 산악지대가 집중된 서부 쟈바의 열세한 순다족은 쟈바족과 화평한 관계를 유지하며 왕국의 번영을 갈망하였다.

1357년에 일어난 '부밧(Bubat) 참극(慘劇)'은 쟈바족과 순다족의 역사적 악연의 결정판이었다. 중부 쟈바를 평정하고 왕국을 전성기로 이끈 마쟈빠힛(Majapahit)의 하얌 우룩(Hayam Wuruk: 재위 1350-1389)왕은 순다 왕국의 링가부아나(Linggabuanawisesa)왕에게 공주를 달라며 청혼하였다. 찌뜨라 라쉬미(Citra Rashmi)라는 애칭을 가졌던 댜 삐딸로카(Dyah Pitaloka) 공주는 절세미인이었다. 링가부아나는 마쟈빠힛 왕국과의 화평시대가 도래하였음을 기뻐하며 기꺼이 하얌 우룩 왕과 결혼동맹을 맺기로 하였다. 이에 따라 왕 자신이 왕비와 공주와 함께 왕실의 주요 대신 100여 명을 대동하고 쟈바 해와 브란타스(Brantas) 강을 건너 마쟈빠힛의 수도 모죠꺼르또(Mojokerto) 인근의 뜨로울란(Trowulan)에 위치한 혼사 예정지 부밧 광장에 당도하였다.

하얌 우룩 왕의 선대부터 마쟈빠힛의 명재상으로 이름을 떨치던 가쟈마다(Gadjah Mada: 재임 1313-1364)는 왕실 간의 혼사를 이용하여 순다를 복속시키고 쟈바를 통일하는 절호의 기회로 삼았다. 이에 따라 순다의 공주는 마쟈빠힛의 정비가 아닌 후궁으로 받아들인다는 계략이 꾸며졌다. 모멸감에 온 몸을 떤 링가부아나 왕이 즉시 귀국을 명령하였고, 이를 기다리며 사전에 부밧 광장을 에워싸고 있던 마쟈빠힛의 군대가 링가부아나 왕과 왕실 인사들을 간단히 제압하였다. 공주는 자결을 택하였다. 인도네시아 정사(正史)의 원천이 된 마쟈빠힛 왕국의 역사서 나가라꺼르따가마(Nagarakertagama)에는 한 줄도 나오지 않는 부밧 참극은 쯔리따 빠라향안(Cerita Parahyangan)이나 빠라라톤 느가라(Pararaton Negara)

같은 다양한 형태의 순다 고전을 통해서 오늘날까지 전해지고 있다. 오늘날까지도 순다족은 쟈바족과의 혼인을 터부시하는 역사적 배경이다.

순다족과 쟈바족은 언어면에서 음식문화와 예술분야에서 특히 차이를 보인다. 쟈바족의 인명이나 쟈바족이 집단적으로 거주하는 지역명은 대개 'o'로 끝난다. 수카르노(Sukarno), 수하르토(Suharto), 유도요노(Yudhoyono) 같은 전직 대통령 이름이 그렇고 뿌르워꺼르토(Purwokerto), 솔로(Solo), 뽀노로고(Ponorogo) 같은 지명이 그렇다. 한반도 대사를 역임한 나나 수트레스나(Nana Sutresna), 역대 외무장관을 지낸 목타르 꾸수맛마쟈(Mochtar Kusumaatmadja), 핫싼 위라유다(Hassan Wirajuda), 마르티 나탈레가와(Marty Natalegawa) 같은 인물이나 수도 쟈카르타(Jakarta) 같이 순다족 이름이나 지명은 'a'로 끝나는 경우가 많다. 순다족들은 야채와 다양한 삼발(sambal)을 즐긴다. 순다족의 식탁에 고기나 생선이 없는 것은 아니지만, 쟈바족과 비교하면 순다족의 야채류 선호도가 확연하게 눈에 띈다고 한다. 순다족은 온순하고 공손하고 남을 의심하지 않는다. 이러한 순다족의 순수함을 순다어로 '소메아 하데 까 스마(someah hade ka semah)'라고 한다. 이들이 인도네시아의 많은 종족 집단 중에서 가장 순수한 이슬람을 받아들인 이유일 것이다.

Wikipedia 자료(2017년)에 따르면, 순다족의 종교는 이슬람 일색임을 알 수 있다. 이 자료는 이슬람이 99.8퍼센트, 순다 위위딴(Sunda Wiwitan)이 0.1퍼센트, 기독교가 0.1퍼센트로 나타났다. 순다 위위딴은 순다지역의 정령숭배 신앙으로 반뗀 지역의 순다족 계열인 소수의 바두이(Baduy 또는 Badui)족이 신봉하고 있다. 이 자료는 순다족이 세계에서 가장 큰 규모의 기독교 미전도(未傳道) 종족 중의 하나라고 덧붙이고 있다. 쟈바 이슬람은 '끄쟈웬(Kejawen)'이라 하여 이슬람 내도 이전의 힌두불교와 전통사회의 토속신앙과 자연숭배 사상 등 쟈바적 요소가 총망라 된 '쟈바 전통문화의 모든 것(ke-Jawa-an)'을 포용하는 다양한 색깔의 이슬람이다. 그러나 순다족의 이슬람은 종교적으로 단색(單色)에 가깝다. 이를 바탕으로 쟈바 이슬람은 두 부류로 대별한다. 순수한 이슬람을 신봉하는 산뜨리(Santri)와 끄쟈웬적 요소가 가미된 이슬람을 신봉하는 아방안(Abangan)이다. 이러한 이분법을 대입하자면, 순다족은 거의 다 산트리지만, 쟈바족은 산트리 속에 아방안이 많이 섞여 있는 것으로 보인다. 일부 현지 학자들은 조심스럽게 아방안이 30퍼센트 수준을 될 것이라고 말하고 있다.

4000만 순다족의 약 20퍼센트는 도시에 거주하며 80퍼센트는 농촌에 산다. 이들 순다 사람들의 특징 중 하나는 가족을 매우 중시한다는 것이다. 도시에 사는 경우도 마찬가지다. 농촌의 경우는 친인척들이 같은 마을에 가까이 모여 사는데, 특히 가족과 이웃과의 관계가 매우 돈독하다. 대부분의 가족은 남편, 아내, 자녀, 또는 결혼 전후에 얻은 양자들로 구성된다. 순다족의 족보 체계는 남편 쪽뿐만 아니라 아내 쪽 친족 관계도 중요시한다. 양계(兩系)사회의 전통 때문이다. 순다족 사회도 친족 관계와 종교생활을 비롯하여 관습법, 결혼과 이혼, 상속과 재산분배 등 사회 전반에서 다양한 변화가 지속되고 있지만, 오늘날까지도 이슬람 종교의 영향력은 막강하다. 이슬람 사회의 정신적인 지도자와 교리를 가르치는 교사와 이슬람 사원의 예배를 인도하는 사람들이 모두 존경의 대상이다. 이들은 지방정부의 하급관리들 보다 우위에 있는 것으로 보인다. 이밖에도 순다 지역의 농촌 사회에는 아직도 초자연적인 능력을 가진 것으로 믿어지는 무속인이 많고, 이들의 활동 영역 또한 넓고 영향력도 크다.

이슬람 대국 인도네시아에는 종교적으로 열성적이며 헌신적인 종족들이 많다. 수마트라 북단의 아쩨(Aceh)족, 쟈바의 마두라(Madura)족, 술라웨시 남부의 부기스(Bugis)족, 말루꾸(Maluku)군도 북쪽의 떠르나떼(Ternate)와 띠도레(Tidore)족 등이 대표적이다. 그러나 이들은 모두 순다족에 비하면 아주 작은 종족집단일 뿐이다. 4000만에 이르는 순다족이 거의 모두 이슬람을 신봉하고 외래문화를 거부하는 이유는 의문일 수밖에 없다. 네덜란드 식민통치 350년은 바타비아(Batavia)가 위치한 서부 쟈바 순다지역을 향료군도와 유럽시장의 중간 거점으로 활용하였다. 당연하게 현지의 노동력을 착취하였고, 이에 대하여 순다지역의 이슬람 왕국들은 연합하여 외세에 거세게 저항하였다. 서양문화의 상징인 가톨릭이나 기독교는 철저하게 배척되었다. 네덜란드로서도 순다지역은 인적·물적 투자에 비해서 식민지 경략을 뒷받침할 만큼의 이익을 창출하지 못하였다. 순다족들을 온순하게 개종시키려는 노력을 포기하고, 바타비아 건설은 값싸고, 말 잘 듣고, 일 잘하는 중국인 노동인력을 대거 동원하였고, 반면의 후추 무역항에는 동인도회사(VOC)의 군대를 주둔시켰다.

순다족 이슬람의 순수성이 식민통치 세력이라는 외부적 요인으로만 유지되었을까. 쟈바 내부적인 요인이 더 크게 작용하였을 것이다. 순다족은 수적 열세 때문에 쟈바족에 정치적으로 복속되거나 경제적으로 예속되지 않을 수 없었다. 이에 따라, 순다족은 쟈바족과 부딪치면서 경쟁해야 할 분야는 피하고 상대적으로 독자성을 보존할 수 있는 분야를 찾아 종족적 정체성과 자긍심 제고에 노력하였다. 이에 해당되는 분야가 학문과 예술분야다. 쟈바어를 능가하는 순다어의 다양성과 언어학적 순수성을 연구하는 유럽학자들이 많다. 이에 앞서 순다족들은 쟈바족의 이슬람과 차별적인 이슬람 순수성 보존에 힘썼을 것이다. 유사한 사례들이 많다. 정치는 말레이족, 경제는 중국인으로 양분된 말레이시아에서 인도인들은 양쪽에 전혀 해가되지 않는 사회직능분야(의사, 변호사, 계리사, 기술자 등)로 파고들어 자신들의 영역을 구축하였다.

강성(强性)의 마두라(Madura)족

인도네시아 2억 6800만 인구(2018년)의 67퍼센트 가량인 1억 8000만 명이 쟈바에 모여 산다. 쟈바의 주 종족은 쟈바(Jawa)족, 순다(Sunda)족, 마두라(Madura)족 등 세 종족이다. 쟈바족은 쟈바섬의 중앙부를 차지하고 있으며, 순다족은 쟈바의 서부에 집중되어 있고, 마두라 족은 쟈바 동북부의 마두라(Madura)섬과 인근 수라바야(Surabaya)와 동부 해안지역에 모여살고 있다. 이들 세 종족 중 쟈바족이 월등하게 많고, 마두라족이 가장 적다. 마두라족이 집중되어 있는 마두라 섬의 면적은 5,168km²이며, 372만 명(2014년)이 거주한다. 마두라족은 마두라어와 인도네시아어(bahasa Indonesia)를 사용하며, 대부분이 순니(Sunni) 이슬람을 신봉하는 신실한 무슬림들이다.

2010년의 인도네시아 전국의 종족 별 인구센서스에서 마두라족이 720만 명으로 집계되었다. 절반가량이 마두라 섬을 떠나서 사는 셈이다. 이 나라의 제2의 항구도시인 수라바야(Surabaya)와 인근 동부 쟈바 북부해안으로 가장 많이 이주 하였고, 서부 칼리만딴(Kalimantan Barat)이 다음 순서쯤 된다. 네덜란드 식민통치시기부터 소규모의 자발적인 이주도 있었지만, 수하르토(Suharto) 통치기에 정부 시책에 따른 대규모 이주가 이루어 졌다. 정부 시책을 역행해서 인구가 집중되어 있는 수도 자카르타와 인근 위성도시로 일자리를 찾아 이주한 사람들 역시 많다.

마두라의 역사는 마따람(Mataram) 왕조의 역사와 궤(軌)를 같이 한다. 마따람의 술탄 아궁(Sultan Agung III)은 17세기 초 마두라를 정복하고, 마두라에 짝끄라닝랏(Cakraningrat) 왕조를 두었다. 마두라와 수라바야 일대에서 남성 이름 앞에 짝(Cak)을 붙이는 전통은 짝끄라닝랏 왕조에서 유래한 것 같다. 남성 짝에 대하여 여성 이름에는 닝(Ning)이다. 이 왕조는 마따람에 고분고분하지 않았고, 전쟁도 마다하지 않았다. 이들은 일찍이 몽고의 침략을 피해 이주한 중부 베트남의 참(Cham)족을 포함하여 자바 진입이 좌절되어 마두라로 우회했던 외부 종족들과의 잦은 생존투쟁으로 거친 성격을 가지게 되었다. 이로 인해서 자바족이나 순다족들에게 자바의 주요 종족으로 대접을 받지 못하고, 북수마트라의 바딱(Batak)족처럼 거칠고 야만성을 지닌 종족으로 치부되었다. 그래서 자카르타 인근의 대규모 공단에서 근로자들을 모집하면서 마두라와 바딱족 출신을 기피하기도 한다.

토양이 비옥하고 고온다습하여 벼농사에 적합한 자바와 달리 인접한 마두라 섬은 고온에 건조한 기후를 나타낸다. 화산과 고원지대로 이루어진 자바 동부의 지형 탓이다. 토지 자체도 대부분이 석회암으로 구성되어 있고 화산 폭발로 생긴 지표의 균열로 대부분의 강우가 지하로 빠져버린다. 지하수도 건조한 기후로 쉽게 고갈

되어 마두라 섬은 자주 물 부족 현상을 겪는다. 이로 인해서 천수답이 크게 제한되어 있고, 주로 옥수수·감자·땅콩·카사바(*cassava*) 등을 재배한다. 이곳의 특용 작물로는 네덜란드 식민통치 시대 이래로 일부 지역에서 소규모로 재배하는 담배와 정향이 있다. 그러므로 마두라 섬의 주곡 대체 작물도 풍족하지 못하다. 이들이 전통적으로 어업에 종사하거나 소금 생산에 나선 이유다. 생계를 위하여 오랫동안 바다의 풍랑에 맞서다 보니 마두라 족의 성격은 자연스레 거칠고 강인하게 되었다. 술라웨시의 부기스(Bugis)족처럼 마두라족도 뱃사람으로 유명하다.

마두라 족은 1930년대부터 인근의 서부 칼리만딴 (당시는 보르네오) 쪽으로 이주하기 시작하였다. 자연재해가 반복되어 식량을 구하기가 어려웠기 때문인데, 이들의 이주로 다약(Dayak)족과 갈등이 시작 되었다. 칼리만딴 전 지역에 걸쳐서 군거해 온 다약족들은 정글 속에서 화전을 일구어 고구마 같은 구군(球根) 작물을 심고 수렵활동을 해 왔다. 이들은 이슬람의 영향을 거의 받지 않았고, 1920년대 말부터 본격화 된 서구의 선교활동으로 기독교를 신봉하기 시작하였다. 거칠고 단결력이 강한 이슬람 마두라 족과 역시 정글 속에서 군거하며 집단생활을 통해서 종족의 안위 문제를 중요시해 온 기독교 다약족 사이에 생존 차원의 갈등이 점차 심화된 것이다.

1973년과 1979년 두 차례에 걸쳐 비산유국들이 오일 쇼크를 거친 후, 1980년대에 들어서면서부터 오일 달러가 쏟아져 들어오자 수하트로 인도네시아 정부는 예상 밖의 잉여예산으로 인구조밀 지역에서 저개발지역으로의 주민 이주정책을 개발하였다. 세계은행

(WB)과 아시아개발은행(ADB)이 적극 나섰고, 인도네시아와 정책적 유대관계를 가진 유럽 국가들도 수하르토 정부의 이주정책을 도왔다. 가난한 사람들을 대거 저개발지역으로 이주시켜 일자리를 만들고 지역발전을 돕는다는 취지였다. 1979년부터 1984년 사이에 2억 7000만 달러를 투입하여 535,000가구 250만 명을 이주시켰다. 이주정책은 2015년 죠코 위도도(Joko Widodo) 대통령 정부가 들어서서 기존의 정책을 중단할 때까지 지속되었다. 주로 마두라와 발리에서 파푸아, 칼리만딴, 수마트라, 술라웨시 등지로의 이주였다.

1997년 말 IMF 국제금융 위기가 닥치고, 이듬 해 5월 수하르토 정권이 무너지고, 이주민들에 대한 정부의 지원이 중단되자 이주민들의 거주 지역에서 원주민과 이주민 간의 유혈폭동이 크게 증가하였다. 1997년에 나온 한 NGO 단체의 보고서는 칼리만딴 전체 주민의 41퍼센트 내지 43퍼센트는 다약족이며, 2.75퍼센트가 마두라족 이주민들이라고 했다. 이들 두 종족 간의 갈등은 상대 측 여성을 비하하거나 희롱하는 등 여성문제로 촉발되는 경우가 가장 많으며, 금전과 토지에 관련된 갈등, 갈수기에 수원(水源)에 대한 주도권을 둘러싼 다툼이 주요 요인들이었다. 이들 두 종족 간의 갈등은 사소한 문제로 시작되어도 종족 간의 대규모 분쟁으로 비화되는 경우가 많았다. 때때로 대량살육전으로 이어지기도 했다.

바딱 족과 마찬가지로 마두라 족은 상대방의 기분이나 주변 상황을 고려하지 않고 자신의 의사를 직설적으로 밝힌다. 이러한 성향은 쟈바족이나 순다족과는 정반대다. 자존심이 강한 마두라족은 명예를 존중한다. 마두라 속담에 '앙고안 뽀드야 똘랑 에뜨

방 뽀드야 마따'라는 것이 있다. Ango'an poteya tolang etebang poteya mata. 이를 인도네시아어 표준말로 고쳐 해석해 보면 '모욕을 당하느니 보다 죽는 편이 낫다'다. Lebih baik berputih tulang (mati) daripada berputih mata (menanggung malu).

마두라 사람들에게 명예나 자존심은 자신에게는 물론이고 가족과 종족사회 전체에게 적용된다. 대중 앞에서 수치스러운 일로 모욕을 당한다는 것은 마두라 사회의 구성원으로 살 가치가 없다는 것이다. 심한 경우, 상대방의 목을 베는 '피의 보복'을 주저하지 않는다. 마두라족 성인 남자는 모두 쯜루릿(celurit)이라 칭하는 초승달 형태를 한 예리한 다용도 낫을 지니고 다닌다. 이들은 베어낸 상대방의 목을 숨기지 않고 긴 장대 끝에 꽂아 동네 어귀에 세워놓는다. 이를 짜록(carok)이라 한다. 거침없이 짜록을 행하는 마두라인들이 야만성을 지닌 것은 분명하지만, 이들과 신뢰를 쌓으면 매우 돈독한 인간관계를 유지할 수 있다고 한다. 수마트라 바딱족도 마찬가지다.

척박한 마두라 섬의 집단 농경생활을 통해서 이곳 사람들은 오늘날까지 까라빤 사삐(karapan sapi)라는 황소 경주를 즐기고 있다. 경주(競走)를 의미하는 까라빤은 마두라어의 가라빤(garapan)에서 나왔는데, '경작(耕作)하다'라는 뜻이다. 마두라에서 농사를 지으려면 땅이 척박하여 황소가 필수적이었다. 당연하게 황소는 마두라족에게 재산 목록 1호에 해당된다. 경쟁하는 놀이문화를 즐겨온 이들에게 수확의 기쁨과 남성의 강인한 체력을 상징하는 까라빤 사삐가 정착된 것이다. 이 경기는 한 쌍의 황소가 주인을 태운 바퀴

없는 수레를 끌고 달리는 것인데, 두 팀이 한꺼번에 달려서 승부를 가름한다. 주행거리는 100미터이며 대개 10초 만에 승부가 난다. 때때로 경기의 재미를 위하여 1분 이상 걸리게 하는 경우도 있다. 추수를 끝낸 8월부터 9월 사이에 전국적으로 열리고, 최종 선발대회는 10월에 있다.

사람들은 주변 환경의 영향을 받는다. 추우면 두텁게 입고 보드카를 마시며, 더우면 얇게 입고 대나무를 엮어 얼기설기 집을 지어도 된다. 강성국가들 사이에 끼면, 쇠멸(衰滅)하거나 강소국이 된다. 이스라엘과 네덜란드가 그렇고, 싱가포르도 같은 경우다. 수십 년을 싸워 독립국가에 준하는 자치권을 쟁취한 아쩨(Aceh)족과 바짝 붙어있는 북수마트라의 바딱족이 거친 종족으로 정평이 나 있는 까닭이다. 쟈카르타 인근 공단의 십장(什長)들 중에는 바딱 출신들이 많다. 마두라족의 경우도 마찬가지다. 쟈바를 지배하는 거대한 쟈바 족이 버티고 있어 쟈바로의 진입은 일찍 포기하였고, 먹을 것이 부족하여 밀려드는 강성 이주민들을 온몸으로 막아내며, 뜨거운 태양아래 소금밭을 일구고, 거친 바닷바람과 싸웠다. 그래서 거칠고 강인한 종족성을 가지게 되었다. 이들은 똘똘 뭉쳐서 '쯜루릿'으로 자신들의 정체성을 지켜 나온 것이다.

세월이 모든 것을 변하게 만든다. 마두라족의 강성도 예외가 될 수 없다. 쟈바와 마두라가 연결되어 이제 마두라 섬은 더 이상 쟈바 동북부의 거친 섬으로 남아있지 못하다. 인도네시아 제2의 항구도시 수라바야와 마두라 섬의 방깔란(Bangkalan)을 연결하는 수라마두(Suramadu) 연륙교(連陸橋)가 건설된 것이다. 쟈카르타 정부와 중국 건설업체의 합작으로 2003년 8월에 착공하여 2009년 6월에 완공하였다. 총 연장 5.4킬로미터 폭 30미터이며, 4억 5000만 달러의 건설비가 소요되었다. 통행료가 4륜차 기준 3만 루피아(2400원), 2륜 오토바이는 3천 루피아로 시작하였는데, 2016년 초 죠코위 대통령의 수라마두 방문을 계기로 요금의 50퍼센트가 할인되었다. '보다 많은 사람들이 교류'하시라는 뜻이다. 거친 마두라족의 강성도 조금씩 풀릴 것으로 기대된다.

인도네시아에서 이종교 간의 결혼

레니(Lenny Dianawati)는 2002년 3월 강의실을 개조하여 급조한 내 임시 연구실에 처음 나타났다. 그 해 2월 가자마다대학교 국제관계학과를 졸업한 재원이었는데, 학교에 남을까 아니면 취직을 할까하고 망설이고 있던 차에 학과장의 소개로 내 조교로 왔다. 나는 그 때 처음으로 레니가 졸업한 학과의 정규과목을 맡게 되었는데, 1년 후 귀국하면서 쟈카르타의 코린도에 소개하였다. 그 후 엘지 등 몇 한국계 회사에 다니다가 2012년에 결혼하여 2013년에 딸을 낳고 현재 솔로(Solo)에 산다. 중국계인 레니는 장남과 두 딸을 둔 부모 밑에서 막내로 자랐는데, 평생을 살라띠가(Salatiga) 인근의 불교 사원에서 경내 관리직으로 근무한 부친의 영향으로 불교도였다. 레니의 신랑 세또(Seto)는 레니와 클라스 메이트로 재학 중 연애를 하다가 헤어진 후에 한참 만에 다시 만나 결혼에 성공하게 되었는데, 가톨릭 집안 출신이었다.

종교적 신념과 사랑만큼 개인적인 영역은 없을 것이다. 사람은 누구나 이성 간에 사랑할 권리를 가지며, 이에 대한 결실로 결혼을 하고, 이를 입증하기 위해서 국가에 결혼을 신고하여 법적 보호를 받는 것으로 되어 있다. 이 사랑이 파탄에 이르렀을 때는 국가의 보호 아래 이혼의 형식을 거쳐 다시 남남이 된다. 그래서 결혼은 지극히 개인적인 영역이고 모든 국민의 기본권과 직결된 문제지만, 국가라는 틀 안에서는 결코 사적인 영역으로 방치되지 않는다. 이 결혼이 종교문제와 연계되면 때때로 복잡한 양상으로 전개된다. 레니와 세또의 경우도 그래서 고민했노라고 했다. 레니와 비슷한 처지에 있는 레니의 친구들은 자신들의 결혼이 합법적임을 국가로부터 인증을 받는데, 국내에서 생활하면서 이를 이루려면 약 5년이 걸리고 비용도 최소 1,000만 루피아(115만 원)에서 최대 1,500만 루피아(170만 원)가 든다는 것이다. 2012년 레니가 결혼할 당시의 이야기다.

인도네시아는 '최고신에 대한 신앙의 원칙'이 명시된 빤짜실라(Pancasila) 이데올로기에 따라 모든 국민은 반드시 종교를 가져야 하고, 자신이 신봉하는 종교를 주민등록증(KTP: kartu tanda penduduk) 상에 명시하도록 규정되어 있다. 그러므로 인도네시아에서는 결혼문제 뿐만 아니라 종교적 신념문제 또한 사적인 영역을 벗어나게 된다. 이에 따라 종교적 신념과 결혼이 모두 연관되어 있는 '이종교간 결혼' 문제는 보다 복잡한 양상을 띠게 된 것이다. 통계 행위의 주체에 따라 다소 다른 수치가 나오지만, 이 나라 2억 5,300만 인구의 약 87퍼센트는 자신이 무슬림이라고 답한다. 이슬람교에서는 원천적으로 다른 종교를 가진 사람과의 혼인을 할 수 없게 되어있다. 말레이시아나 사우디아라비아, 요르단, 파키스탄 같은 이슬람 국가에서는 샤리아법(이슬람법)에 따라 이종교간 결혼이 원천적으로 엄격하게 금지되어 있기 때문에 법적인 논란이 없다. 그러나 인도네시아의 경우 1974년 1월 '결혼법(UU 1-1974 Perkawinan)'이 탄생하면서, 기본권 침해 논쟁을 넘어 애매모호한 결혼법의 적용과 해석을 둘러싸고 많은 논란이 발생하게 되었다.

1973년 7월 수하르토 대통령은 법무장관을 경유하지 않고 자신이 직접 결혼법안을 국회에 제출하면서 이 법안에 대한 확고한 대통령의 정치적 의지를 표명했다. 인도네시아의 국정 철학인 빤짜실라에 기초한 이 법안은 이전까지 결혼과 이혼에 대한 복잡다단한 법체계를 일괄적으로 정비하였고, 무엇보다 모든 인도네시아 국민이 동일하게 법 적용을 받게 하는 데 그 첫 번째 목적이 있었다. 이는 결혼법이 제정될 당시 인도네시아 법체계는 전통 이슬람법, 네덜란드법, 영국법(영국은 1811년부터 1816년까지 인도네시아를 식민통치하였다), 그리고 인도네시아공화국 법률의 영향을 받은 대략 19개의 관습법이 서로 충돌하며 존재했다. 즉, 1974년 결혼법은 모든 인도네시아 국민이 동일하게 법 적용을 받도록 하며, 국가를 통합하기 위해서 이를 빤짜실라에 기초하여 제정했다는 것이다.

총 67개 조항으로 구성된 1974년 결혼법에는 아래와 같은 내용들이 포함되어 있다.

> 제 1조, 결혼이란 유일신에 대한 믿음에 기초하여 행복한 가정을 만들려는 목적으로 남자와 여자가 남편과 아내로서 몸과 마음을 결합하는 것이다.
>
> 제 2조 1항, 결혼은 결혼 당사자들이 속한 종교의 규율에 따라서 이루어져야만 합법적이다.

제 2조 2항, 모든 결혼은 반드시 관련법에 의거하여 등록되어야 한다.

제 8조 6항, 만약 결혼 당사자가 종교가 금지한 혼인 관계를 맺고 있다면, 그 결혼은 성립되지 않는다.

이 조항 중에서 이종교간 결혼에 문제를 일으킨 것은, 제2조 2항이다. 인도네시아에서 결혼법에 따라 등록하기 위해서는 우선 이들의 결혼을 보증해 줄 성직자를 찾아야 한다. 성직자의 보증 하에 이들은 집이나 이슬람사원·교회·성당·불교사원에서 결혼식을 올린 후, 이슬람 신자의 경우 KUA(Kantor Urusan Agama)라는 종교사무소에 등록하고, 이슬람 이외의 종교를 가진 사람들은 KCS(Kantor Catatan Sipil)라는 일반관청에 증빙서류를 제출해야 한다. 여기에서 발생하는 문제는 종교가 다른 커플의 결혼을 담당하는 해당 관청이 없다는 것이다. 이에 따라 1974년 결혼법이 이종교간 결혼을 금지하는 것이 아니냐는 논란이 발생하게 된 것이다.

이종교 간 결혼에 대한 논쟁은 결혼법이 발효된 이후 끊임없이 발생하였다. 2012년 12월에 개봉된 '사랑하지만 우리는 너무 달라(Cinta tapi beda)'라는 영화가 한 사례가 되었다. 이 영화는 직업도, 출신지도, 그리고 종교도 다른 두 남녀의 사랑을 주제로 하여 뜨거운 관심과 수많은 논쟁을 낳았다. 언론들은 1974년 결혼법 때문에 이종교 간 결혼이 불가하여 문제를 야기하고 있다며, 여러 사례들을 소개했다. 2010년 8월 21일자 쟈카르타 포스트(Jakarta Post)는 개신교 집안의 그라시아(Gracia)라는 23세의 여성이 결혼을 위해서 이슬람교로 개종했으나, 시댁과 친정 모두에서 환영을 받지 못해서 결혼을 후회한다는 사례를 소개했다. 이 신문은 전문가들의 인터뷰를 실어 결혼법의 문제를 지적하였다. 1974년 결혼법은 오직 같은 종교를 가진 커플의 결혼만을 합법화 하고 있다면서, 결혼을 위해서 커플 중 한 사람이 억지로 배우자의 종교로 개종하여 그라시아 같은 문제가 발생한다고 지적했다.

쟈카르타 포스트는 2003년 12월 1일 기사에서는 결혼법을 극복하는 커플들의 사례를 소개하기도 했다. 이 기사에서도 역시 1974년 결혼법은 같은 종교를 가진 사람들 간의 결혼만을 인정한다고 말했다. 이 때문에 많은 유명 연예인들과 외국을 자주 왕래하는 사람들은 싱가포르나 호주 또는 독일 등 해외에서 결혼하여 결혼확인서를 받아온다고 했다. 이 신문은 몇몇 서민들의 사례도 소개했다. 택시기사인 41세의 아구스(Agus)는 1983년에 현재의 아내를 만나 결혼하려고 했으나, 그들이 같은 종교가 아니기에 법적 부부가 될 수 없다는 것을 알고 당황했다고 했다. 법에 대해서 아는 바가 없는 그가 자신이나 신부 중 한 사람이 개종하지 않으면 결혼할 수 없다는 것을 알고, 개신교였던 아구스 자신이 이슬람으로 개종했다고 했다. 하지만 그는 서류상으로만 개종한 것으로, 주일 마다 교회에 나가고 기독교의 율법을 따르고 있으므로 자신은 분명하게 개신교 신자이고 아내도 이를 인정해 준다고 했다. 부디(Budi)라는 32세의 남성 또한 같은 이유로 무슬림이었던 아내가 개신교로 개종하였지만, 이는 결혼을 이유로 개종한 것이기 때문에 무슬림으로서의 아내의 믿음을 존중한다고 했다. 세 번째 사례는 주부인 노비(Novi)의 경우인데, 그녀는 개신교이고 남편은 가톨릭 신자라고 했다. 그녀는 종교가 다른 그들의 결혼을 인정해 줄 성당을 찾았고, 한 성당에서 그들의 자녀가 세례를 받는다는 조건 하에 그들의 결혼을 인정해 주어 법적으로 등록할 수 있었다. 이러한 사례들을 소개하며 쟈카르타 포스트는 1974년 결혼법이 종교와 신념의 자유를 침해하고 있다면서 이종교 간의 결혼금지를 정부가 철회해야 한다고 주장하는 활동가들의 인터뷰 기사를 실었다. 이들은 한결같이 1974년 결혼법이 모호하여 개정이 필요하고, 이종교 간의 결혼을 국가가 법으로 금지하는 것은 국민의 기본권을 침해하는 것이라고 주장하고 있다.

결혼법 조항에서도 알 수 있듯이 이종교 간 결혼문제에 대해서 결혼법은 모호하게 정의되어 있다. 이로 인한 수많은 논쟁은 법의 해석에 따라 달라진 결과 때문에 발생한 것임을 알 수 있다. 경제적으로 여유가 있는 커플들은 결혼법을 피하기 위해서 해외에서 결혼을 한다고 했다. 이들의 결혼을 보증해 줄 성직자를 국내에서 찾기 힘들지만, 외국에서 결혼했다는 확인서를 받아서 해당 관청에 제출하면 그들의 결혼이 법적으로 보호를 받을 수 있다. 즉, 종교가 다르더라도 법적으로 혼인 절차에 하자가 없다면 그 결혼은 적법하게 인정된다는 것이다. 노비의 경우처럼, 개신교 신자와 가톨릭 신자 간에는 한 명이 배우자와 같은 종교로 개종하지 않고도 결혼이 인정되었다. 노비의 사례에서 볼 수 있듯이 결혼법 자체가 이종교 간의 결혼을 금지한 것이 아님을 알 수 있다. 결혼법 제2조 1항은 '결혼 당사자들이 속한 종교의 규율에 따라서 이루어져야만 합법적'이라고 명시하고 있다. 그러나 6가지 인도네시아의 공식 국가

종교 중에서는 가톨릭만이 이종교인 배우자와 결혼을 허용하고 있고, 다른 종교는 이종교인 배우자와 결혼할 수 없다고 규정하고 있다. 노비의 사례는 종교는 다르지만, 그들의 결혼이 가톨릭교 규율에 따라 이루어졌으므로 합법이 된 것이다. 즉, 1974년 결혼법이 결혼 문제를 종교 영역으로 끌어들여 놓았지만, 대부분의 종교 규율이 이종교 간의 결혼을 허용하지 않았을 뿐이지 1974년 결혼법 자체가 이종교 간의 결혼을 금지한 것은 아니라는 것이다.

'앤디 보니와 국가(Andi Vony vs State)'라는 사건이 있었다. 1989년 인도네시아 대법원(Mahkama Agung)이 내린 매우 논쟁적인 판결이다. 앤디 보니(Andy Vony)는 무슬림이었고 그녀의 남편은 개신교 신자였는데, 이들은 결혼 후 앤디 보니의 종교에 따라 KUA(종교관청)에 등록을 시도하였다. 그러나 KUA는 그녀의 남편이 개신교 신자라는 이유로 등록을 거절했다. 이들 부부는 다시 KCS(일반관청)에 등록을 시도했지만, 역시 같은 이유로 거절당했다. 이 커플은 쟈카르타 지방법원에 KUA와 KCS를 상대로 소송을 제기하였다. 그러나 법원 역시 종교가 다르다는 이유로 소송을 기각하고 이들의 결혼을 무효 처리했다. 이에 앤디 보니는 마지막으로 대법원에 이 지방법원을 상대로 다시 소송을 제기했다. 1989년 1월 20일, 대법원은 이들의 결혼을 승인하고 KCS가 그 등록을 담당하도록 판결하여 이 사건을 마무리하였다. 이 판결에 대한 다양한 논쟁이 한동안 계속되었지만, 가장 중요한 점은 인도네시아 최고법원이 1974년 결혼법이 이종교 간의 결혼 그 자체를 금지한 것은 아니라고 판결했다는 사실이었다.

주요 언론들은 또한 결혼법을 부정적으로 해석하였다는 점에 유의하였다. 한 사례는 결혼을 위해서 개종하였기 때문에 시댁과 친정 모두에게서 환영받지 못하여 결혼을 후회한다고 하였고, 또 다른 사례는 결혼법의 애매모호함 때문에 서류상으로 개종하고 부부가 각자의 종교적 신념을 존중하며 결혼법을 극복했다고 하였다. 두 사례는 결혼법 때문에 개종했지만, 전자는 개종과 결혼을 후회하는 반면에 후자는 부부가 각자의 신념을 잘 지키며 결혼생활을 지속하고 있다. 즉, 결혼법이라는 제약이 있긴 하지만 이를 극복하는 다양한 사례가 있다는 것이다. 개인이나 가정에서 종교적 믿음이 깊지 않아서 종교적 신념보다 사랑을 택하여 개종하는 경우도 있고, 종교적 신념도 지키고 사랑도 이루기 위해서 시간과 비용을 투자하여 해외에서 결혼하거나 오랜 시간이 소요되는 소송을 진행하기도 한다. 그러나 이 모든 것을 감당하지 못하고 사랑보다 더 우선적인 가치가 있어 결국 이별을 택하는 경우도 있다는 것이다. 언론과 여론에서 말하는 것처럼 이종교 간의 결혼이 야기하는 문제들이 단지 결혼법 때문이 아니고 개인의 상황에 따라 달라지는 것이라면, 이종교 간 결혼에서 발생하는 문제를 무조건 결혼법 탓으로 돌리는 것은 재고되어야 한다는 것이다.

1974년 결혼법의 상위법 체계인 인도네시아 헌법은 '모든 인도네시아 국민은 본인의 선택에 따라 종교를 가질 의무가 있다'라는 조항(29조)을 명시하고 있다. 결혼 때문에 개종하는 것은 누군가의 강요에 의해서가 아니라 지극히 선택적인 행위라는 해석을 가능하게 한다. 그럼에도 불구하고 1974년 결혼법이 이종교 간의 결혼문제에 대해서 모호하게 정의해 놓은 것은 사실이다. 하지만 이는 인도네시아의 상황을 염두에 둔다면 국가로서는 최선의 차선책이었음을 알 수 있다. 이 나라에는 이슬람 사회의 근간이 된 전통법과 네덜란드 법과 제도, 네덜란드 법제도를 일부 수정 보완한 영국법, 그리고 이슬람부흥운동의 여파가 만든 현대주의 이슬람법과 세속주의 법제도 등 크게 4가지 법제도가 공존하고 있다. 인도네시아는 세계 최대의 무슬림 국가이다. 이는 인도네시아 정부가 이슬람 종교와 무슬림에 반하는 어떠한 정책도 내세울 수 없음을 나타낸다. 이 나라의 결혼법은 종족과 문화적 배경이 다양한 인도네시아 국민들이 동일한 법 테두리 안에서 국가의 통합을 이루고자 빤짜실라에 기초하였다.

인도네시아에서 이슬람을 외면하고서는 현실적으로 국민과 국가통합이 불가능하다. 그러므로 결혼법에 문제가 있다고, 애매모호하다고, 개정해야 할 부분이 많다고, 기본권 침해라고 말하는 언론과 여론의 목소리가 끊이지 않지만, 인도네시아 정부로서는 이슬람을 염두에 둔다면 결코 이종교 간의 결혼을 허용할 수가 없다는 것이다. 반대로 이종교간 결혼을 '공식적'으로 허용하지 않는다고 말하는 것 또한 인도네시아 법체계가 이슬람 종교와 무슬림 위주라는 새로운 논란을 불러일으킬 수 있다. 이는 명백히 기본권을 침해하는 행위이기 때문에 국가로서는 이런 여론의 목소리에 침묵으로 일관하는 것이다. 바로 이점이 이슬람 세력을 건드리지도 않고, 이종교 신봉자들도 거슬리지 않으면서 기본권도 침해하지 않는 '최선의 차선책'이 분명해 보인다.

인도네시아는 국민과 국가통합을 위해서 빤쨔실라에 기초하여 1974년 결혼법을 제정하였다. 이 법이 비록 많은 논란을 야기했지만, 국가라는 큰 울타리를 친 것이 명백하다는 결론에 도달하게 된다. 즉, 1974년 결혼법이 어느 정도 기본권을 침해하고 있고 모호한 부분이 있는 것도 사실이지만, 이런 논란에도 계속 침묵을 지키고 있는 것은 국민과 국가통합을 위해서 인도네시아 정부가 할 수 있는 최선의 조치이기 때문이다. 통일성을 위해서 다양성을 폭 넓게 수용하는 인도네시아가 이종교 간의 결혼 문제에 대해서 어느 정도의 숨통을 열어 놓은 것이라는 점을 염두에 둔다면, 비록 결혼법이 이종교 간에도 레니와 세또처럼 서로 깊이 사랑하여 결혼을 하려는 이들에게 장애가 될 수는 있지만, 진정으로 사랑하는 사이라면 극복할 수 있는 장애물이라는 것이다.

INDONESIA

제4장

인도네시아 군도의 불교문화

INDONESIA

제4장 인도네시아 군도의 불교문화

1. 믈라유 문화권과 바다의 실크로드
2. 스리비자야와 경쟁 왕국들
3. 혜초 스님과 스리비자야 왕국
4. 언덕 위의 승방(僧房) 보로부두르
5. 동남아 이슬람 문화권의 불교문화
6. 동남아 가톨릭 문화권의 불교문화

동남아의 해양부이자 믈라유 문화권의 중추는 인도네시아 군도다. 필리핀 루존(Luzon)으로부터 수마트라로 이어지는 대순다열도(列島)를 중심으로 멀리 아프리카 동남부의 마다카스카르(Madagascar)까지 믈라유 문화권으로 연결되어 있다.

인도네시아는 세계 최대의 이슬람국가다. 그러나 세속국가임을 내세워 불교·힌두교·가톨릭·프로테스탄트·유교(儒敎) 등 6개 종교를 국가 종교로 지정하고 있다. 이슬람을 국교로 지정하고, 이슬람법 샤리아를 국가 전반에 적용하고 있는 이웃 나라 말레이시아와 브루나이와는 사정이 많이 다르다.

필리핀은 세계 최대의 로만 가톨릭국가이다. 오랜 스페인 식민통치의 영향이다. 그러나 남부 민다나오의 일부는 오늘날까지도 마닐라 가톨릭 정부에 항거하는 이슬람문화권이다. 성공한 도시국가 싱가포르는 전 세계 현대 종교의 전시장이다. 여타의 해양부 동남아 국가들과는 달리 무신론자의 자유도 기꺼이 허용되는 종교의 자유의 나라다.

그러나 해양부 동남아는 과거 스리비자야(Srivijaya) 왕국의 전성기에 전 지역에 걸쳐서 거의 500년 동안 불교문화권이었다. 교역을 통한 상호 이익을 나누었기 때문이었다.

중국인들도 스리비자야 왕국이 개척한 바다의 실크로드 동방 거점의 주요 고객이었다. 이들이 불교문화의 주요 전승자들이다. 그러므로 이곳 해양부 동남아가 오늘날 이슬람과 서양문화권으로 자리 잡고 있지만, 아직도 대륙부 불교문화권과는 다소 상이한 독특한 불교문화를 간직하고 있다.

제4장 '혜초 스님' 편과 '보로부두르(Borobudur)대탑사원' 편은 월간 <세계시민>에 썼던 글을 대부분 옮겨 왔으며, 스리비자야(Srivijaya) 불교왕국 등 기타 부분은 월간 <불교평론>에 냈던 글을 보완하여 재작성한 것임.

믈라유 문화권과 바다의 실크로드

믈라유 문화권의 범위

오늘날 동남아의 국가 구분과 국경은 대부분이 유럽 열강의 오랜 식민통치와 독립전쟁과 세계 대전을 거쳐 오는 동안에 승전국들에 의해서 일방적으로 획정되었다. 2002년에 인도네시아로부터 독립한 동티모르를 포함하여 11개국이 분포되어 있는 동남아는 지리적 구분에 따라 미얀마, 태국, 라오스, 캄보디아, 베트남 등 5개국으로 구성된 대륙부와 인도네시아, 말레이시아, 싱가포르, 브루나이, 동티모르, 필리핀 등 6개국의 해양부로 나뉜다. 이들 해양부 국가 중 인도네시아를 중심으로 말레이 반도의 말레이시아와 싱가포르, 인도네시아령 칼리만딴(Kalimantan) 북부 남중국해를 바라보고 있는 브루나이 등 4개국은 과거 동남아 최초의 불교왕국이었던 스리비자야(Srivijaya) 왕국의 영역 내에 있었다. 칼리만딴은 보르네오(*Borneo*)의 인도네시아 식 명칭이고, 말레이시아와 브루나이에서는 보르네오라고 부른다.

이들 국가들은 바다의 실크로드(*the Silk Voyage*) 시대 이전부터 말라카 해협을 중심으로 '믈라유 종족들의 문화권'으로 칭하는 장대한 믈라유 세계(*the Malay World*)를 형성하고 있었다. 믈라유 종족들의 집중적인 군거지(群居地)이자 활동무대로 바다의 실크로드의 동방 거점이었던 말라카 해협(*Malacca Strait*)은 인도 중서부의 구저라트(Gujerat)를 거쳐 아프리카 동남부의 마다가스카르(Madagascar)까지 연결되어 있었다. 바다의 실크로드 동방거점의 전성기는 말라카 술탄왕국(Kesultanan Melayu Melaka)의 존속 기간(1400-1511)이었다. 그러나 바닷길이 비단길로 변모하기 시작한 것은 스리비자야 왕국(650-1377)이 등장하면서부터이며, 중국의 남송(南宋)(1127-1279)의 남방무역이 바닷길 비단길에 연결되면서 자연스럽게 동북아시아의 일본과 고려(高麗)(918-1392)까지 이어졌다.

포르투갈이 말라카 술탄왕국을 무력으로 점령(1511)하면서 말라카 해협 중심의 동방무역망은 급속하게 와해되었다. 그러나 정복자 포르투갈은 말라카 무역망을 장악할 수 없었다. 이곳을 무대로 삼았던 수많은 무역왕국들은 새로운 바닷길을 찾아 나섰기 때문이었다. 바타비아(Batavia)-브루나이(Brunei)-마닐라(Manila)를 잇는 새로운 바닷길이 열리고 말라카의 영화를 계승하여 17세기 말까지 번영을 누렸다. 오늘날의 자카르타(Jakarta)인 바타비아는 네덜란드 식민통치자들이 체계적인 향료무역 독점을 위한 중계지로 세워졌는데, 말라카 해협의 남동쪽 끝자락이자 자바의 서북단에 위치했다. 이곳에서 브루나이를 거쳐 중국 대륙의 동남부와 최단거리에 있는 마닐라를 직선거리로 연결하였다. 두 번째 바닷길 동방 무역망도 대성공이었다. 브루나이와 술루(Sulu) 술탄왕국이 전성기를 맞았고, 일찍이 스리비자야의 영향권에 있었던 필리핀(술루)이 다소 늦게 바다의 실크로드 무역망에 확고하게 연결되었다. 새로운 바닷길이 우연하게 열린 것이 결코 아니었다. 필리핀 군도의 해안 요지에 산재되었던 믈라유족의 열성적인 참여로 이루어진 것이다.

바다의 실크로드와 향료무역

13세기부터 15세기 초엽까지 말라카 해협을 경유하여 향료군도에서 산출되는 진기한 향료를 유럽 시장으로 실어 날랐다. 중국과 유럽에서 향료군도(*Spice Islands*)로 통했던 말루꾸(Maluku) 군도는 티모르(Timor) 섬 북부의 술라웨시(Sulawesi)와 파푸아(Papua) 사이의 광활한 말루꾸 바다에 산재된 크고 작은 섬으로 말루꾸 주도인 암본(Ambon)이 그 중심이었다. 유럽에 몰루카스 군도(*Moluccas Islands*)로도 알려져 있던 향료군도에서 가장 널리 알려졌던 향료는 육두구(肉荳蔻)와 정향(丁香)이었다. 육두구는 진기한 향료이자 약재였다. 육류와 생선 요리에 향미료(香味料)로 쓰였으며, 위장약으로 널리 알려져 있었다. 정향은 16세기 초 말라카를 정복했던 포르투갈 탐험대가 발견하였는데, 중세부터 정향 분말을 복용하면 불로장생한다고 믿었다. 육두구와 정향에 이어 향신료로 등장한 것 중에 생강(生薑), 계피(桂皮), 후추 같은 것들이 있었다.

유럽 사람들이 바닷길 비단길을 따라 온 향신료에 집착한 이유는 크게 세 가지였다. 첫째는 맛없는 유럽 음식문화를 동양의 향신료가 바꾸어 놓은 것이었다. 향신료가 본격적으로 소개되기 이전까지 유럽 사람들은 찐 감자와 삶은 양고기가 주식이었다. 또한 냉장기술이 아직 발달되지 않았기 때문에 긴 겨울동안 그들은 소금에 절이거나 혹은 훈제(燻製)한 고기 밖에 먹을 수가 없었다. 인도네시아 군도로부터 흘러들어오는 향신료는 밋밋한 고기 맛에 훌륭한 향취(香臭)를 가미하였으며 오랫동안 선도(鮮度)를 유지하는 역할을 하였다. 둘째로 향신료는 다양한 약품으로 사용되었다. 중세 유럽은 아직 의학이 발달되지 못하여 썩은 냄새가 각종 질병을 가져온다는 막연한 생각을 가지고 있었다. 동양의 신비한 향신료는 악취를 제거하는 데 출중한 효능을 나타내었다. 셋째는 미약(媚藥)으로서의 효능이었다. 오늘날의 수많은 방향(芳香) 화장품은 향신료에서 출발한 것이다. 이러한 향신료 중에서 가장 널리 알려진 것으로 육두구와 정향, 그리고 생강, 계피, 후추가 대표적인 것들이었다.

고비(Gobi)사막을 건너 중국대륙의 장안(長安)과 지중해의 베네치아(Venezia)를 연결했던 육상 실크로드(*the Silk Road*)는 유럽 사회의 번영에 따라 상품의 다양화와 물동량의 확대를 재촉하였다. 이에 따라 물고기 떼를 쫓던 연안 어업의 바닷길이 국제교역을 위한 먼 바닷길 비단길로 발전하였는데, 향료군도로부터 유럽 시장으로 공급되기 시작한 각종 향신료가 중요한 매체 역할을 하였다. 계절풍의 영향으로 12월부터 3월 말까지 인도양을 거쳐 불어오는 동남풍과 동북아에서 남중국해로 불어오는 서남풍이 말라카 해협에서 만났다. 15세기 후반 말라카 왕국의 전성기에는 전 세계 80여개 지역에서 무역상들이 모여들었다. 말레이시아 역사서 〈믈라유역사

(Sejarah Melayu)〉가 이를 상세하게 적고 있고, 국내 자료로는 〈바다의 실크로드〉(청아출판사, 2003년)가 일부 인용하고 있다.

처음부터 믈라유(Melayu)족이 말라카 해협과 쟈바해를 잇는 동방 무역로를 장악하였다. 이 광활한 지역을 석권했던 고대 왕국들이 모두 믈라유족의 무역왕국이었던 까닭이었다. 이들 왕국은 스리비자야(수마트라), 마쟈빠힛(쟈바), 말라카(말레이 반도) 등 세 왕국이었다. 스리비자야와 말라카는 해안의 군소 무역왕국을 연결하는 순수한 무역왕국이었으며, 마쟈빠힛 왕국은 내륙 농업을 겸한 무역왕국이었다. 영어 표기의 말레이(*Malay*)족을 의미하는 한정적인 종족 개념이 아니라 보다 포괄적인 의미(종족과 문화와 왕국을 포함)를 내포한 믈라유족은 왕실 후예와 귀족계층뿐만 아니라 변방의 토착종족까지 광범위하게 섭렵하는 만달라식 개념이었다. 이들 믈라유족은 지역과 통치자와 종교에 구애받지 않고 쉽게 하나로 뭉쳐 단결하여 공동의 이익을 창출하여 왕국의 번영을 이끄는 순기능적 강인함을 보유한 종족이었다.

믈라유족이 개척한 바닷길 비단길은 곧 싸얌(Siam)족과 크메르(Khmer)족이 가담하였고, 머지않아 중국 무역상들이 끼어들기 시작하였다. 싸얌(Siam)은 'Sayam'으로도 표기하며 태국어로 태국 토착종족의 총칭이다. 영어로는 같은 스펠링을 쓰고 '싸얌'으로 읽는다. 크메르는 캄보디아 토착종족으로 캄보디아 1600만 인구(2017)의 98퍼센트가 이에 해당한다. 바닷길을 통한 동방무역의 번영은 스리비자야에서 마쟈빠힛을 거쳐 말라카 왕국에 이르는 동안 이 지역의 중심 종족이었던 믈라유(Melayu)족이 이끌었고, 싸얌족과 크메르족이 가세하였다. 이들 세 종족은 모두 바다에 강한 해양지향적 종족이었다.

오늘날 대륙부 동남아는 불교 문화권으로 자리 잡았고, 해양부는 이슬람과 가톨릭 문화권으로 크게 양분되어 있다. 믈라유 문화권은 믈라유족의 포용성으로 다양한 종교를 섭렵하였지만, 국제교역의 매개체 역할을 한 이슬람을 가장 많이 받아들였다. 필리핀과 태국 남부도 믈라유 문화권이다. 그러나 이들 두 나라는 각각 세계 최대의 가톨릭국가와 세계 최대의 남방불교국가라는 수식어가 따라 다닌다. 필리핀 이외에도 인도네시아 영내에 파묻혀 있는 동티모르도 가톨릭국가이다. 그래서 해양부 동남아에서 불교문화를 다룰 국가는 인도네시아 스리비자야 왕국 시대 이래로 믈라유 문화권의 큰 물결을 이어 온 인도네시아와 말레이시아, 싱가포르, 브루나이 등 4개국으로 한정할 수도 있고, 필리핀을 포함하여 5개국으로 외연을 확대할 수 있을 것이다.

스리비자야와 경쟁 왕국들

동남아 고대 왕국의 특징

동남아 고대국가의 구조는 만다라(曼陀羅) 형태였다. 해양부 동남아에서는 만다라를 만달라(Mandala)로 칭하는데, 사람 이름으로도 많이 쓰인다. 수하르토 인도네시아 전임 대통령의 장남 이름도 후또모 만달라(Hutomo Mandala Putra)이다. 불교 용어로 만다라는 중생(衆生)들이 본래부터 가지고 있던 덕(德)을 나타내어 둘러앉은 모양의 그림으로 그려진 군신상(群神像)을 말한다. 동남아 고대국가의 통치구조는 지배자를 정점으로 한 피라미드 형태가 아니라 지배자가 중앙에 서는 동심원(同心圓) 형태, 즉 만달라 형태였다. 호수에 돌을 던지면 파문이 번져나가는 것처럼 처음에는 선명하지만 파문은 점차로 약해지는 현상을 말한다. 중심은 있고 변경이나 울타리가 없는 것과 같다. 중심으로 사람들이 모여들고 세금과 노역을 바친다.

7세기에 이르러 동남아에 등장한 제국(帝國) 형태의 만달라는 이전 시대의 불교문화권의 만다라와 달리 보다 세련된 모습을 갖추고 왕권의 중앙 집중화가 이루어졌다. 수마트라의 빨렘방(Palembang)을 중심으로 7세기부터 13세기까지 장장 7세기에 걸쳐 장수한 스리비자야(Srivijaya)왕국과 캄보디아 톤레쌉(Tonle Sap) 호수 인근에서 9세기부터 13세기까지 번영한 앙코르(Angkor)왕국이 각각 해양부와 대륙부 동남아를 대표하는 제국형 만달라 왕국이었다. 스리비자야 왕국은 장대한 믈라유 문화권의 밑그림을 제공한 왕국이었고, 앙코르 왕국은 대륙부 동남아의 거의 전역에 걸쳐 통치력을 행사한 왕국이었다. 오늘날의 캄보디아와 라오스, 태국은 앙코르 왕국의 중심부를 이루었고, 동쪽의 베트남과 서쪽의 미얀마도 대부분의 영토가 앙코르 왕국의 영향 하에 있었다.

스리비자야(Srivijaya)왕국

스리비자야 왕국(650-1377)은 일찍이 수마트라와 말레이 반도 사이의 말라카 해협의 양안(兩岸)에 산재되었던 수많은 군소 무역왕국을 평정하고, 수마트라와 말레이 반도뿐만 아니라, 미얀마와 태국 남부로부터 쟈바와 칼리만딴(보르네오)을 거쳐 술루(Sulu) 해와 필리핀 군도까지 영향력을 행사하며 크게 발흥했던 해양부 동남아 최초의 불교왕국이었다. 무역왕국 스리비자야는 영토 확장을 통해서 왕국의 통치력을 행사한 것이 아니고, 교역 행위를 통한 상호 이익제고에 초점을 맞추었으므로, 해안 요지의 군소 무역왕국들은 큰 부담 없이 스리비자야의 영향권으로 들어 왔다. 스리비자야 왕국은 역사적 유물이나 유적을 많이 남기지 못하였기 때문에 정확한 사료(史料)를 통한 분석에는 미치지 못하나, 고고학자들은 이 고대왕국의 생존방식이 농업에 의하지 않고 해상무역에 치중했을 것이라는 의견을 같이하고 있다. 이 거대한 왕국은 20세기 초에 이르러서야 프랑스의 동양학자 세데스(George Coedes: 1886-1969)에 의해서 역사적 배경이 복원되었다.

스리비자야 왕국을 마자빠힛 왕국과 더불어 자국 역사의 위대한 두 왕국으로 여기고 있는 인도네시아에서 스리비자야는 Srivijaya로 표기하기도 하고, Sriwijaya로 표기하기도 한다. Srivijaya라고 표기하면, 스리비자야고, Sriwijaya로 표기하면, 스리비자야로 읽는다. 쟈바(Java)를 쟈와(Jawa)로 표기하는 하는 인도네시아 신 철자법(1966년과 1972년)에 따른 것인데, 둘 다 사용하고 있다. Srivijaya와 Jawa(쟈와)는 주로 쟈바에서 쓰인다. 사용 빈도에 따라 본고에서는 스리비자야(Srivijaya)와 쟈바(Jawa)로 쓰기로 한다. 스리비자야(Sri Wijaya)는 따로 떼어 표기하기도 하는데, 각각 의미가 다른 두 단어가 합쳐진 까닭이다. 인도 고어인 산스크리트(Sanskrit)어로 스리(sri)는 '번영'의 의미를 가지며, 위자야(wijaya)는 '승리'라는 뜻이다. 중국 역사서에는 스리비자야 왕국이 불교왕국이라는 의미를 가진 삼불제(三佛齊)로 등장한다.

스리비자야 왕국의 중심지는 수마트라 빨렘방(Palembang)이었다. 이곳에서 발굴한 산스크리트어로 된 비문을 통하여 스리비자야는 불교왕국이자 강력한 해상 무역왕국이었음이 밝혀진 것이다. 말라카 해협의 전략적 해상 요충지에 위치했던 이 왕국은 일찍이 말라카 해협에 산재된 군소 무역왕국을 통일하여 안전한 통행로와 정교한 무역망을 보장하였으며, 인도와 중국을 왕래하는 항로를 개척하였다. 동부 쟈바 모죠꺼르또(Mojokerto)에서 발흥한 마쟈빠힛(Majapahit) 왕국과 믈라카(Melaka) 또는 말라카(Malaka)를 중심으로한 말라카 왕국의 번영도 스리비자야 왕국의 터전 위에서 이루어졌음이 분명해 보인다.

당(唐)나라 고승 이징(義淨)이 당시의 상황을 상세하게 기록한 스리비자야 왕국 여행기가 전해지고 있다고 한다. 이징 스님은 귀로에 믈라유(Melayu) 전 지역이 이미 스리비자야 왕국의 영향 하에 놓여 있다고 했다. 믈라유는 오늘날의 말레이 반도를 말한다. 말레이 반도 중서부의 말라카 해협의 말라카에서 말라카 무역왕국이 번영하였다. 해협 이름도 말라카이고, 왕국 이름도 말라카이며, 말라카 왕국의 중심부를 흐르는 강(江)도 말라카 강이며, 말라카 강 어구로부터 말라카 해협 쪽으로 무성하게 전개된 빽빽한 밀림도 말라카 나무의 군락이다.

산자야 왕국과 사일렌드라 왕국

스리비자야 왕국의 발흥과 거의 같은 시대에 좁은 순다(Sunda) 해협을 사이에 두고 쟈바에서는 산자야(Sanjaya) 힌두왕국과 사일렌드라(Sailendra) 불교왕국이 등장하였다. 스리비자야는 수마트라와 말레이 반도 사이의 말라카 해협과 수마트라와 쟈바 사이의 순다 해협의 주요 항로를 장악했으나, 내륙의 농업 지역을 충분하게 확보하지 못하였기 때문에 대부분의 식량을 쌀의 섬 자바로부터 공급 받아야 했다. 스리비자야의 국제교역 활동이 활발해 지면서 말레이 반도 남단의 죠호르(Johor)와 수마트라 북단의 아쩨(Aceh) 등지에서도 식량의 일부가 조달되기도 하였다. 산자야 왕국이 곧 스리비자야의 주요 식량 공급지가 되었으나 머지않아 수마트라와 자바 간의 해상 무역 주도권을 놓고 경쟁관계에 돌입하였다. 이로 인해서 스리비자야와 산자야는 한동안 긴장 관계에 있었다. 스리비자야 왕국의 멸망에 관한 사료는 거의 없다. 그러나 산자야와 죠호르-아쩨 간에 동맹이 이루어졌고, 이들 삼각 동맹으로 스리비자야에 식량 공급을 축소하여 점차 목을 조이는 효과로 나타났다는 것이 정설로 보인다.

스리비자야는 이처럼 항상 식량 공급원에 신경을 썼다. 이 왕국이 산자야와 쟁패하는 동안 자바 동북부에서 발흥한 불교문화 배경의 사일렌드라 왕국이 중동부 자바를 지배하에 두고, 같은 불교 왕국인 수마트라의 스리비자야와 긴밀한 관계를 유지하였다. 인도네시아 군도의 불교문화는 이 때 만개하였다. 사일렌드라가 산자야를 대신하여 스리비자야의 새로운 식량 공급원이 되었다. 현존하는 주요 인류문화유산의 하나이자 공식적인 세계 최대의 불교 유물인 보로부두르(Borobudur) 대탑(大塔) 사원도 사일렌드라 왕국의 전성기에 축조되었다. 9세기 초에 축조를 시작하여 825년경에 완공한 것으로 믿어지는 보로부두르는 산스크리트와 발리 문자의 합성어로 '언덕 위의 승방(僧房)'이라는 뜻이다.

힌두 산자야 왕국의 후손들도 사일렌드라 왕국의 외곽지대에서 지속적으로 세력을 키워나갔다. 850년 경 산자야 왕과 사일렌드라 공주 간의 결혼동맹으로 중부 쟈바의 통제권이 다시 산자야 왕국으로 넘어오게 되었다. 산자야 왕국을 전성기로 이끈 라카이 삐카탄(Rakai Pikatan) 왕은 자신의 위업을 기념하기 위해서 보로부두르에 견줄 수 있는 힌두사원을 남기고 싶었다. 보로부두르에서 멀지 않은 곳에 850년부터 856년 사이에 축조된 쁘람바난(Prambanan) 힌두사원은 이러한 역사적 배경을 안고 세워졌다. 인도네시아의 힌두 유적 중 시바(Shiva)신을 으뜸으로 받드는 가장 큰 사원인 쁘람바난은 1991년 유네스코의 인류문화유산으로 등재되었다. 이 미려한 석조건축물은 로로 종그랑(Loro Jonggrang)사원이라는 별칭을 가지고 있으며, 오늘날 중남부 쟈바의 족쟈카르타(Yogyakarta)에 남아 있다. 로로 종그랑은 쁘람바난 왕국의 공주 이름이었고, 쁘람바난 사원이 세워진 동네 이름이 쁘람바난이다. 이 사원이 축조될 당시 쁘람바난은 부유하고 화려한 왕국의 중심지였을 것이다.

산자야 왕국의 번영에 따라 중부 쟈바는 한동안 힌두왕국에 의해서 성공적으로 통치되었다. 동부 쟈바로 세력권을 확대한 힌두왕국은 10세기 후반에 전성기를 맞아 990-991년 사이에 스리비자야 왕국을 공격하여 한 때 왕국의 중심부를 점령하기도 하였다. 25년 후 스리비자야는 막강한 해군력을 동원하여 쟈바의 힌두왕국의 위대한 군주 다르마왕사(Dharmawangsa)를 제거한 후, 그의 영토를 수많은 봉토(封土)로 분할하였다. 다르마왕사의 조카 아이르랑가(Airlangga)가 다시 왕국을 회복하기까지 20여년의 세월이 흘렀다.

그는 스리비자야 왕국의 군대를 물리치고 1019년 다르마왕사의 왕위를 계승하였다. 중부와 서부 쟈바에는 오늘날까지 거리와 호텔 이름으로 다르마왕사가 많이 남아 있다.

아이르랑가는 쟈바 힌두왕국의 구영토의 대부분을 회복하고 번영을 되찾았다. 아이르랑가 통치시기에 수많은 인도 고전이 산스크리트어로부터 쟈바 고어로 번역되고, 쟈바의 토착문화가 꽃을 피웠다. 이 시기에 쟈바의 전 지역은 이전의 왕국 시대와는 비교할 수 없을 만큼 번영하였다. 동부 쟈바를 계승한 통치자들은 내륙의 농업을 크게 발전시켰고, 동시에 이익을 많이 남길 수 있는 해상무역 활동도 게을리 하지 않았다. 이 과정에서 1222년 쟈바의 새로운 강자 싱하사리(Singhasari) 왕국이 동부 쟈바 말랑(Malang)에 세워졌다. 싱하사리 왕국은 1275년과 1291년 두 차례에 걸쳐서 스리비자야의 대군이 침공하는 것을 성공적으로 방어하였으며, 계속해서 증가일로에 있던 쟈바 주변의 해상무역을 엄중한 자신의 통제 하에 두었다. 이즈음 몽골의 쿠빌라이 칸(Khubilai Khan)이 1293년 강력한 함대를 앞세워 싱하사리 왕국의 정복에 나서 쟈바에 등장하고 있다. 경쟁 상대가 바뀌고 쟈바에서 후원 세력이 사라진 스리비자야 왕국은 주변으로부터 식량공급까지 원활하지 못하여 국력이 서서히 소멸되었다.

앙코르 왕국

동남아 대륙부의 최대왕국인 앙코르(Angkor) 왕국도 쟈바를 거쳐 바닷길을 건너온 힌두불교를 배경으로 크게 번영한 왕국이었다. 산스크리트어로 앙코르는 너가라(negara) 또는 나가라(nagara)로 '나라'(국가, 왕국, 또는 도시)라는 뜻이다. 현대 믈라유어에서 나라 또는 국가라는 의미로 쓰이고 있다. 8세기에서 14세기에 이르는 동안 동남아 고대왕국들은 수많은 기념비적인 건축물들을 축조하였는데, 보로부두르(Borobudur)와 앙코르 와트(Angkor Wat) 이외에도 쁘람바난과 버강(Pagan) 등지에 대표적인 유적이 남아 있다. 앙코르 와트는 오늘날 캄보디아에, 보로부두르와 쁘람바난은 인도네시아 쟈바에, 버강은 미얀마에 있다. 이들 동남아의 고대국가들은 모두 중국에 조공사절이나 교역사절을 보냈고, 중국왕실은 이러한 사절단의 왕래에 대한 기록을 남기고 있다.

중국 사료에 따르면, 초기 동남아의 교역국가로 삼불제(三佛齊)와 부남(扶南)이 등장한다. 삼불제는 스리비자야 왕국이며, 부남은 앙코르 왕국의 전신인 푸난(Funan)이었다. 푸난은 쩐라(Zenla)로 발전하는데, 쩐라의 중국식 명칭은 진랍(眞臘)이었다. 이 왕국이 크메르(Khmer)족이 메콩(Mekong)강 하류의 거대한 천연 호수 똔레쌉(Tonle Sap) 인근에 세운 앙코르 왕국이었다. 제2차 베트남 전쟁(1964-1975)이 종료된 후, 1975년부터 1979년까지 폴 포트(Pol Pot) 등 크메르 루지(Khmer Rouge) 게릴라를 이끈 3인방이 앞장서서 자행한 '킬링필드(*Killing Fields*)'는 이들 민족주의공산주의자들이 일체의 외세와 외색

(外色)을 철저하게 배격하고 부유한 농업왕국을 세워 앙코르 왕국의 역사를 재건하겠다는 망상에서 시작된 것이었다.

8세기 말(연대 미상)부터 834년경까지 쩐라를 통치한 자야바르만 2세(Jayavarman II)는 스리비자야 영향 하에 있던 쟈바 왕국들의 간섭을 벗어나 똔레쌉 인근 지역을 정복하여 통치영역을 크게 확대하였다. 특히, 관개사업을 통한 벼(禾) 재배에 성공함으로써 식량 확보에 획기적인 진전을 보아 왕권 확립을 다질 수 있었다. 그러나 앙코르 왕국의 번영과 영화는 지속되지 않았다. 똔레쌉 호수 주변의 광활한 농경지는 충분한 식량원이 되어 스리비자야 무역왕국의 경우와 달리 식량부족이 왕국 침체의 원인이 아니었을 것이다. 크메르족과 군소 고산족들과 주변국가에서 잡아온 수많은 전쟁포로들이 똔레쌉 주변의 농경지에 군거하며 식량을 생산하고 앙코르 왕국 건설에 동원되었다. 왕국건설 사업은 전쟁에 의존했으나, 전쟁은 항상 승리로만 끝나는 것이 아니었다.

자야바르만 7세 왕 이후의 앙코르 왕국은 동쪽과 서쪽에서 참(Cham)족과 싸얌(Siam)족의 협공을 받게 되었다. 머지않아 북쪽의 비엣(Viet)족이 공격에 가담함으로서 대륙부 동남아 최대의 왕국이자 찬란한 앙코르 제국은 주변 국가의 협공으로 점차 국력이 쇠진하기 시작하였다. 때를 맞추어 싸얌족이 크게 발흥하여 12세기 경부터 앙코르 왕국에 대한 적극 공세에 나섰다. 이들은 수코타이(Sukhothai)왕국을 세워 앙코르 왕국의 모든 것을 약탈해 갔다. 왕실의 수많은 학자들과 장인(匠人)들도 주요 대상이었다. 오늘날의 태국 영토로 영역을 확장하고 수코타이를 전성기로 이끈 람깜행

(Ramkhamhaeng) 대왕의 태국 문자 창제도 앙코르 문자 위에 세워진 것이다.

혜초 스님과 스리비자야 왕국

700년 넘게 장수한 인도네시아 스리비자야 왕국은 8세기부터 12세기까지 500년 동안 동아시아 불교문화의 중심부였다. 이 왕국은 수마트라 남부 빨렘방(Palembang)을 중심으로 말라카(*Malacca*) 해협 양안(兩岸)의 전 수마트라와 말레이 반도, 태국 남부와 미얀마와 쟈바에 걸쳐서 광대한 통치권역을 형성하며 크게 발흥했던 불교왕국이었다. 말라카 해협의 전략적 요충지를 모두 차지했던 스리비자야는 8세기 말에 이미 400-600톤 규모의 거대한 선박을 건조하여 인도와 중국을 왕래하는 정기 무역항로를 개척했다. 이 왕국의 통치자는 불교도였으며, 중국과의 교역품목 중에는 비단과 도자기 이외에도 사찰에서 사용하는 각종 불교용품이 포함되어 있었다.

당나라 고승 이징(義淨)의 스리비자야왕국 여행기 〈대당서역구법고승전(大唐西域求法高僧傳)〉과 〈남해기귀내법전(南海寄歸內法傳)〉이 전해지고 있다. 이징의 속명(俗名)은 장웬밍(張文明: 636-713)이며, 유럽에서 발간된 그의 번역본들은 Yijing 혹은 I Tsing으로 원저자명을 표기하고 있다. 그는 스리비자야에서 1,000명이 넘는 승려를 발견했으며, 여러 나라에서 온 무역 상인들이 자주 어울리고 있더라고 전했다. 이징은 이어서 인도로 가는 학승(學僧)들은 한두 해쯤 스리비자야에 머무르며 공부할 필요가 있다고 추천하고 있다. 그는 672년 37세 때 광저우(廣州)를 떠나 바닷길로 스리비자야의 수도 빨렘방을 거쳐 인도에 도착하여 범어를 배우고 범본(梵本) 불경을 얻어 694년 당나라로 돌아왔다.

이징은 12년에 걸친 인도와 당과 인도 간의 바닷길에서 만난 남해제국의 여행기를 통해서 인도와 스리비자야 왕국 등 여러 나라의 불교 상황과 승려들의 생활상, 그리고 일반 서민들의 사회와 풍물에 관한 기록을 남겼다. 이징은 당대 으뜸의 고승으로 측천무후(則天武后)로부터 삼장(三藏)이라는 불교계 최고의 칭호를 하사 받았다. 산스크리트어로 삼장은 뜨리삐따까(Tripitaka)라 하여 세 가지 모음집 또는 둥우리를 뜻한다. 붓다의 말씀(阿含)을 아가마(Agama)라 하며, 붓다 말씀을 받아 적는 것(經)을 수뜨라(Sutra)라 하고, 붓다 말씀을 제자들이 논의하고 해석하는 것(論)을 사스뜨라(Sastra)라고 했다. 믈라유 문화권에서 아가마는 종교(宗敎)로, 수뜨라는 비단(緋緞)이나 진귀한 보물로, 사스뜨라는 문학(文學)이라는 뜻으로 자리 잡고 있다. 바닷길 비단길도 믈라유어로 '잘루르 수뜨라'(Jalur Sutra)라고 한다.

신라 스님 혜초(惠超)(704-787)는 열여섯의 나이에 당나라에 건너가 금강지(金剛智)라는 중국 이름을 쓰고 있던 천축국(天竺國) 인도의 밀교승 바즈라보디(Vajrabodhi)의 가르침을 받았다. 밀교(密敎)는 7세기 후반 인도에서 일어난 대승불교의 한 갈래로 혜초 스님 당대에 크게 융성하고 있었다. 혜초의 나이 20세가 되었을 때, 스승의 권유로 천축국 인도로 떠나게 되었다. 혜초는 723년 광저우를 떠나 이징의 여행길을 더듬어 바닷길로 인도에 닿아 다섯 천축국(동천축, 남천축, 중천축, 서천축, 북천축)을 섭렵하고, 중앙아시아와 일부 러시아 지역을 거친 후 일찍이 세계의 지붕으로 알려졌던 파미르(Pamir) 고원을 넘고 둔황(敦煌)을 지나 727년 만 4년의 치열한 구도(求道) 여행 끝에 장안(長安)으로 돌아와 그곳에서 일생을 마쳤다. 그는 787년 중국 불교의 최고 성지로 알려진 산서(山西)성 동북쪽 오대산(五臺山)(3058미터)의 건원보리사(乾元菩提寺)에 입적한 것으로 알려져 있다.

자랑스럽게도 혜초의 여행기 〈왕오천축국전(往五天竺國傳)〉이 현존하고 있다. 1908년 프랑스의 동양학자 펠리오(Paul E. Pelliot)가 중국 서북부 간쑤성(甘肅省) 주취안(酒泉)에 있는 둔황의 막고굴(莫高窟)에서 발견했을 당시 혜초의 기행문은 아홉 장의 황마지(黃麻紙)를 이어 붙인 두루마리였다. 총 길이 358센티, 너비 28.5센티의 황마지 두루마리는 앞과 뒷부분이 많이 잘려나간 나머지로, 마모되어 확인할 수 없는 글자까지 합치면 6,300여 자가 쓰여 있었다. 그러나 여러 관련 자료로부터 혜초의 왕오천축국전의 전체 분량은 약 1만 1,300자로 추산된다고 한다. 왕오천축국전에 관한 연구는 1909년 중국의 금석학자 나진옥(羅振玉)이 시작하였다. 본격적인 연구는 일본 교토(京都)대의 구와야마 쇼신(桑山正進) 교수가 1986년 19명의 한국과 일본 학자들을 모아 시작하였다. 한중일 3국에서 발간한 대표적인 연구서로는 구와야마 쇼신(桑山正進)의 〈왕오천축국전연구〉(京都大學, 1992)와 장의(張毅)의 〈왕오천축국전전석(箋釋)〉(中華書局,

1994)과 정수일의 〈혜초의 왕오천축국전〉(학고재, 2004) 등이 있으며, 원본 왕오천축국전은 현재 프랑스 국립도서관에 소장되어 있다.

혜초의 왕오천축국전은 이탈리아 여행가 마르코 폴로(Marco Polo: 1254-1324)의 〈동방견문록(東方見聞錄)〉이나 모로코 출신 탐험가 이븐 바투타(Ibn Battuta: 1304-1377)의 세계 여행기인 〈리흘라(Rihla)〉보다 5세기나 앞선 것이다. 왕오천축국전은 출발지로부터 목적지를 향해서 가는 방향과 소요시일, 경유지에서 만나는 왕국의 도읍지와 규모, 통치상황, 주변 왕국과의 관계, 지형과 기후, 음식과 각종 특산물, 의상과 풍습, 주민들의 언어생활, 불교의 발전 정도와 기타 종교 상황 등을 순차적으로 기록하고 있다. 이징과 같은 바닷길을 택한 혜초 스님은 사전에 이징의 스리비자야 왕국 여행기를 거듭거듭 독파하였을 것이고, 이징의 권고에 따라 얼마간 스리비자야 왕국에 체류했을 것이며, 잘려 나간 왕오천축국전 앞부분에 이 왕국에 관한 성실한 사실적 묘사를 많이 남겼을 것이다.

언덕 위의 승방(僧房) 보로부두르

보로부두르(Borobudur) 대탑사원은 인도네시아 중부 쟈바 마걸랑(Magelang) 남서쪽에 위치하는데, 인도네시아의 역사문화 중심도시인 족쟈카르타가 이곳에서 멀지 않은 곳에 있다. 보로부두르는 '바라(bara)'와 '부두르(budur)' 등 두 단어로의 합성어로 이루어졌다. 바라는 산스크리트어의 비하라(vihara)에서 차용하였는데, 오늘날 인도네시아에서 '힌두교나 불교 사원이 있는 공간'을 뜻하는 비하라(bihara 또는 Wihara)로 쓰이고 있다. 부두르는 비하라의 어원과 달리 발리(Bali)어의 브두후르(beduhur)에서 차용하여 부두르로 변형되었으며, '위 쪽'이라는 뜻이다. 인도네시아 불교문화에 정통한 수타르노(Soetarno R.) 교수가 1986년에 출간한 "인도네시아의 다양한 고찰(古刹)(Aneka Candi Kuno di Indonesia)"에 나오는 세밀한 설명이다. 이에 따라 보로부두르를 우리말로 직역하면 '위쪽의 절' 또는 '윗동네의 절'이 된다.

보로부두르는 캄보디아 시엠립의 앙코르 사원과 인도 마드야 프라데쉬(Madhya Pradesh)에 위치한 산치(Sanchi) 사원과 더불어 세계 3대 불탑(佛塔)사원으로 알려졌다. 기네스북은 2012년 오랜 논란 끝에 이들 세 사원 중에서 보로부두르를 세계에게 가장 큰 불교사원으로 공식 발표하였다. 위쪽의 절이나 윗동네의 절로는 거리가 느껴지는 이유다. '큰 재 너머 대승원(大僧園)'으로 그럴듯한 이름을 붙여 봐도 세계 최대 이슬람 국가 인도네시아에 현존하는 세계 최대의 불교사원의 이름으로는 아무래도 부족하다. 이 세상의 많고 많은 큰 불교 사원과 차별성을 가지기 위한 역발상에서 누군가가 보로부두르 대탑사원을 '언덕 위의 승방(僧房)'으로 작명해 놓았다. 이 또한 불교적 의미를 가지는 것으로 해석할 수 있다.

인도네시아 불자들의 최대 축일은 와이삭(Hari Raya Waisak)이라고 한다. 와이삭은 태음력과 태양력을 둘 다 기초한 인도 달력 2월인 비사카(Visakha)월의 보름날이다. 북방불교에서는 석탄일을 음력 4월 초 8일(2017년은 5월 3일)로 정하고 있지만, 남방불교에서는 비사카 월의 보름날을 축일로 삼고 있어서 2017년의 경우 5월 11일이다. 이 날을 베삭(Vesak)이라 하는데, 인도네시아에서는 인도네시아어 발음의 편의에 따라 와이삭(Waisak)으로 불리고 있다. 북방불교의 석탄일과는 달리 남방불교에서는 석가모니의 탄생(誕生)과 성불(成佛)과 열반(涅槃)이 모두 이 날 하루에 이루어졌다고 믿는다. 인도네시아 정부는 와이삭을 공식적인 국가종교 휴일로 채택하고 있다.

와이삭 축제는 매 년 보로부두르 대탑사원에서 행하여진다. 불자들은 보로부두르 축제에 앞 서 보로부두르에서 약 7킬로미터 거리에 위치한 문띨란(Muntilan) 마을의 먼듯(Mendut)사원에 모여 봉축불공을 드리고, 보로부두르까지 불경을 봉독하며 도보행진을 한다. 도보 행진 중간에 잠시 빠원(Pawon)사원에 머무르는데, 먼듯과 빠원 사원을 거쳐 보로부두르 대탑 사원에 이르는 길은 일직선상에 있고, 옛날에는 돌벽돌을 깐 도보 순례 길이 이들 세 사원을 연결하였다는 기록이 있다. 이 때문에 오늘날까지 도보 행진의 전통이 남아 있는 것으로 보인다. 보로부두르에서 와이삭 축제가 벌어지면, 인근 동네 주민들과 많은 관광객들이 운집한다. 최근 몇 년 사이에 인도네시아 불교도들은 자신들의 종교 행사가 비종교적 요소가 가미되어 관광 상품화되고 있다고 걱정하고 있다.

인도네시아 불교문화는 보로부두르 대탑사원을 빼고는 설명이 어렵다. 그만큼 보로부두르의 비중이 절대적이다. 인도네시아의 불교왕국 시대는 7세기 중엽 수마트라 중심의 스리비자야 왕국이 열었다. 같은 시기에 쟈바에도 스리비자야의 불교문화 영향이 전파되어 힌두왕국과 쟁패하면서 8세기 중엽 쟈바 동북부에서 사일렌드라(Sailendra)로 크게 발흥하였다. 이로써 수마트라와 쟈바에 불교문화가 만개하는 시대가 내도하였는데, 보로부두르 대탑사원이 이 때 축조되었다. 사일렌드라 왕조는 9세기 초에 축조를 시작하여 825년경에 보로부두르 대탑사원을 완공하였다.

산자야 힌두왕국과 결혼동맹으로 쟈바의 주도권이 산쟈야로 넘어 가면서 보로부두르는 점차 사일렌드라 불교왕국과 불교도들의 관심에서 조금씩 멀어졌다. 결정적인 변화의 계기는 1006년에 일어났다. 인근 머라삐(Merapi) 화산의 대폭발로 두 쟈바 왕국의 터전이 사라지면서 보로부두르 대탑사원도 화산재에 묻히게 되었다는 것이다. 그러나 설득력을 지닌 반론도 있다. 사원 축조의 완성과 동시에 불교의 깊고 오묘한 뜻에 따라 인위적으로 덮었을 것이라는 주장이다. 사원 기초를 닦은 흙과 사원을 덮고 있는 흙이 화산재 말고도 사원 바닥과 같은 성분의 흙이 섞여 있다는 주장이다. 쟈바의 불교가 힌두교적 요소를 많이 내포하여 힌두불교로 칭하고 있음도 고려의 대상이 될 것이다.

800년 넘게 흙더미에 묻혀 있던 보로부두르 대탑사원이 적도의 뜨거운 태양 아래 재등장하게 된 것은 전적으로 토마스 스탐포드 래플즈(Sir Thomas Stamford Raffles: 1781-1826) 경(卿) 덕분이었다. 네덜란드의 식민통치를 받던 인도네시아가 유럽 정세의 변화로 잠시 영국의 통치(1811-1816)하에 놓이게 되었는데, 이 때 영국 총독으로 바타비아(오늘날의 쟈카르타)에 등장한 인물이 싱가포르의 설계자인 래플즈경이었다. 말레이어에 통달하고 말레이 문화권에 대한 해박한 지식을 갖추었던 그는 쟈바의 각종 고문서와 자료를 통해서 보로부두르의 존재를 확신하고, 1814년 탐사에 착수하여 수개월 만에 인류문화재를 발굴해 내는 쾌거를 이루었다. 태양 아래 드러낸 보로부두르는 다시 네덜란드의 수중에 놓이면서 고초와 쇄락을 거듭하였다. 여러 차례 대륙부 동남아로 진출을 시도했던 네덜란드는 다수의 보로부두르 불상의 머리 부분을 절취하여 불교왕국 태국왕에게 진상하는 만행을 저질렀다. 총 504기의 부처님이 모셔진 보로부두르 대탑사원의 불상 중 약 35퍼센트는 두상이 없다.

보로부두르 대탑사원은 유네스코가 세계문화유적으로 복원하기로 결정하고, 1973년부터 만 10년 동안 막대한 예산을 지원하여 세계 7대 불가사의 하나로 세계인들의 앞에 웅자(雄姿)를 드러내게 되었다. 1990년대 이래로 연간 최소 250만 명이 방문하는 보로부두르는 1991년 아시아 에서 최초로 유네스코의 세계문화유산으로 지정되었다. 세계 최대의 불교 사원인 보로부두르는 웅장하기가 실로 경이적이다. 폭 124미터의 정방형 위에 9층 건물 높이로 세워졌다. 원래는 42미터 높이였으나 현재는 35.3미터로 침하된 상태다. 이 거대한 건축물은 가로와 세로가 각각 50센티미터 높이가 30센티미터 크기의 안산암(安山巖)과 화산암(火山巖)을 깎아 돌벽돌로 사용하였는데, 내부의 공간 없이 접착제나 못을 전혀 사용하지 않았다. 보로부두르를 불가사의로 칭하는 여러 가지 이유 중에는 사원을 중심으로 반경 30킬로미터 이내에는 보로부두르 축조에 사용한 돌을 발견할 수 없다는 사실이다. 14,165 평방미터에 달하는 면적 위에 100만 개가 넘는 돌벽돌 350만 톤을 완벽한 배수시설 위에 차곡차곡 한 치의 흔들림도 없이 쌓아 올린 것이다.

보로부두르에는 총 73기의 종탑 모형의 스투파(stupa)와 504기의 부처님이 있다. 필자가 보로부두르 사원을 보로부두르 대탑사원으로 칭하는 이유이다. 이곳에는 4개 층에 거쳐서 5킬로미터에 달하는 회랑이 있고, 회랑 좌우면에는 총 2,500면의 부조(浮彫)가 있다. 이 부조에 등장하는 인물은 1만 명이 넘는다. 거대한 조각 작품의 숲인 셈이다. 이 조각 중에는 항해 중인 대형 선박들이 많이 나온다. 사일렌드라 왕조시대에 이미 인도네시아 군도는 해상 실크로드와 연결되어 있었음을 뜻한다. 이 회랑을 따라 돌면서 마지막 계단에 오르면 종탑 모형의 스투파가 있고, 스투파 안에 부처님이 모셔져 있다.

이곳을 찾는 불자들은 부처님의 몸에 손을 대고 소원을 말하면,

언젠가는 그 소원이 반드시 이루어진다고 믿는다. 보로부두르 대탑 사원은 이른 아침에 아직 안개가 걷히기 전에 보아야 한다. 아직 안개 속에 있는 마지막 계단에 올라서면, 누구나 속세의 모든 허물이 정화되어 극락의 문 안으로 들어서는 느낌을 가진다. 서서히 어둠이 깔리고 하나 둘씩 조명이 켜지는 늦은 시간에 좀 멀리 떨어져서 보는 보로부두르도 장관이다. 내세를 확신하는 불자들은 보로부두르를 뒤로 하고 돌아오는 발걸음이 한결 가볍다.

동남아 이슬람 문화권의 불교문화

인도네시아

인도네시아는 중국, 인도, 미국에 이어 세계 4대 인구대국으로 전체 인구 2억 6800만 명(2018년)의 87퍼센트가 무슬림인 세계 최대의 이슬람국가이다. 국토도 동남아의 적도 상에 17,508개의 크고 작은 섬들이 동서로 최대 6000 킬로미터, 남북으로 2000킬로미터로 길고 넓게 분포되어 육지 면적만 192만 평방킬로미터에 달한다. 세계 최대의 도서대국이기도 한 이 나라의 내해(內海) 면적 650만 평방킬로미터로 육지 면적과 합치면 미국 대륙(984만 평방킬로미터)과 엇비슷한 842만 평방킬로미터가 된다. 이 나라는 정체(政體)를 공화제임을 내세우고 종교적으로는 세속국가임을 명시하고 있다. 종교의 자유가 헌법에 보장되어 있다. 더 나아가서 '모든 인간은 신(神)의 피조물'이라는 등식이 적용되어 모든 국민은 국가가 보장하는 종교를 가져야 한다고 가르친다. 주민등록증(KTP)에 자신의 종교를 명시하게 되어 있다. 그러므로 무신론자(無神論者)는 명문 조항은 없지만 국가에서 거부하고 사회에서 격리되는 분위기다. 국가

종교로 이슬람 이외에 힌두교와 불교, 가톨릭과 프로테스탄트, 나아가서 유교(儒教)까지 보장하고 있다. 당연하게 국가 공휴일에 종교 축일이 가장 많다.

인도네시아 통계청의 2000년 인구센서스에 의하면, 전체 국민의 0.8퍼센트인 170만 명이 불교도임을 내세웠다. 2018년의 인구를 같은 백분율로 적용해도 불교도는 약 214만 명에 지나지 않는다. 그러나 잠재적인 불교도는 이 수치 보다 훨씬 많다는 것이 일반적인 견해이다. 2006년 2월 유도요노 대통령에 의해서 유교(儒教)가 인도네시아의 여섯 번째 국가종교로 공인되면서 주민등록증에 자신의 종교를 유교로 명시한 국민이 전체 인구의 약 4퍼센트에 달했다. 1000만 명을 초과하는 숫자다. 거의 모두가 중국계인 이들을 잠재적인 불교도로 보는 것이다. 유교를 국가종교로 공식화하기 이전에는 중국인들은 대체로 기독교나 가톨릭으로 자신의 종교를 표시했다. 1965년 9·30사태 직후, 성난 무슬림 군중들이 인도네시아공산당(PKI)을 공격하면서 불교를 중국인과 동일 시 하였기 때문이다.

수하르토 32년 군부통치 하의 반중(反中) 반공(反共)정책에 따라 중국계 국민들은 질곡(桎梏)의 세월을 보냈다. 많은 숫자가 해외로 탈출하였고, 불교 사찰이 폐쇄되었으며, 한자 간판이 철저하게 통제 되었다. 중국 문화를 상징한다하여 붉은 글씨를 엄금하고, 촛불까지 의심을 받았다. 아직도 이들이 선뜻 불교도로 나서기를 꺼려하는 이유다. 문민정부로 들어선 이래 중국계 국민들에 대한 인식과 행정적 경계가 와히드(A. Wahid)와 메가와티(Megawati S.) 대통령 통치기를 거치면서 점진적으로 우호적으로 변화하였다. 유도요노(S. B. Yudhoyono)는 자신의 통치 말기 인도네시아 정부의 공식 문서에 중국(中國)은 띠옹꼭(Tiongkok)으로, 중화(中華)는 띠옹후아(Tionghua)를 사용한다는 대통령령을 공표하기도 하였다.

인도네시아의 불교는 다양한 불교문화가 혼재되어 발전하였다. 그 갈래를 명확하게 구분하기가 쉽지 않지만, 전체적으로는 고대 인도의 원시 불교인 마하야나(Mahayana)불교, 태국의 테라바다(Theravada)불교, 일본의 선(禪)불교, 뜨리다르마(Tridharma)라 칭하는 유교와 불교 그리고 도교(道敎)가 합치된 유불선(儒佛仙)교, 보로부두르 대탑사원을 건축했던 사일렌드라와 마자빠힛 왕조에서 번성했던 밀교 형태의 탄뜨라야나(Tantrayana)불교 등이다.

이 나라의 불교도는 대부분이 중국계이다. 이들은 수도 자카르타(Jakarta) 일원에 거주하거나, 수마트라 리아우(Riau)주와 말레이 반도와 싱가포르를 에워싸고 있는 리아우군도 주, 그리고 인근의 주석(朱錫)산지인 방까-벌리뚱(Bangka-Belitung) 두 섬에 집중적으로 분포되어 있다. 이 지역은 모두 전통적인 중계무역항 싱가포르항(港) 인근에 모여 들었던 중국인 후예들의 군거지다. 비록 적은 숫자이긴 하지만, 이슬람이 대종을 이루고 있는 자바(Jawa)족이나 발리(Bali) 동쪽 롬복(Lombok)섬의 사삭(Sasak)족 중에 불교도가 발견된다. 이들의 불교는 중국계 후예들과는 차별적으로 과거 스리비자야 왕국의 불교적 전통이 토착화 된 것으로 보인다.

자카르타의 차이나타운 글로독(Glodok)에 금덕원(金德院)이라는 큰 절이 있다. 인도네시아어로 다르마 박티 사원(Wihara Dharma Bhakti)이라고 하는데, 석가모니와 공자를 같이 모신 서원(書院) 같은 사원(寺院)이다. 이 사원은 네덜란드 동인도회사(VOC) 시대 초기인 1650년에 중국 남부 복건(福建) 사람들이 세웠다. 금덕원의 중국어 발음인 킴텍레(Kim Tek Le)는 격무로 고단한 이주노동자들의 안식처였다. 네덜란드는 오늘날의 쟈카르타인 바타비아(Batavia) 건설을 위해서 많은 인력이 필요했고, 새로운 일자리를 찾아 중국인들이 대거 몰려들었다. 주로 복건 출신들이었다. 1740년 10월에 벌어진 앙케(Angke) 참극은 과다하게 집중된 중국인들에 놀란 네덜란드 VOC정부가 의도적으로 저지른 대량 학살이었다. 약 1만 명의 중국인들이 희생되었다. 킴텍레 금덕원 사원도 이 때 소실되었다. 그러나 초기부터 안치되었던 불상들이 잿더미 속에 남아 있었고, 생존한 중국인 후예들이 그 후 계속된 정치적 격변 속에서도 금덕원의 재건과 복원을 거듭하였다. 이곳에는 1825년에 제작된 범종이 남아 있어서 오늘도 먼 곳에서 찾아온 방문객들을 맞고 있다.

말레이시아

말레이시아는 믈라유 족 이외에도 중국계와 인도계 국민들이 정치적으로 공존하는 나라이다. 제2차 대전 후 영국의 100년 식민통치를 벗어나 독립하면서 신생 독립국가에서 정권을 책임지게 된 믈라유계 지도자들은 중국계와 인도계 주민들을 국민으로 받아들이는 결단을 하였다. 이들 중국계와 인도계 주민들은 영국 식민통치시기인 20세기 초부터 중반 이전에 말레이 반도로 대거 유입되었다. 주석광산에서 일한 중국계는 무역과 금융, 상업과 유통 쪽으로 발판을 굳혔고, 고무농장으로 몰려들었던 인도계는 점차 사회직능 분야로 파고들었다. 기관차 운전기사 등 특정 기술 분야와 의사, 변호사, 설계사, 회계사, 보석감정사 등 직업으로 인해서 종족 분규에 휘말리지 않을 독자적인 분야로 진출하였다. 인도계 주민들이 주로 맡아 하고 있는 환전상(換錢商) 같은 소시민 금융업이나 점성술사 같은 직업도 같은 맥락에서 볼 수 있다.

말레이시아는 동남아에서 태국 다음으로 전체 인구 대비 중국계 국민이 많은 나라이다. 이 나라에는 중국계 정당(MCA)이 있고 믈라유계(UMNO)와 인도계(MIC)와 더불어 거대한 연립여당 바리산 나쇼날(BN: Barisan Nasional)을 형성하고 있다. BN은 '국민전선'이라는 뜻이다. 2010년 인구센서스에서 전체 인구 2833만 명의 23.4퍼센트인 663만 명이 중국계 국민이다. 2017년 통계도 나와 있는데, 3162만 명이다. 이 수치에 같은 비율을 적용하면, 740만 명이 된다. 이들은 주로 뻬낭(Penang), 콸라룸푸르(Kuala Lumpur), 죠호르(Johor), 뻬락(Perak), 슬랑오르(Selangor), 사라와크(Sarawak) 등에 군거한다. 콸라룸푸르와 슬랑오는 금융 중심지이며, 뻬낭과 죠호는 무역항이고, 뻬락과 사라와크는 광업(鑛業) 중심지다.

불교는 말레이시아에서 이슬람 다음으로 큰 종교이다. 중국계 국민들이 주 대상이다. 불교 분포를 나타내는 다양한 수치가 있는데, 약 20퍼센트를 중심으로 적게는 19.2퍼센트부터 19.8퍼센트까지, 많게는 21.6퍼센트라는 여러 통계가 있다. 2017년 전체인구 3162만 중 약 23퍼센트가 중국계이고, 전체 인구의 20퍼센트가 불교도인 셈이다. 중국계 중에도 당연하게 비불교도가 있듯이, 이 나라의 불교도로는 소수의 태국계 말레이시아인들을 비롯하여, 스리랑카계와 미얀마계도 포함되어 있다.

다종족 국가인 말레이시아는 정치적으로 짜 맞춘 종족 간의 화합구도를 유지하기 위한 고육책으로 종족문제나 종교문제를 깊게 다루는 조사나 연구를 법률로 금하고 있다. 대부분의 세밀한 통계는 외부에서 작성된 것으로 보면 된다. 2017년 인구를 다룬 최근 통계로 50.1퍼센트가 믈라유족, 22.6퍼센트가 중국계, 11.8퍼센트가 원주민, 6.7퍼센트가 인도계, 그리고 기타 종족이 8.8퍼센트로 나타나 있다. 이 중에서 주요 원주민들, 즉 사바(Sabah)의 카다쟌(Kadazan)족과 사라와크(Sarawak)의 이반(Iban) 족은 말레이시아 정부에 의해서 믈라유계 국민의 숫자를 늘리는데 활용되었다. 종교분포로는 61.3퍼센트가 이슬람, 19.8퍼센트가 불교, 9.2퍼센트가 기독교, 6.2퍼센트가 힌두교, 그리고 나머지 3.4퍼센트가 토속 신앙 등 여타의 종교를 신봉하는 것으로 나타났다.

중국계 국민들이 주요 신봉하는 이 나라의 불교는 중국의 도교(道敎)와 원시 형태의 불교인 마하야나 불교가 혼합된 형태이다. 중국계가 집단으로 거주하는 뻬낭 섬에 켁 록 시(Kek Lok Si)라는 사원이 있다. 극락사(極樂寺)다. 웅장하고 세밀하게 아름다운 켁 록 시는 동남아를 대표하는 불교사찰 중의 하나인데, 1890년에 시작하여 1905년까지 축조하였고, 다시 1930년까지 보완하였다. 이 사원은 초기 말레이 반도로 건너오기 시작한 객가(客家) 출신 기업인들이 만들었다.

객가 사람으로 독실한 불교도이자 말레이시아의 저명한 기업인 겸 정치가로 탄쳉록(Tun Dato' Sir Tan Cheng Lock: 1883-1960)이 있다. 우리말 표기 한자로는 진정록(陳禎祿)인데, 그는 오늘날의 말레이시아가 정치적으로 혼란을 겪던 1949년 말레이중국인협회(MCA: *Malayan Chinese Association*)를 결성하고 말레이계 지도자들과 끈질긴 협상을 통하여 종족 간의 정치적 대타협을 이루어내어 다민족 국가를 향한 화합과 융화를 추구한다는 최선의 차선책을 성공적으로 정착시켰다.

싱가포르

도시국가 싱가포르는 중국인의 나라다. 그러나 이 나라에서는 지난 70년대 이래로 계속해서 종족 구분을 하지 않고 정치적·사회적 통합을 국가 목표로 해 왔다. 그래서 특정 종족성(種族性)을 나타내지 않고 모든 싱가포르 국적자를 싱가포르인(*Singaporean*)이라고 부른다. 이 나라의 인구 증가를 나타내는 수치의 변화가 놀랍다. 1970년에 207만 명이던 인구가 1980년에 241만, 1990년에 305만 명에 이르렀고, 2010년에 500만 명을 돌파하였으며, 2017년 공식 통계로 561만 명에 이르렀다. 동남아의 강소국 싱가포르는 2025년까지 650만의 국민을 목표로 하고 있고, 이 나라의 정치적 안정과 꾸준한 발전상을 보고 투자 이민자들이 줄을 잇고 있다.

2010년 이후 싱가포르의 인구 증가 추세는 가파르지 않다. 홍콩 등지의 고액 중국인 투자자에서 '젊은 두뇌'를 대상으로 이민정책을 선회한 까닭이다. 한중일 등 동아시아 주요국과 인도네시아, 베트남, 태국 등 이웃 아세안 강대국을 주요 타깃으로 삼아 싱가포르 유학을 장려하고, 이들을 이민 권유 대상자들로 삼는다는 것이다. 싱가포르 국민의 평균 연령은 40세 (2016년)인데, 이를 상한선으로 보고 젊고 능력 있는 젊은이들을 싱가포르인으로 리쿠르트하는 데 정부가 적극 나서고 있다.

섬나라 싱가포르 국토 면적의 변화를 보면, 인구 증가 추이 못지않게 놀라움을 금치 못한다. 1965년 말레이시아연방에서 분리 독립할 때 581.5 평방 킬로미터였던 국토가 2016년 공식 통계에 의하면 719.1 평방킬로미터로 무려 138 평방킬로미터나 확대된 것이다. 국토가 1/4 가량 확장된 것인데, 매년 엄청난 국력을 동원하여 해안 매립을 계속해 나온 결과다. 그것도 주변 국가들과의 마찰과 갈등과 질시 속에 이루어 진 것이다. 특히 해안 매립 공사에 필수적인 모래와 자갈을 공급해 온 인도네시아 측은 싱가포르가 인도네시아의 국토를 훼손한다는 강한 불만을 나타내기도 하였다.

싱가포르의 종족 분포는 2017년 통계로 전체 인구 561만 명 중 중국인이 74.1퍼센트, 말레이계 13.4퍼센트, 인도계 9.2퍼센트 순으로 분포되어 있다. 여타의 소수 종족들은 유럽인과 중앙아시아인 등 3.3퍼센트에 불과하다. 중국계가 대종을 이루듯이 같은 해 종교 분포도 중국계의 중심 종교인 불교가 33퍼센트로 으뜸이다. 185만 명이 불교도이다. 기독교가 18.8퍼센트, 이슬람이 14퍼센트, 도교나 중국 토속 신앙이 11퍼센트, 힌두교가 5퍼센트 순이다. 다종족

국가를 상징하듯 기타 소수 종교(무신교 포함)가 18.2퍼센트나 된다. 2010년 인구센서스에서는 전체 인구 278만 명 중 33.9퍼센트인 94만 3400명이 불교도로 나타낸 통계도 있다.

싱가포르의 불교는 2500년 전에 전래된 것으로 믿어지는 석가모니 불교로부터 중국계 세계 이민들과 함께 들어온 전 세계의 다양한 현대 불교까지 혼재하고 있다. 또한 이 나라에는 수많은 불교종단과 불교재단이 발견된다. 싱가포르에서 가장 오래된 불교사원으로 치안 혹 켕(Thian Hock Keng) 사원이 있다. 부처님의 치아를 모셨다는 불아사(佛牙寺)다. 1839년에 짓기 시작하여 1842년에 완공되었는데, 성공한 복건 출신 기업인들이 당시 국제화폐였던 스페인달러로 3만 달러를 모아 축조하였다. 모든 건축 자재를 중국 본토에서 실어왔으며, 못을 한 개도 쓰지 않았다고 한다. 싱가포르에 정착한 중국인들은 바닷길을 지켜준 바다의 여신 마조(媽祖)를 기려서 치안 혹 켕을 헌정했다. 진롱시(Jin Long Si) 사원도 유명하다. 1941년 싱가포르를 기점으로 성공한 여러 지역 출신의 중국 기업인들이 세웠다. 금룡사(金龍寺)다. 이곳에는 19세기에 스리랑카로부터 싱가포르로 옮겨 심은 보리수가 청청하게 서있다. 밑동의 둘레가 8.5미터나 되고 높이가 30미터에 이른다.

브루나이 다루살람

브루나이 다루살람은 세계 최고(最古)의 이슬람 왕국(Negara

Brunei Darussalam)이다. 9세기 초엽에는 브루나이 강(江) 어귀에 포니(Po-ni)왕국이 등장했는데, 브루나이왕국의 전신으로 믿어진다. 브루나이의 번영은 12세기 초반 이 왕국이 이슬람을 수용하고 동서(東西)를 잇는 바닷길 국제교역에 적극 나서면서 시작되었다 이 나라의 전성기에는 바타비아-브루나이-마닐라가 일직선으로 연결되어 수많은 중계 무역상들이 브루나이로 모여들었다. 이 나라는 한동안 오늘날의 사바와 사라와크를 비롯하여 술루(Sulu)열도로부터 필리핀 북부 마닐라(Manila)까지, 남쪽으로는 오늘날의 인도네시아령 반쟈르마신(Banjarmasin)까지 통치권을 행사하는 대왕국이었다. 1658년 왕실의 대정변 있은 후부터 쇄락의 길로 들어섰다. 1888년부터 1984년까지 영국의 보호령으로 있다가 독립하였다.

오늘날에는 석유부국으로 동남아의 강소국이자 절대왕권의 이슬람왕국이다. 브루나이의 국토면적은 5270평방킬로미터로 제주도의 세 배쯤 된다. 인구는 44만 명(2017년)이며 같은 해 국민 평균 연령이 31세로 나와 있다. 이 나라의 모든 수치는 법률로 엄격하게 통제하고 중앙 관리한다. 국가자산과 정부재정 문제를 비롯하여 국가안보와 사회적 안정을 해칠 수 있는 모든 수치가 이에 해당된다. 이슬람에 관한 문제나 여타의 종교와 종족문제도 이 범주 안에 든다. 2014년 수치로 이 나라 국민의 67퍼센트는 이슬람을, 13퍼센트는 불교를, 10퍼센트는 기독교를, 나머지 10퍼센트는 토착종교라는 통계가 있다. 이 나라에는 술탄왕국의 폭넓은 시혜(소득세가 없고, 의료와 교육을 국가가 책임진다)를 누릴 수 없는 비(非)시민권자들이 많다. 주로 브리티시 패스포트를 소지한 중국계들이다.

브루나이는 사우디아라비아와 함께 엄격한 이슬람율법 샤리아(Shariah)를 시행하는 나라로 유명하다. 모든 교육기관에서 이슬람 교육을 강조하고, 여타 종교의 포교행위와 교리에 관한 사소한 홍보도 불용한다. 이를 위반할 경우에는 내외국인을 막론하고 샤리아로 다스린다. 이 나라의 형식적인 종교의 자유는 개인의 '신념의 자유'로 해석되며, 이슬람 이외의 종교 행위는 매우 조심스럽다. 무갈(Mughal) 건축양식과 믈라유 전통양식이 조화롭게 배합된 술탄 오마르 알리 사이푸딘(Sultan Omar Ali Saifuddin) 이슬람궁전이 1958년에 완공되었는데, 아태지역을 통 털어 가장 아름다운 이슬람사원으로 꼽힌다. 부유한 왕국답게 모든 이슬람 사원은 아름답고 정갈하다. 불교 사원도 하나 있다. 이 나라 수도 반다르 스리 베가완(Bandar Sri Begawan)에 텡윤(Teng Yun)이라는 이름의 작은 불교사원 등운전(登云殿)이다. 100년 전인 1918년에 세워진 사원이다.

동남아 가톨릭 문화권의 불교문화

호세 빌라 빵가니반(Jose Villa Panganiban)(1903-1972)이라는 필리핀의 세계적인 사전학자(*lexicographer*)가 있다. 수많은 그의 업적 중에 하나가 타갈로그(Tagalog)어 3만 개의 어원을 추적하여 집대성한 것이다. 타갈로그어는 약 30퍼센트의 필리핀 국민이 오늘날 일상적으로 사용하는 언어이자 영어 사용을 선호하는 나머지 국민들이 이해하고 구사하는 제2언어이다. 타갈로그어는 영어와 함께 이 나라의 공식 언어이다. 300년 이상 지속된 스페인 통치시대(1521-1898)의 유산으로 스페인어 단어가 4,000개로 단연 1위다. 미국 통치시대(1898-1945)의 강력한 영어교육으로 영어 단어도 많다. 1,500개에 이른다. 중국 복건어(福建語)도 1,500개로 영어와 같다. 타밀(Tamil)어와 산스크리트어(300개), 아랍어(200개)도 순서에 든다. 이들 언어 상위에 믈라유어가 있다. 3,200개로 스페인어 다음이다. 필리핀이 인도네시아나 말레이시아와 같은 믈라유 문화권이라는 뚜렷한 물증이다.

필리핀 남부 민다나오(Mindanao)와 보르네오 북동부 사바(Sabah) 사이에 술루(Sulu) 바다가 있다. 이 바다를 가운데 두고, 서북쪽으로 빨라완(Palawan) 섬이 길게 늘어서 있고, 동남쪽으로 술루 열도(列島)가 전개 된다. 술루 열도의 중심에 인구 14만(2010)의 유서 깊은 역사도시 홀로(Jolo)가 위치한다. 홀로는 16세기와 17세기에 걸쳐 크게 번성했던 술루 이슬람술탄왕국(*Islamic Sultanate of Sulu*)의 도읍지였으며, 이 왕국은 1578년부터 1851년까지 거의 3세기 동안 독립적인 이슬람 술탄왕국을 유지했다. 이 왕국의 전성기에는 보르네오 북부의 브루나이 왕국과 쟁패하면서 필리핀군도 전역과 사바 지역까지 영향권 하에 두었다.

영국 주도로 진행된 싱가포르와 사라와크·사바를 포함한 말레이시아연방 결성(1963년 9월)에 이르는 과정은 순탄하지 못했다. 인도네시아는 연방이 결성된다면, 대 말레이시아 전쟁 불사를 선언했고, 필리핀은 강력하게 사바의 영유권을 주장했다. 오늘날까지도 필리핀 헌법에는 사바가 자국령으로 표기되어 있다. 이러한 분쟁의 와중에서 1963년 7월 마카파갈(Diosdado Macapagal) 필리핀 대통령의 제안으로 마필인도(Maphilindo)라는 3개 분쟁 당사국 간의 협력체가 탄생했다. 이를 오늘날의 아세안(ASEAN)의 모체로 보는 학자들도 있다. 마필인도는 말레이시아, 필리핀, 인도네시아 3개국이 모두 믈라유족이 중심인 믈라유 문화권의 나라라는 공통된 인식에서 출발한 것이다.

필리핀 사람들은 매우 종교적이다. 이들은 종교기념일과 축제에 열광적으로 참여한다. 아기 예수의 동상이 있는 마닐라의 퀴아포(Quiapo) 광장은 매 년 '검은 나사레노의 축제'(*Black Nazarene*)를 위하여 수십만 명의 군중이 몰려든다. 대부분의 도시 빈민들은 이 날

아기 예수의 동상을 만지면 구원을 얻을 수 있다는 굳은 믿음을 가지고 있다. '성주간'(聖週間: *Holy Week*)에는 종교적 헌신과 신의 은총에 보답하기 위해서 광신적인 신자들은 손톱으로 십자가를 파기도 하고, 죄를 용서받기 위해서 자신의 신체를 자해하기도 한다. '만령절'(萬靈節: *All Souls' Day*)에는 가톨릭 신자들이 죽은 사람들과 영혼의 대화를 위해서 가족들이 단체로 공동묘지를 찾는다.

이러한 필리핀 사람들의 종교적인 집착은 이 나라에서 종교와 정치가 서로 강하게 연계되는 전통을 만들었다. 필리핀 현대사에서 종교가 정치적으로나 사회적으로 영향력을 행사한 사례는 헤아릴 수 없을 만큼 많다. 스페인 통치자들이 필리핀에 식민통치를 효과적으로 전개하기 위하여 처음부터 가톨릭교회를 이용하였다. 필리핀 민족주의자들이 독립투쟁을 해 나갈 때에도 마찬가지였다. 미국의 식민통치시대가 내도하면서 새로운 식민통치자들은 가톨릭교회를 억제하는 대신 프로테스탄트를 통치매체로 활용하거나 통치도구로 이용하였다. 마르코스(Ferdinand Marcos: 1917-1989)는 교황을 맞이하기 위하여 계엄령을 해제하였다. 또한, 마르코스 독재정권을 타도하는 과정에서도 가톨릭과 프로테스탄트의 역할이 결정적이었다.

필리핀은 루존(Luzon), 비사야스(Visayas)군도, 민다나오(Mindanao) 등 세 군도군이 거느린 7,641개의 크고 작은 섬으로 구성된 군도대국이다. 국토면적은 301,780 평방킬로미터이다. 이 나라는 동남아의 3대 인구대국의 하나로 인도네시아 다음 순서인데, 최근 몇 년 사이에 1억 명을 돌파하였다. 2013년 세계은행 통계로 9,840만 명이었던 인구가 2018년 공식 통계로 1억 425만으로 증가한 것이다. 동남아의 3위 인구대국은 베트남으로 9554만 명(2017년)이다.

필리핀은 종교적으로 세속국가임을 전제로 헌법으로 종교의 자유를 보장하는 나라다. 이 나라는 전체 국민의 최소 92퍼센트가 기독교를 신봉하는데, 81퍼센트는 로마 가톨릭교도이며, 11퍼센트는 다양한 갈래의 프로테스탄트교도이다. 제2의 종교는 이슬람이다. 전체 인구의 약 5.6퍼센트가 무슬림이라는 정부 통계가 있고, 2012년에 국가무슬림위원회(NCMF: National Commission of Muslim Filipino)는 전체 인구의 11퍼센트인 1070만 명이 무슬림이라는 정부 당국과 다른 통계를 내놓았다. 약 2퍼센트 가량의 애니미즘이나 샤머니즘 같은 토착종교 신봉자들도 있다. 불교는 작은 숫자의 일본계 필리피노들과 중국계 후예들이 신봉하고 있다. 더 작은 숫자의 힌두교도들도 있다.

종교의 천국인 이 나라의 특이한 종교문화는 기독교의 다양성이다. 개신교와 필리핀 토착 기독교와 그리고 수많은 신흥 기독교파로 구성되어 있다는 점이다. 스페인 식민통치자들은 식민 지배를 시작하면서 자연현상 하나하나에 대해 별개의 신이 존재한다는 필리핀의 토착 애니미즘을 인정하고, 그 위에 기독교의 보다 전능한 신의 존재를 전파하였다. 이 종교정책은 성공을 거두어 대부분의 필리핀인들이 기독교로 개종하였다. 이로 인해서 스페인의 필리핀 식민통치는 필리핀 가톨릭교회라는 매개체를 통하여 비교적 안정적으로 순탄하게 전개되었다.

그러나 19세기 말부터 스페인에 대한 독립운동이 전개되면서 민족주의적 색채가 강한 토착적인 기독교세력이 생겨나기 시작하였다. 가장 대표적인 것으로 그레고리오 아글리파이(Gregorio Aglipay)가 세우고, 독립영웅 아귀날도(Emilio Aguinaldo)가 적극 지원한 필리핀독립교회(*Philippine Independent Church*)다. 당시 이 교회는 강력한 민족주의의 흐름 속에서 수많은 가톨릭 성직자를 끌어들이고, 한 때 가톨릭교회의 재산을 빼앗아 올 수 있을 정도로 교세가 막강하였다. 펠릭스 마날로(Felix Manalo)가 1914년에 세운 그리스도교회(*Church of Christ*)의 경우도 있다. 이 토착 기독교 종파는 매우 권위적이고 엄격한 교리가 특징이어서 신자들에게 청렴한 생활을 요구하고, 신자들의 헌금도 교회가 할당하며, 선거 때마다 교회가 지지할 후보를 정해 주기도 한다. 이 교회는 오늘날까지 필리핀독립교회와는 다르게 필리핀 전국에 걸쳐서 일정한 비율의 신자를 확보하여, 토착 기독교 종파의 하나로 남아 있다. 그럼에도 불구하고, 필리핀은 오늘날까지도 개신교 세력이 가톨릭교회의 지배적인 영역과 영향력을 넘볼 수 없는 세계 최대의 가톨릭 왕국이다. 이 나라에서 가톨릭교회는 종교면에서뿐만아니라 정치면에서도 가장 강력한 사회적 세력임이 분명하다.

필리핀의 초기 불교에 대한 자료는 거의 없다. 그러나 역사자료의 편린(片鱗)으로부터 필리핀군도에도 9세기경 불교가 전래되었을 것으로 판단하고 있다. 수마트라에서 자바와 보르네오(칼리만딴), 술라웨시를 거쳐 필리핀 군도를 연결하고 있는 대순다열도(*the Grater Sunda Islands*)의 일원인 필리핀도 6세기부터 13세기까지 순다열도 전역을 폭넓게 관장하고 있던 스리비자야 불교왕국의 영향권이었을 것이 분명하다. 9세기경의 스리비자야 불교유적이 필리핀에서도 발견되어 이를 뒷받침하고 있다. 바닷길이 이어져 있고, 상호 이익이 되는 정교한 교역망으로 연계되었으며, 믈라유어를 사용하는 믈라유족이 주인공이었다는 사실이다. 이를 토대로 9세기나 아마도 그 이전에 이미 원시불교의 한 갈래인 바즈라야나(Vajrayana)불교가 필리핀에 전파되었을 것으로 보는 것이다.

2010년 인구센서스에서 필리핀의 불교도는 당시 인구 9200만의 0.05퍼센트인 46,558명으로 조사되었다. 2퍼센트에 달한다는 자료(Wikipedia)도 있지만, 이는 신빙성이 떨어진다. 그러나 1억 인구를 넘어서 종교자유의 나라 필리핀에서 생활종교를 지향하는 필리핀 불교계의 노력 여하에 따라서는 다소 교세가 신장될 수 있을 것이다. 이 나라의 대도시에는 현대식으로 지은 불교사찰들이 꽤 많다. 대만(臺灣) 불교를 대표하는 불광사(佛光寺)가 마닐라에도 포교하고 있다. 메트로 마닐라에 위치한 호구앙산 마부하이 사원(Fo Guang Shan Mabuhay Temple)인데, 이곳도 불광산만년사(佛光山萬年寺)라 한다. 마닐라 관광명소의 하나로 널리 알려져 있다.

INDONESIA

제5장

인도네시아의 인도문화

INDONESIA

제5장 인도네시아의 인도문화

1. 산스크리트어와 바하사 인도네시아
2. 루피아(Rupiah)와 루피(Rupee)
3. 인도네시아의 인도인사회

초기 동남아 군소왕국의 지배자들은 왕권을 강화하기 위해서 산스크리트어와 힌두교와 불교신앙을 받아들였다. 대륙부를 대표하는 앙코르 왕국과 해양부를 대표하는 마자빠힛 왕국은 모두 힌두불교왕국이었다.

동남아의 지배자들은 산스크리트어와 인도 종교 이외에도 브라만 사제와 경전을 도입하였다. 새로운 인도의 문물은 동남아 현지의 전통과도 아주 잘 맞았다. 이들의 언어인 믈라유어 또한 고유한 독립적 언어로 발전하였으나, 부족한 문화어휘는 주로 산스크리트어에서 차용하였다.

동남아의 여러 나라들은 많게건 적게건 인도문화의 영향을 받았는데, 생활문화면에서 가장 큰 영향을 받은 나라는 단연 인도네시아이다. 인도 화폐 단위인 루피는 은(銀)을 나타내는 산스크리트어의 루피아(Rupiah)에서 유래했다. 그러므로 인도네시아의 루피아는 인도 화폐인 루피 어원의 모어(母語)를 채택한 셈이다.

세계 최대 이슬람 국가인 인도네시아의 국장(國章) 가루다(Garuda)가 힌두교 신앙에 등장하는 '번영의 신' 비쉬누(Visnu)를 상징하는 상상조(想像鳥)임을 염두에 두고 보면, 산스크리트어에서 차용한 단어인 루피아가 생소하지 않다.

인도네시아 군도는 일찍이 정교한 인도문화의 영향을 받았다.

계절풍에 따라 교역로가 열렸고, 힌두교와 불교문화와 산스크리트어가 뒤따랐으며, 곧이어 인도와 인적 교류와 물적 교류가 빈번하게 이루어졌다. 점차 교역을 통해서 접하는 새로운 문물과 경제적 이익에 큰 매력을 느끼게 되었다.

이러한 과정을 통하여 여러 계층의 인도인들이 인도네시아 군도에 내도하였다. 이들은 중국인들의 경우와 다소 다르게 종교적으로나 경제적으로 비교적 수월하게 인도네시아 사회에 정착하였다.

많지 않은 인도인들은 인도의 정체성의 유지발전보다 현지화를 선택하였다. 막강한 자금력과 유통구조를 유지하여야 하는 주요 경제 분야는 중국계에게 내주고 이들은 전문직종에서 두각을 나타내었다. 각종 사회적 불안소요와 소요에도 능히 생존할 수 있는 가장 안전한 방법을 터득한 것이다.

다양한 인도네시아 사회를 구성하는 소수종족의 일원으로서 인도인들은 인도네시아화를 통해서 정치적으로나 경제적으로 보장받고 있으며, 이를 바탕으로 하여 최소한의 인도 정체성을 유지하고 있다.

제5장 '인도네시아의 인도인 사회' 편은 동남아학 총서 (전 15권) 중 <동남아-인도 관계론>에서 발췌하여 재작성한 것임.

산스크리트어와 바하사 인도네시아

인도네시아의 민족주의운동은 20세기 초 네덜란드 식민통치 하에서 일기 시작하였다. 당시 군도국가의 특성 때문에 종교적·지역적 유대가 결여된 이 나라에서 민족적 주체성과 동질성 계발의 필요성이 민족 엘리트 사이에서 폭넓게 대두되었는데, 네덜란드 식민통치 말기의 사회적·정치적 혼란 속에서도 점차 문화면으로 관심이 집중되기 시작하였다. 지난 수세기 동안 하나의 지역 언어로만 사용되었던 믈라유(Melayu)어를 기초로 새로운 토착문학이 발아하였고, 마침내 다종족 사회에서 중립적으로 사용하는 언어로 발전하였다. 믈라유어는 인도네시아 군도에서 가장 큰 종족인 쟈바족이 사용하는 쟈바(Jawa)어와 거리가 있었으므로 쟈바 우월주의를 내포하지도 않았다. 믈라유어를 매개로 한 문학이 급속하게 발달함에 따라 인도네시아 지식인들은 믈라유어를 바하사 인도네시아(bahasa Indonesia)라고 칭하기 시작했다. 국가의 통일성과 국민의 단결을 위해서 필수적인 인도네시아의 국어(國語)는 믈라유어 문학의 발전으로 탄생하게 되었다.

1918년에 이미 대부분이 믈라유어(바하사 인도네시아)로 된 40여

종의 신문이 발간되었다. 1925년까지 약 200종으로 증가하였으며, 1938년에는 400여 종의 일간지를 비롯하여 주간지와 월간지가 발행되었다. 현대문학도 크게 발전했는데, 주로 수마트라 미낭까바우(Minangkabau) 종족 출신 작가들이 주도적인 역할을 담당했다. 인도네시아의 현대화 과정에서 이들의 문학 활동이 활력소로 작용하였는데, 인도네시아 군도의 수많은 지역 언어 중 미낭까바우어가 믈라유어와 바하사 인도네시아에 가장 가까웠다. 1922년 마라 루슬리(Marah Rusli)는 미낭까바우의 전통적인 가치관과 현대적 물질문명의 충돌로 야기된 비극적인 사랑을 다룬 최초의 현대소설인 〈시띠 누르바야(Siti Nurbaya)〉를 출판했다. '이루지 못한 사랑(Kasih Tak Sampai)'이라는 부제가 달린 이 현대소설은 이광수의 〈무정(無情)〉이나 토마스 하디(Thomas Hardy)의 〈테스(Tess)〉처럼 당시의 수많은 여성 독자들의 심금을 울렸다.

인도네시아 국민의 단결을 향한 문화적·정치적 조류가 바타비아(Batavia)(오늘날의 자카르타)에서 열린 인도네시아청년회의로 연결되었다. 1928년 10월 28일의 제3차 청년회의는 '숨빠 뻐무다(Sumpah Pemuda)'로 명명된 선언을 내놓게 되었다. '젊은이의 맹세'라는 의미의 선언에서 인도네시아 젊은이들은 이 나라 민족주의운동의 이정표를 세웠다. '하나의 조국-인도네시아(satu negara, negara Indonesia)', '하나의 민족-인도네시아 민족(satu bangsa, bangsa Indonesia)', '하나의 언어-인도네시아어(satu bahasa, bahasa Indonesia)'라는 맹세를 자신들의 궁극적인 목표로 채택하였다. 인도네시아 국어(bahasa Indonesia)가 탄생한 것이다. 이러한 젊은이들의 국가 목표를 변화를 통하여 인도네시아인들은 점차로 자신들은 비록 여러 군도에 흩어져 살고 있지만, 모두가 똑 같은 인도네시아인(orang Indonesia)이라는 공통된 인식이 가장 중요하다는 것이었다. 이를 바탕으로 쟈바인 · 순다인 · 미낭까바우인 등 자신이 속한 종족 그룹이 있고, 무슬림 · 기독교도 · 불교도와 힌두교 등 자신이 가진 종교 그룹으로 세분된다는 자아의식을 가지게 되었다.

1945년 8월 인도네시아가 독립하면서 발표한 인도네시아 45년 헌법(UUD-45)에 바하사 인도네시아는 인도네시아 국어로 명문화되었다. 인도네시아 국어의 원천이 된 믈라유어는 7세기경부터 말라카 해협 인근에서 본격적으로 사용되기 시작하였다. 이어서 인도 문화의 유입으로 산스크리트어와 아랍어, 그리고 점차로 유럽언어로부터 다양한 문화어휘(*cultural vocabulary*)가 차용되었다.

12세기부터 14세기에 이르는 바다의 실크로드시대(*the Silk Voyage*)에 말라카해협의 중앙부에 위치한 말라카 왕국은 동방교역의 중심지였다. 『말레이시아 역사』(Sejarah Melayu)는 당시 말라카 왕국과 교역을 위해서 전 세계 80여 개 지역에서 무역상들이 모여들었다고 쓰고 있다. 믈라유어는 당시 가장 중요한 국제교역 통용어였을 것이다. 계절풍에 따라 인도와 바닷길이 연결되어 있던 말라카 인근 해협의 최대 무역왕국이었던 말라카 왕국의 언어 믈라유어에 인도 고어 산스크리트어가 가장 많은 영향을 미쳤을 것이 자명하다.

인도 고어인 산스크리트어는 인도유럽어족(印歐語族)에 속하는 것으로 인도 서북쪽에서 남하한 아리안족의 언어이다. 산스크리트어는 라틴어 보다 변화가 더 규칙적이기 때문에 어순을 다양하게 변화시킬 수 있는 언어지만, 일상 언어로 보편화되어 발달되지 못하고 정교한 문학 언어의 기능이 중시되었다. 라마야나(Ramayana)와 마하바라타(Mahabharata)가 바로 산스크리트어로 쓰여 졌으며, 수많은 동남아 버전으로 번안되었다. 오늘날 800개의 언어와 2000개의 방언이 사용되고 있는 인도에서 정부기관의 소통언어로 힌디(Hindi)와 영어가 쓰이고 있다. 인도 동북쪽 네팔 서부에 위치한 우타라칸드(Uttarakhand) 주(인도의 27번째 주)에서는 오늘날 소통언어 이외에 산스크리트어를 공용어로 채택하고 있다.

서기 1세기경부터 말라카 해협을 중심으로 동남아 군소왕국의 지배자들은 자신과 왕국의 권력과 권위를 강화하기 위해서 산스크리트어와 힌두교와 불교신앙을 받아들였다. 인도에서는 처음부터 불교와 힌두교를 구분하였지만, 동남아에서는 구분하지 않았다. 대륙부를 대표하는 앙코르 왕국과 해양부를 대표하는 마쟈빠힛 왕국은 모두 힌두불교왕국이었다. 산스크리트어와 인도의 종교는 동남아의 지배자들에게 왕국을 굳건하게 육성하는 새로운 지식을 제공하고, 위대한 지배자를 창출하고, 시바신과 비시누신과 붓다의 가르침을 전수하였다. 인도종교의 수행방법인 고행과 명상은 지배자들의 무용(武勇)과 영적 능력을 증가시키는 수단이었으며, 동남아 현지의 전통과도 아주 잘 맞았다. 동남아의 인도화 또는 인도문화화는 현지 지배자들의 목적에 맞게 충실하게 적용되었지만, 그렇다고 해서 인도 고유의 것을 그대로 도입한 것은 아니었다. 블라유어가 이를 증명하고 있다. 블라유어는 오스트로네시아어족

(*Austronesian*)에 딸린 고유한 독립적 언어로 말라카 해협언어로 발전하여 누구나 쉽게 구사할 수 있었는데, 부족한 어휘를 산스크리트어와 여타의 다양한 언어로부터 차용하였다.

동남아 믈라유어 문화권에서 가장 먼저 국어운동을 전개하고 가장 먼저 독립 국가를 이룬 인도네시아는 바하사 인도네시아를 전 군도의 다양한 종족들에게 전파하는 데 심혈을 기울였다. 국립 인도네시아대학(UI: Universitas Indonesia) 문과대학이 1990년 전국의 언어 표본조사를 한 결과에 따르면, 인도네시아에는 약 300여의 종족이 분포되어 있고, 약 600개의 종족언어(지역 언어)가 있다고 했다. 이들 중 약 90퍼센트는 바하사 인도네시아어를 구사할 수 있지만, 종족어 만을 이해하는 부류가 당시에 전체 인구의 10퍼센트에 달했다. 일상생활 속에서 바하사 인도네시아를 구사하는 사람들도 가정에서는 종족어 사용을 선호하는데, 특히 부부가 같은 종족 출신인 경우에 그렇다. 바하사 인도네시아를 구사하는 인도네시아 사람들은 정부의 국어정책으로 꾸준하게 증가하고 있는 것으로 확인되었다. 가장 최근의 자료(2012년)에는 바하사 인도네시아를 이해하고 구사할 수 있는 인구가 전체 국민의 97퍼센트를 상회하는 것으로 나타났다.

바하사 인도네시아에 비해서 다소 늦게 국어로 채택된 말레이시아어와 브루나이어는 각각 독립국가의 언어로 인도네시아어와 다소 간의 차별성 갖기를 원했다. 영국이 식민통치한 말레이시아의 국어(말레이시아어)에는 인도네시아어 보다 영어 단어를 믈라유어화한 단어가 많이 발견되며, 인도네시아어가 강조하는 'r' 발음을 상대적으로 약하게 발음한다. 청자(聽者)에 따라 다르겠지만, 말레이시아에서 마하티르(Mahathir)는 '마하티'로, 안와르(Anwar)는 '안와'로 발음한다. 같은 영국 식민통치를 받은 브루나이의 경우도 말레이시아처럼 많은 영국식 단어를 많이 차용하고 있지만, 믈라유어 발음은 인도네시아어에 가까운 것으로 보인다. 중요한 한 가지 상이점은 인도네시아에서는 바하사 인도네시아가 누구에게나 부담 없이 통용되지만, 말레이시아에서 외국인이 중국계나 인도계 주민들에게 믈라유어(말레이시아어)를 사용하면 다소 낯설게 반응한다. 브루나이에서는 그렇지 않다.

손쉬운 자료를 뒤적여 보았더니, 현재 바하사 인도네시아에서 사용하는 산스크리트어 단어가 많은데, 일부 변용된 것도 있고, 같은 의미로 산스크리트어와 똑 같이 사용하는 단어들도 꽤 많다. 전자는 angka(숫자), bahu(어깨), cinta(사랑), beda(구분), hina(비천한), karena(때문에), muka(얼굴), neraka(지옥), putra(아들), puasa(단식), rupa(형태), singa(사자), sastra(문학), wijaya(승리) 같은 것들이고, 후자는 bahasa(언어), bangsa(종족), bumi(땅), karya(일), maha(큰, 위대한), mulia(고귀한), naga(용), nama(이름), pertama(첫 번째), rahasia(비밀), raja(왕), surga(천국), sutra(비단), warna(색깔) 등이다.

산스크리트어에서 온 도시 이름 족자카르타(Yogyakarta)는 하멩꾸부워노(Hamengku Buwono) 술탄 왕가의 본거지다. 이곳에 이모기리(Imogiri)라는 술탄 왕실의 역대 왕능이 보존되어 있는 아담한 동산이 있다. 이모기리는 히마기리(Himagiri)에서 변용되었는데, 히마(Hima)는 설산(雪山)이라는 뜻으로 히말라야(Himalaya)에서 왔고, 기리(giri)는 산(山)이라는 뜻이다. 인근의 유명한 화산 브로모(Bromo)도 힌두 신앙의 창조의 신 브라만(Brahman)에서 온 것이다.

우리 문화에도 산스크리트어의 영향을 많이 발견할 수 있다. 우리가 범어(梵語)로 구분하고 있는 단어들이 산스크리트어에서 온 것이다. 석가모니의 열반지인 구시나라(拘尸那羅)는 구시국(拘尸國)을 지칭하는데, 나라(那羅)는 국가라는 의미로 우리말에도 국가를 '나라'라고 한다. 우리나라의 나라는 우리말이 된지 오래지만, 산스크리트어에서 발원한 것이다. 우리가 쓰는 범어에는 불교용어가 많다. 불타(佛陀)는 붓다(Buddha)에서, 열반(涅槃)은 니르바나(nirvana)에서, 보살(菩薩)은 성불을 위해서 힘 써 수행하는 사람을 지칭하는 보리살타에서, 사리(舍利)는 사리라(sarira)에서 나왔다. 사리라는 열반에 든 성인의 유골을 화장할 때 발현(發現)하는 오색영롱한 작은 구슬을 지칭하는데, 불에 녹지 않고 깨지지 않으며 일체의 화학반응도 하지 않는다고 한다.

대학입시를 준비하던 시절에 균여전(均如傳)에 대해서 공부한 기억이 있다. 고려 문종 29년(1075년)에 혁연정(赫連挺)이라는 사람이 고려조 초기의 고승 균여대사의 일생을 담은 책인데, 이 책에 오늘날까지 전해 내려오는 향가(鄕歌) 11수가 담겨있다고 한다. 이 균여전에 향찰(鄕札)이라는 이름이 나오는데, 향찰의 표기법이 인도 범서(梵書)의 표기법과 같다는 것이다. 조선조 성종 시대의 문신이자 학자였던 성현(成俔: 1439-1404)의 대표저술인 용제총화(熔齊叢話)에도 산스크리트 문자에 관한 이야기가 나온다고 한다. 우리나라에도 일찍이 산스크리트어(문자)의 존재가 알려져 있었던 것이 분명하다. 고려조는 중국 남송(南宋)을 통하여 바다의 실크로드와 연계하면서 국제교역에 힘썼다. 코리아(Korea)가 이때부터 국제적으로 알려지기 시작하였고, 고려삼(高麗蔘)이 실크로드를 따라 동남아 여러 나라에 진기한 고가의 인기상품으로 자리매김하게 되었다. 고려로 돌아오는 귀로에 다양한 동남아 특산물과 함께 산스크리트 문자가 쓰인 책자들이 실려 왔을 것이다.

루피아(Rupiah)와 루피(Rupee)

한국전쟁의 후유증이 가시지 않고 있던 1959년 막 중학생이 된 필자가 처음 맞는 여름방학에 당시 영어 교수셨던 선친께서 방학 동안 영어 교과서 한 권을 다 외우면, 100환을 주시겠노라고 약속하셨다. 그 때 영어 책 제목이 〈월드(World)〉로 기억하는데, 제5과에 "해브 유 어 바이시클(Have you a bicycle?)"이 나온다. 해브 유 어 바이시클? 예스, 아이 해브. 해스 앨리스 어 바이시클 투? 노, 쉬 해스 낫. 쉬 해스 어 토이 카. 100환짜리는 진한 빨강색이었는데, 어림짐작으로 지금의 1000원 권 1/3의 크기로 작았다. 필자가 영어 책 월드를 통 채로 다 외웠을 것 같지는 않다. 그러나 당시의 가장 큰 돈이었던 100환짜리 한 장을 손에 쥘 욕심으로 어린 시절 그 해 한 여름방학을 영어 책을 열심히 펼쳤다가 덮었다가 하며 지냈을 것이다.

우리나라의 공식적인 화폐 역사는 1901년부터 시작되었다. 고종 임금 재위 39년(광무 5년)이었던 그 해 환(圜)을 단위로 하고 금본위 제도를 바탕으로 한 화폐제도가 공표되었다. 환의 하위 단위가 전(錢)이었는데, 100전이 1환이었다. 이전부터 통용되었던 조선 왕국

고유의 양(兩)과 1984년 대한제국으로 국호를 바꾸면서 사용하기 시작한 원(元)에 더하여 새로운 통화인 환이 등장하여 큰 혼란을 빚었다. 대한제국 시대(1897-1910) 때 부분적으로 통용되던 원은 중국의 화폐 단위인 원(위안)을 우리의 한자음으로 읽은 것이다. 그러므로 오늘날의 중국화폐 위안화(貨)가 우리나라에서 이미 100년 전에 한 때 유통된 셈이다. 조선조의 화폐 단위였던 양(량)의 하위 단위이자 엽전을 세던 단위로 푼(分)이 있었다. 푼은 '한 푼 두 푼'처럼 스스로 적은 액수라고 여길 때, 화폐단위와는 다소 다른 의미로도 사용되었다. "장사꾼은 오(5)리(厘)를 보고, 10리(里)를 간다." 같은 속담에서 찾아볼 수 있는 화폐단위(리)도 있었다. 리는 실제로 통용되지는 않았지만, 화폐단위의 의미를 가졌던 푼의 하위단위였다.

한일합방(1910년)으로 국권이 침탈된 후, 일본의 화폐단위인 원(圓)이 식민통치 기간 중 사용되었다. 이 화폐 단위는 1945년 광복 이후에도 그대로 사용되다가 1950년 한국전쟁 발발로 악성 인플레이션이 기승을 부리자 이를 완화시키는 방안으로 기존의 일본제일은행권 원(엔)을 한국은행권 원(圓)으로 교체 발행하였다. 이 새로운 한국은행권은 한국전쟁의 와중인 1953년 2월 15일 대통령 긴급명령으로 100원을 1환으로 교환하는 화폐개혁으로 수명을 다하게 되었다. 군사혁명 직후인 1962년 6월 9일 긴급통화조치로 10환을 1원으로 교환하는 제2차 화폐개혁이 있었고, 새로운 원(순수한 우리말 단어)화 시대가 열린 후 오늘날에 이르고 있다. 우리가 사용하고 있는 원화(貨)는 대한제국의 환(圜)에서 일본제일은행권 원(圓)으로 바뀌고, 한국은행권 원(圓)이 잠시 쓰이다가 환으로 환원되어 약 10년

간 통용된 후 오늘날의 통화 원으로 자리 잡게 된 것이다.

2014년 11월부터 100달러짜리 미국 지폐가 신권으로 대체되었다. 100달러짜리 지폐의 2/3가 미국 밖 전 세계에서 사용되고 있고, 달러 위조가 빈번하게 발생하자 이를 방지하는데 주력하였다고 한다. 신권 100달러짜리는 아래와 위로 움직이면 지폐 속의 숫자 100과 종 모양의 그림이 좌우로 움직이고, 좌우로 기울이면 상하로 움직인다. 100달러짜리 지폐는 지금까지 네 번 디자인이 바뀌었는데, 매 번 위폐 방지가 목적이었다. 북한은 슈퍼노트(*super note*)로 알려진 정교한 100달러짜리 위폐를 만들어 유통시킨 적이 있다. 화폐 감식기를 통과할 만큼 정교하였다니 놀랍다. 북한 외교관들이 해외에서 슈퍼노트를 현지화로 환전한 후 그 돈으로 다시 달러를 사서 평양으로 송금하였다는 것이다. 1989년 마닐라 은행에서 처음 발견된 슈퍼노트 때문에 미국은 1996년 100달러짜리 도안을 변경하고, 북한을 슈퍼노트 제조국으로 지목한 바 있었다.

미국에서 발행하는 달러(dollar)는 미국 통화뿐만 아니라 전 세계가 사용하는 가장 영향력 있는 국제통화다. 달러 이전에는 전 세계에 걸쳐 식민지를 보유하고 있던 영국의 파운드(pound)화(貨)가 국제통화로 널리 쓰였다. 파운드화는 1944년 국제통화기금(IMF)의 창설과 함께 달러에게 국제통화의 상석(上席)을 내 주었지만, 금(金)과 함께 계속해서 국제통화의 지위를 유지하고 있다. 파운드화는 유로 달러와 자주 마찰해 왔다. 영국이 EU를 탈퇴한 한 가지 이유이기도 하다. EU국가들이 그동안 영국은 왜 유로 달러를 쓰지 않고 파운드를 고집하느냐고 항의해 왔지만, 영국은 파운드화의 국제통화 자리를 포기하고 싶지 않았던 것이다. 오늘날 영국에서는 유로 달러와 파운드가 같이 쓰인다. 관광객들이 유로 달러를 내면 거스름돈은 파운드로 내 주는 식이다. 미국 경제성장의 둔화에 따라 미국 달러의 위력이 다소 약화될 기미가 보이자 일본의 엔(圓)화와 중국의 위안(元)화가 국제통화 자리를 넘보고 있다.

달러는 원래 유럽에서 널리 통용되던 은화(銀貨)를 지칭하는 용어였다. 이 은화의 원조는 독일에서 화폐로 사용하던 요아힘스탈러(Joachimsthaler)로 탈러(thaler)로 약칭했다. 탈러는 오늘날 체코의 영토인 보헤미아(Bohemia)의 요아힘스탈(Joachimsthal) 지방에서 유래한다. 이 지방의 산악지대인 성 요아힘(St. Joachim) 계곡에서 1516년 양질의 은광이 발견되어 많은 사람들이 몰려들었고, 1519년 거주민이 5천에 이르자 왕의 칙령으로 자유산악지대라는 특별 관리지역이 되었다. 계곡 이름도 이 때 요아힘스탈(요하임의 계곡)이 되었다. 1993년 체코와 슬로바키아로 분리되면서 체코에 속하게 된 보헤미아 지방은 예로부터 기름진 농지와 풍부한 광산자원을 배경으로 체코의 심장부였다. 수도 프라하도 이곳에 위치한다. 16세기에 이곳은 신성로마제국(962-1806)으로 교황의 권위에 맞서 제국으로 국세가 팽창되었던 독일의 지배하에 들어갔던 역사를 가지고 있다.

독일 제국 치하의 보헤미아는 다양한 광물의 보고로서 당시 유럽의 산업중심지였다. 이곳에서 양질의 은이 많이 생산되었는데, 당시 전 유럽에서 생산되는 은의 1/3이 이곳에서 채광되었다. 이 지역 실력자였던 귀족 가문에서 비밀리에 은화를 제조하였는데, 이 때 만들어진 은화가 요아힘스탈러다. 이 은화는 초기에 요아힘스탈러에 굴덴(gulden) 또는 그로쉔(groschen)을 붙였다. 굴덴과 그로쉔은 각각 네덜란드와 중세 독일의 화폐단위였다. 점차 수요가 증가하면서 이 은화는 요아힘스탈러 또는 탈러그로쉔(Thalergroschen)으로 불리다가 탈러로 약칭하게 되었다. 이 탈러가 세계적인 명성을 가지면서 유럽 강대국들의 화폐를 지칭하는 대명사로 자리 잡았다. 당연하게 이들 국가들이 제조한 은화 명칭에도 영향을 미쳤다. 그러나 정작 달러의 기원이 된 독일은 1873년 탈러에서 마르크(Mark)로 화폐 명을 바꾸었다.

미국은 오랫동안 독립적인 화폐와 통화체계를 가지지 못하였다. 영국 식민지 하에서는 물론이고 1776년 독립선언 이후에도, 1783년 9월 대영제국이 미합중국의 독립을 승인한 파리조약 이후에도 한 동안 영국·프랑스·스페인 등의 외국화폐와 각 주정부에서 발행하는 화폐를 혼용하였다. 1785년 7월에 이르러 의회가 화폐 단위를 달러로 지정한다는 법률을 공표하였다. 미국 의회가 달러를 채택한 배경에는 영국 파운드화에 대한 반감과 스페인의 중남미 식민지 통화인 도레라(Dolera) 은화가 이미 국내에 널리 유통되고 있었던 까닭이다. 그 때까지 국내에서 은광을 발견하지 못했던 미국이 중남미의 통치 지역에 많은 은광을 가지고 있던 스페인에 면화·밀·담배 등을 수출하고 주로 은화를 받았는데, 그것이 바로 도레라였다. 미국 달러화의 발음은 스페인 은화 도레라의 영어식 발음에서 발전된 것이다. 미국 달러를 나타내는 기호인 $는 달러의 첫 글자 D와는 아무런 관련이 없다. S는 15세기까지 유럽에서 통용되었던 로마제국의 금화를 나타내는 쏠리두스(Solidus)의 첫 글자이다. S를 장식하여 $라는 기호를 만들어 미국 달러를 나타내는 기호로 사용하고 있다.

달러가 미국의 단일 통화로 정착되는 데는 많은 시간이 걸렸다. 1792년 화폐주조법이 제정된 후 1794년부터 본격적으로 주화(鑄貨) 제작에 들어갔다. 중남미로부터 은을 수입하여 도레라화와 마찬가지로 1/500달러짜리(하프 센트)로부터 10달러짜리(이글)까지 10종류의 주화를 만들었다. 처음부터 미국은 파운드화와 차별화하기 위해서 화폐 체계에 10진법을 도입하였다. 파운드화는 오래 동안 12진법과 20진법을 사용하다가 1971년에 이르러서 비로소 10진법으로 바뀌었다. 19세기 중반 대규모의 금광과 은광이 속속 발견되면서 금화도 주조하여 은화 대비 금화의 비중을 높여 나갔다. 이에 따라 통화제도도 금과 은의 복본위제도에서 금본위제도로 정착되었다. 1913년 12월에는 오늘날의 연방준비제도(*Federal Reserve System*)를 출범시켜 연방지폐인 달러를 제외한 모든 종류의 지폐 발행을 중단하면서 달러화의 국제통화 시대를 열었다(인터넷 자료에서 일부 재인용).

인도네시아 루피아(Rupiah)화의 기원은 어떻게 될까? 인도 화폐 루피(Rupee)의 영향을 받았다. 동남아의 여러 나라들은 많게건 적게건 인도문화의 영향을 받았는데, 생활문화면에서 가장 큰 영향을 받은 나라는 단연 인도네시아다. 루피는 은(銀)을 나타내는 산스크리트(Sanskrit)어의 루피아(Rupiah)에서 유래했다. 그러므로 인도네시아의 루피아는 인도 화폐인 루피 어원의 모어(母語)를 채택한 셈이다. 세계 최대 이슬람 국가인 인도네시아의 국장(國章) 가루다

(Garuda)가 힌두교 신앙에 등장하는 '번영의 신' 비쉬누(Visnu)를 상징하는 상상조(想像鳥)임을 염두에 두고 보면, 산스크리트어에서 차용한 단어인 루피아가 생소하지 않다. 우리나라와 중국에서 범어(梵語)로 알려져 있는 산스크리트어는 힌두교와 대승불교와 자이나교의 경전 언어이며, 수많은 인도어 계통 언어의 고급 어휘의 근간을 이루고 있기도 하다.

1605년 이래 350여 년 간 인도네시아를 식민통치한 네덜란드는 1610년에 자국의 길더(*Guilder*)화를 인도네시아에 소개했다. 이 네덜란드어의 길더가 영어로 굴덴이고, 유럽에서 흔히 더치 굴덴(Dutch Gulden)으로 불린다. 1818년 네덜란드는 식민지 인도네시아에서 독자적으로 통용시킬 목적으로 네덜란드령동인도굴덴(Gulden Hindia Belanda)을 주조하기 시작했다. 당시 동인도굴덴의 하위 단위로 뻬락(perak)이 있고, 그 아래 센(sen)이 있었다. 뻬락은 은(銀)이라는 뜻이며, 1굴덴은 10뻬락 또는 100센이었다. 유로화를 사용하기 시작한 2002년 이전에 길더(굴덴)의 하위 단위는 센트(*cent*) 뿐이었다.

루피아나 뻬락은 은에서 출발했다. 말레이반도 북쪽에는 뻬락주(州)가 있고, 인도네시아 군도에도 수라바야 인근의 딴중 뻬락(Tanjung Perak)이나 서부 자바의 찌 뻬락(Ci Perak)처럼 은(뻬락)이라는 명칭이 포함된 지명이 많다. 은산지가 많다는 뜻이다. 국제 비철금속 시장에 비교적 널리 알려진 인도네시아의 은산지로는 수마트라 리아우(Riau)주의 벙깔리스(Bengkalis)와 로가스(Logas), 북부 술라웨시의 볼라앙 모논다우(Bolaang Monondow), 서부 자바의 찌꼬

똑(Cikotok), 아쩨(Aceh)의 메우리보(Meuleaboh), 수마트라 남서부의 레장 르봉(Rejang Lebong) 등이 있다. 말레이시아 화폐 단위 링깃(Ringgit)은 어디서 발원했을까. 스페인 도레라 은화의 둘레를 장식한 톱니 모양(*serrated edges*)에서 따왔다. 인도네시아 루피아는 Rp으로, 말레이시아 링깃은 RM(Malaysian Ringgit)으로 약식 표기한다.

일본의 식민통치기간(1942-1945) 중 일본 식민통치자들은 통화 굴덴은 물론이고 네덜란드와 연합국이 관련된 어떠한 상징물의 사용도 허용하지 않았다. 굴덴을 일본 통화와 교체하지도 않았다. 대신에 전쟁통화인 군표(軍票)를 발행하였는데, 이 때 등장한 것이 바로 동인도루피아(Hindia Belanda Rupiah)였다. 일본 식민당국이 루피아라는 명칭을 사용한 이유는 명확하지 않으나, 일본이 네덜란드를 포함한 서구를 배격하고 동양적인 요소들을 서둘러서 수용하였는데, 그 과정에서 동양문화의 상징인 인도의 문물을 우선했을 것으로 여겨진다. 이 때 인도 통화 루피(Rupee)가 루피아(Rupiah) 차용에 결정적인 역할을 하였을 것이다. 오늘날까지도 인도와 인도 인근국가인 파키스탄·스리랑카·네팔 등은 모두 루피(Rupee)를 자국 통화로 사용하고 있다.

1945년 일본이 물러나고 영국 등 연합군이 인도네시아에 진주하면서 연합군의 주도로 오늘날 인도네시아 중앙은행(Bank Indonesia)의 전신인 쟈바 은행(Bank Jawa)에서 쟈바 루피아(Rupiah Jawa)를 찍어냈다. 혼란기의 통화체계를 안정시킬 목적도 있었지만, 네덜란드의 재진주와 동시에 다시 유통되기 시작한 네덜란드 굴덴을 대체하기 위한 조처였다. 인도네시아 정부도 곧 중앙은행을 통해서 인도네시아공화국 화폐(Oeang Repoeblik Indonesia)를 발행하기 시작했다. 본격적인 루피아화 시대가 개막된 것이었다. 그러나 리아우(Riau)주와 이리안(Irian)주(오늘날의 Papua주)에서는 한 동안 루피아 이외에도 영국과 네덜란드 화폐가 통용되었다. 즉, 리아우에서는 1963년부터 1964년까지 영령말라야보르네오달러(Malaya British Borneo Dollar)가, 이리안에서는 1963년부터 1973년까지 네덜란드 굴덴이 유통되었다.

선친께서 약속하신 100환이 지금 화폐 가치로는 얼마나 될까? 군사혁명 직후인 1962년 6월 긴급통화조처로 10환이 1원으로 바뀌었고, 1962년 당시 물가가 오늘날의 1/50수준이었다는 기록을 근거로 역산해 보면, 1환은 5원이 되고, 100환은 500원이 된다. 중학교 1학년 아들한테 달랑 500원 동전 하나를 약속하며, 영어 교과서 한 권을 몽땅 외우라는 명할 요즘 아빠가 있을까? 어림짐작으로도 당시 화폐의 가장 큰 단위였던 100환은 오늘날의 최고액권인 5만 원 권 한 장의 가치는 될 것이다. 그러나 이 세상에는 화폐가치로 환산할 수 없는 것들이 헤아릴 수 없이 많다. 선친께서 명하신 영어책 외우기가 바탕이 되어 부족한대로 어디서나 영어로 소통할 수 있는 필자의 평생 자산이 된 것도 그 중의 하나이다.

인도네시아의 인도인사회

20세기 초까지만 해도 오늘날의 인도네시아공화국(Republik Indonesia)가 하나의 통일된 국가로 성립할 수 있을지를 예견하기 어려웠다. 350여 년 간 이 나라를 식민통치한 네덜란드가 인도네시아 전역에 통치력을 구사하게 된 시기도 1910년경부터였다. 그 후 1920년대에 들어서야 비로소 인도네시아라는 국가출현의 첫 번째 징후라고 볼 수 있는 사회단체가 나타나기 시작했다. 이에 해당하는 사회적 집합체는 부디 우또모(Budi Utomo)였는데, 초기에는 쟈바 대도시의 학생들이 주축이 되었다.

점차 새로운 국가형성의 핵심이 될 새 사회집단들은 그 수가 빠르게 증가했다. 그들은 가족생활과 여러 사회활동에 있어서 동질성을 바탕으로 종족적인 합병을 추구하게 되었다. 지역에 기초한 종족 집단의 통합 문제와는 별도로, 외국에서 이주하여 인도네시아에 정착한 외래인 집단들과의 통합 문제가 발생하였다. 수 세기 동안 여러 나라에서 외래인들이 인도네시아로 이주해 왔다. 이들의 출신 국가별로는 중국과 인도가 가장 많았고, 아랍권과 포르투갈 · 스페인 · 네덜란드 · 독일 그리고 영국 등이 순서에 들었다.

네덜란드인들은 사실상 전체는 아니지만 인도네시아 군도의 대부분을 전 식민통치 기간 동안에 점진적으로 확대하며 지배했다. 인도네시아에서의 식민지배는 이어서 네덜란드동인도회사(VOC)로 발전되었다. 네덜란드인들의 이주로 생겨난 결과 중에 하나는 원주민과 분리된 외래인종 집단이 인도네시아 군도에 형성되었다는 사실이었다. 오늘날까지 이들 대부분은 원주민들과 분리된 채로 남아있는데, 현재 가장 큰 외래인종 집단은 동양계로는 중국인·인도인·아랍인이며, 그리고 유럽인들은 네덜란드인과 독일인 그리고 그들의 후손들이다. 이들 외래인종 집단들은 인도네시아가 하나의 국가로서 출현할 때, 필연적으로 자신들의 통합문제를 제기하였다.

1930년 인도네시아의 네덜란드 식민정부는 인종적 정체성과 연관된 인구조사를 시행하였다. 이때의 인구조사에 따라 자신들을 인도계로 간주하는 사람들의 통계 수치가 포함되었다. 그러나 자신들을 인도계로 간주하는 인도네시아인의 수는 실제로 인도인의 수치와 동일하지 않았다. 왜냐하면 당시만 해도 인도계 인도네시아인의 많은 숫자는 자신들을 인도인으로 동일시하지 않았기 때문이다. 따라서 결과적으로 이들은 인도계의 전체 수를 나타내는 통계 수치에 포함되지 않았다.

종족이나 민족의 구분에 따른 정체성의 고양(高揚)보다 국가의 통합을 우선적으로 강조하는 오늘날의 인도네시아 정부는 여러 차례의 인구조사에서 이데올로기적인 이유를 들어 종족 또는 민족의 정체성에 관련된 질문을 제기하지 않았다. 따라서 인구조사가 이루어 졌을 때, 인도네시아에서 인도계 개개인의 전체를 나타내는 통계 수치가 나타나지 않았다. 다만 일부지역의 지엽적인 통계는 종종 발견되고 있다.

인도네시아 주재 인도 대사관도 인정한 1980년대 후반의 한 자료에 의하면, 쟈카르타에는 약 6,000명의 인도인들이 거주하고 있다고 했다. 이들 중 씬드인(Sindhi)들이 계속해서 다수를 이루고 있는데, 당시 대략 3,500명인 것으로 추산되었다. 이들은 대다수가 인도와 파키스탄 국경의 씬드(Sindh) 주(州) 출신들로 열악한 경제 환경과 인도-파키스탄의 국경분쟁을 피해서 해외로 이주한 사람들이다. 시크(Sikh)교도들은 약 1,500명으로 그 다음을 차지하였다. 씬드인들과 시크교도 등 두 종족이 쟈카르타 인도인 사회의 주된 구성을 이루고 있는데, 대부분이 전후(戰後) 이주자들이다. 이들의 거주 분포는 전전(戰前)에 부모 세대들이 종사했던 경제활동 영역에 속해 있다. 쟈카르타의 인도인들 중 세 번째 그룹은 메단(Medan)에서 이주한 타밀(Tamil)인들이다. 그들 대부분이 수하르토(Soeharto)가 통치하기 시작한 1965년 이후에 왔으며, 1970년대 중반 이래로 그 숫자가 증가하고 있다. 1982년의 한 통계에 따르면, 같은 해 메단 쟈카르타로 이주한 타밀출신 인도인들은 100가구에 달했다. 이들은 인도네시아인이나 중국인 또는 외국인이 운영하는 회사의 경영자의 신분이거나 또는 전문 경영인들이었다. 그러므로 인도네시아의 인도계 국민들은 이 나라 전체 국민의 약 4퍼센트로 추산되는 중국계에 비하면, 매우 작은 수치임이 분명하다.

인도네시아 국적 인도인들은 중국인들의 경우와는 판이하게 다르게 인도네시아 국내 정치행위에 참여한다. 인도와 인도네시아, 혹은 인도네시아 무슬림과 시크(Sikh)교도 간에 문제가 발생하면, 이들은 한 목소리로 명확하게 인도 쪽 혹은 시크 쪽 편을 든다. 시크교도들은 인도 북부 펀잡(Punjab) 지방을 중심으로 이슬람의 영향을 받은 힌두 개혁종교인 시크(Sikh)교를 발전시켜 나왔다. 구루 나낙(Guru Nanak)을 창시자로 받들고 있는 시크교도들은 머리에 두른 흰색 터번이 상징적인데, 이들은 인도 국내는 물론이고 인교(印僑)들이 모여살고 있는 지역이면 어디에서나 경찰이나 군인, 혹은 경비원 등의 신분으로 두각을 나타내고 있다. 인도네시아에서도 마찬가지다.

본국 인도에서 상당히 민감한 문제들은 언제나 인도네시아 거주 인도인들의 정치적 행동을 자극해 왔다. 인도인들은 쟈카르타나 메단 또는 그들이 사는 어느 곳에서든 인도 정부의 대표자에게 자신들의 정치적 견해를 전달했다. 비록 이 같은 행위는 인도네시아 국내에서 이루어지지만, 인도네시아의 국익을 위한 행위가 아니라 인도 지향적인 정치행위가 분명해 보인다. 이들 일부는 인도네시아의 국내 정치활동에도 적극적으로 나서고 있다. 이들은 시민정신을 존중하고 국가적 의무라고 여겨지는 행위들에 동참하며, 인도네시아 정치조직에 의한 각종 회의에도 기꺼이 참가한다. 또한 이들 인도인들은 보통시민으로서 투표를 하거나 특정 정치 지도자의 당선을 위해서 각종 선거운동에 적극적으로 참여한다.

한 예로 인도계인 찰스 탐부(Charles Thamboo)는 인도네시아 혁명기간(1945-1949) 동안에 인도네시아의 외교활동에 적극적으로 참여했다. 그는 수카르노(Soekarno)와 무함마드 핫타(M. Hatta)를 도와 독립을 쟁취하려는 노력에 더 많은 국제적 지지를 얻기 위해 마닐라와 싱가포르와 뉴욕 등 여러 도시에서 행하여진 외교활동에서 중요한 역할을 하였다. 혁명기간 동안 영국군의 일원으로 인도네시아에 진주했던 인도 군인들은 인도네시아 주둔 후반기에 영국군에서 자신들의 역할과 기능을 분리하였다. 왜냐하면, 영국은 인도네시아를 재(再)식민통치를 시도한 네덜란드를 지지했기 때문이었다. 인도 군인들은 인도네시아공화국의 독립을 위해서 인도네시아에 합류하여 네덜란드군에 대항했다. 인도 군인들은 많은 실전 경험으로 인도네시아군에게 전문적인 군사고문 역할을 제공할 수 있었다. 이들 중 일부는 인도네시아에 잔류하여 현지 여성과의 결혼으로 인도네시아 국민으로 눌러 앉았다.

인도네시아는 가난한 인도인들에게 기회의 땅이었다. 대부분의 인도계 이주민들은 그들 가족과 자신들의 생계를 위해서 인도네시아로 왔다. 상업분야에서 상당수의 이주 1세대 또는 2세대 인도인들은 다양한 형태의 가게를 가지게 되었다. 한 예로 수마트라에서 인도산이거나 인도인들의 취향에 맞는 향료는 인도인들의 작은 가게에서만 찾을 수 있었다. 대도시의 상업 지역에서는 인도인 소유의 점포는 여타 종족의 경우와 뚜렷하게 구별된다. 이들 대부분은 업주가 인도인임을 나타내는 가게 명칭이나 소유주의 이름을 나타내기 때문이다. 대(大)봄베이상회(Toko Bombay Besar), 스리비쉬누양복점(Srivishnu Tailor), 대왕(大王)상사(Maharaja Toko) 등 인도의 주요 지명이나 힌두교 신앙에 등장하는 신(神)들의 명칭이 이에 해당된다. 수마트라와 자바의 대도시에서 각종 옷감이나 스포츠 용품을 취급하는 두 가지 유형의 점포는 인도인들의 무역활동과 직접적으로 연계되어 있다. 몇몇 상업지역에서는 이들 두 가지 품목은 마치 인도상인에 의해서 독점되는 것처럼 보인다.

19세기 말 네덜란드와 영국의 대 농장주들이 동부 수마트라의 여러 지역에서 담배·고무·커피·차·야자와 초콜릿의 원료인 카카오 등을 대량으로 생산하기 위해서 대규모의 단일작물 재배 농원을 열었다. 이 때 이들 농원으로 수많은 미숙련 노동인력이 유입되었다. 이들은 인구가 조밀한 쟈바(Jawa)나 중국과 인도로부터 이주한 노동인력들이었는데, 일부는 말레이 반도로부터 왔다. 이 때 인도계 인력들이 동부 수마트라의 네덜란드와 영국농장으로 밀려들었다. 대부분이 타밀(Tamil) 출신이었는데, 이들이 가장 싼 임금노동자였다.

인도인들이 정착한 대부분의 지역은 말레이 술탄들의 지배하에 있었으나, 술탄들은 인도계 노동인력에 대한 사법권을 가지지 않았다. 네덜란드와 영국의 농장주들과 술탄들 사이에 외국 노동자들에 대한 사법권은 네덜란드 식민정부가 관장하기로 한다는 내용의 협약이 있었기 때문이었다. 사법권의 보호를 받게 될 것이라는 기대 때문에 따라 동부 수마트라와 말레이 반도의 여러 지역에 인도계 노동인력들이 대거 정착하였다. 이들 중 많은 수가 후에 깜뿡 끌링(kampung keling)을 형성한 수마트라의 최대 도시 메단(Medan)으로 재이주하였다. 깜뿡 끌링은 인도계 인도네시아인들의 집단 거주지를 지칭하는데, 오늘날까지 메단이나 수라바야(Surabaya) 같은 대도시 몇몇 군데에 깜뿡 끌링이 남아 있다.

제2차 세계대전 전까지 수마트라 동부 지역에 거주해 온 인도인들은 주로 사금융 분야에서 일했다. 체티아르(Chettiar)라고 알려진 이들은 돈을 빌려주는 개인 은행들로서의 기능을 했다. 그들은 종종 고객들로부터 받아내는 높은 이자 때문에 비난을 받았다. 그러나 이들의 고리대금업은 고객들에게 돈을 빌려주는데 있어서 위험성이 너무 컸기 때문에 이에 대한 보완책으로 발전된 것이었다. 도시 주변의 가난한 소시민들은 은행에서 대출받는 대신에 체티아르로부터 돈을 빌리는 것을 선호했다. 왜냐하면 돈을 차용하거나 상환함에 있어서 일반 은행들은 상당히 까다로운 조건을 요구하기 때문이었다. 또한 일반은행들은 대출 상환을 집행하는데 강력한 조직과 힘을 가지고 있기 때문에 많은 사람들이 좀 더 융통성 있는 체티아르로부터의 급전을 빌렸다. 그러나 일반 은행과 같은 강제적인 집행수단이 없기 때문에 체티아르들은 위험 부담을 안게 되었다. 그래서 대출할 때 높은 이자를 요구함으로서 잠재적인 손실을 만회하고자 했던 것이다. 오늘날의 경제발전에 따라 인도인들은 환전(換錢)하는 일로 과거 체티아르의 업무를 대신하게 되었다. 인도네시아를 비롯한 동남아 여러 나라의 시장통 환전상은 대개 인도인이거나 인도계 주민들이 맡고 있다.

90년대에 들어선 이후 인도에서 영화산업이 크게 붐을 일으키자 인도네시아에서도 영화산업이 빠르게 성장하고 있는데, 영화제작자들의 상당수가 인도인들인 것도 특이한 현상의 하나이다. 이들 인도인들의 역할임이 분명한 인도 영화나 드라마가 인도네시아의 여러 TV 채널의 단골 프로그램으로 자리 잡고 있다.

인도네시아의 대대적인 산업화로 현대적 시설의 공장들이 들어섬에 따라, 인도인이 경영하는 공장에서 일하는 인도인들도 많이 증가하였다. 이들 공장 노무자들은 그들이 일하는 공장 소유주의 가난한 친척들인 경우가 많다. 인도인들은 개인사업 부문의 사무직원으로 일하는 것을 선호한다. 사무원으로 일하는 인도인들의 출중한 영어 구사 능력으로 보다 유리한 조건으로 사무직 직업을 얻을 수 있었다. 인도네시아뿐만 아니라 인도인들이 진출을 희망하는 많은 나라의 경제발전은 인도인들로 하여금 의료인·재무회계·기술직 등 전문직에서 활약할 수 있는 기회를 제공하였다. 인도네시아 병원에서 일하는 인도계 의사들도 많다.

이와 같이 인도인들은 자신들의 독특한 역할을 통해서 인도네시아 경제의 한 분야를 차지하고 있다. 인도인들은 향료와 특이한 형태의 각종 옷감, 스포츠용품 등과 같은 상품을 인도로부터 수입하여 인도네시아 시장의 수요를 충족시킨다. 이를 통해서 일부 인도인들은 점차 인도네시아 경제에 더 깊이 관여하고 있다.

인도네시아의 인도인과 인도계 국민들은 대개 힌두교를 신봉한다. 이들 타밀족과 씬드인과 펀잡인들은 자신들이 주로 따르는 신학·주요 신들·성전들·종교 지도자·종교의식·예배장소를 가지고 있다. 메단이나 수라바야 같은 대도시에는 여러 개의 타밀·시크·씬드 사원이 있다. 이곳에서 힌두신을 경배하는 사람들은 인도인들뿐이다. 따라서 힌두사원에서의 모임은 일반적인 종교적 믿음과 함께 그들의 결속력을 다지는 종교적 공동체의 성격을 띤다.

무슬림 인도인들은 역시 무슬림인 인도네시아 원주민들과 쉽게 융화하고 있다. 그래서 이들은 힌두교도들과는 달리 독자적인 예배 장소를 가지고 있지 않다. 금요일 예배를 위해 인도네시아 무슬림들의 예배 장소인 이슬람 사원으로 간다. 이들의 이슬람식 이름은 대체로 인도네시아 원주민들과 구별되지 않는다. 따라서 무슬림 인도인들은 인도네시아 원주민들과 분리된 배타적인 공동체를 구성하고 있지 않다. 인도네시아의 무슬림 인도인들은 자신들의 존재와 이슬람 공동체의 일원으로서 인정받는 것으로 만족하고 있다.

비록 소수이긴 하지만, 인도네시아 인도인들 중에는 가톨릭이나 개신교를 신봉하는 사람들도 있다. 이들은 대개 감리교도들인데, 메단 지역의 경우, 오래 전부터 학교를 설립하고 교회를 세워서 기독교 전도에 힘쓰고 있다. 이들은 영어교육을 강조하여 학교에서뿐만 아니라 사회생활에서도 영어사용의 기회를 넓힌다. 이를 통해서 인도네시아와 인도인들의 국제화에 앞장서 나가고 있다.

인도인 부모들은 인도네시아에서 자신들이 원하는 대로 자녀들을 교육시키기를 갈망한다. 이들은 교육을 가정과 가문의 번영을 위해서 필수적인 것으로 인식하고 있다. 인도인들은 또한 자녀들이 자신들의 종교적 신념을 이어받기를 희망하여 기꺼이 종교교육도 제공한다. 종교교육은 여러 다른 가족들과 함께 권위 있는 종교지도자들에 의해 이루어진다. 이러한 교육은 학교나 사원에서 이루어진다. 인도인들이 밀집되어 있는 곳에 위치한 힌두사원은 예배 이외에도 결혼식이나 장례 또는 각종 모임과 회합의 장소로 쓰이며, 경우에 따라서는 소정의 종교교육도 이곳에서 행하여진다.

그러나 일반적으로 인도네시아의 인도인들은 자신들의 자녀가 종교행위에 몰두하기보다 세속적인 정규교육에 더 많은 시간을 할애하기를 원한다. 인도네시아의 모든 국민들은 중등교육까지 9년간의 의무교육의 기회를 가진다. 그러나 일부 인도인들은 자녀가 인도식 교육을 받을 수 있기를 희망한다. 그래서 본국 인도에 형제자매 또는 부모와 친척이 살고 있다면, 교육을 위해서 그들을 인도로 보내는 어려운 결정을 한다. 이런 형태의 교육은 물론 인도인 후예들에게 인도의 정체성을 유지 발전시키는 효과를 가져 올 것이 분명하다. 그리고 그것은 바로 아이들의 부모 세대가 희망하는 바 이기도 하다.

자녀들을 인도로 보낼 형편이 되지 않거나 아이들과 헤어지기를 원치 않는 부모들은 인도네시아 국내에 있는 교육기관에 보낸다. 인도네시아에서도 몇몇 공동체에서는 아이들에게 인도식 교육을 하는 것이 가능하다. 인도인 자녀들의 교육을 위해 설립된 학교의 일반적인 성격은 인도식이 가미되어 있으나, 실제로는 인도네시아식 교과과정이 우선적으로 시행되고 있다. 사실상 이러한 인도네시아적 요소들은 쟈카르타 정부의 시책과 인도네시아 인도인들의 필요에 의해서 점차 확대되고 있다. 그러므로 인도적 요소들은 급격하게 축소되어 인도네시아화하고 있다. 이러한 현상은 쟈카르타에 있는 몇몇 인도계 학교와 간디스쿨(*Gandhi School*)에서도 일어나고 있다.

교과과정이 인도네시아화 되고 교육언어가 비교적 쉬운 인도네시아어로 이루어짐에 따라 인도계 고등학교 졸업생들이 인도네시아 국내에서 대학교육 과정까지 이수하는 것이 어렵지 않게 된 것도 의미 있는 변화로 보인다. 이로 인해서 점차 많은 인도인 부모들이 자신의 자녀들을 인도네시아 아이들과 같은 교육을 받도록 각급 인도네시아 학교에 보낸다. 이런 식으로 인도인 후예들은 인도인으로서의 정체성을 버리고 인도네시아 쪽으로 기울어 인도네시아인으로 생각하게 된다.

인도네시아에 거주하는 인도 사람들도 가장 중요한 사회적 단위는 가족이다. 본국에 처자식을 두고 단신으로 인도네시아로 건너온 남성에 의해서 인도네시아에서도 인도인 가정이 만들어 진다. 이들은 대개 인도네시아에서 어려운 자신들의 생계가 보다 나아질 것을 기대하고 온 것이다. 단신으로 인도네시아로 이주한 후 정착하여 경제적 기반을 닦은 후에 인도에 있는 아내와 자녀들을 데려오거나, 현지 여성과 결혼하는 것이 전형적인 인도네시아화의 형태이다. 원주민과 유사한 종교를 가지고 정착한 사람들은 쉽게 현지 여성과 결혼하는 경향이 있다. 대개는 무슬림인 경우다.

그러나 동부 수마트라에 정착한 한 타밀인과 같이 원주민들과 상이한 종교를 고수하는 사람들도 있다. 이들은 인도에서 아내를 데려오거나 현지에서 인도계 여성과 결혼하는 것이 통상적인 예이다. 이런 식으로 가장이 힌두교도인 가정은 원주민들과 독특한 사회적 관계를 유지한다. 이에 대하여 무슬림 인도인들은 대체로 원주민과 융화하는 형태를 나타낸다. 종교적 차이는 당연하게 원주민과의 관계를 저해하는데, 이러한 경우, 인도인 가장의 가족 구성원들은 보다 강한 가족 간의 결속에 의지하게 된다. 이것은 나아가서 가장의 역할에 의해서 강화된다.

인도인 거주자가 상대적으로 많은 지역에서는 인도계 아이들은 원주민 아이들 보다 같은 인도계 아이들끼리 어울린다. 그러나 상대적으로 인도인의 수가 적은 도시에서 인도계 아이들은 반드시 인도계 아이들과 어울리지는 것은 아니다. 따라서 그들은 인도네시아어를 습득하고, 인도네시아 문화의 특징과 인도네시아인의 행동유형에 가깝게 된다. 개인적으로 친구를 사귀는 데 있어서는 사업가들보다는 전문직 노무자나 사무실 동료 사이에서 이질적인 문화적 장벽을 극복하는 형태로 나타난다. 사무실 동료와 전문직종 종사원들 사이에서 종족문화의 경계를 뛰어넘는 인간관계가 형성되는 것은 매우 흔한 일이다.

비교적 큰 인도인 공동체가 있는 메단(Medan)·쟈카르타(Jakarta)·반둥(Bandung)·수라바야(Surabaya)·마까사르(Makassar) 같은 도시 지역에서는 인도인들의 사회적 욕구를 충족시키기 위해서 만들어진 여러 형태의 상부상조 조합이나 조직들이 있다. 이러한 조합들은 개인의 종교적 행위나 인도인 공동체의 종교행사를 유지하는데 유용한 역할을 한다. 이러한 조직들은 새로 사원을 건립하거나, 대규모 종교행사를 치르기 위해서 만들어 지는 경우가 많다.

어떤 공동체에서는 인도계 후예들을 위한 특수학교를 세우고 유지하기 위한 교육기관들도 있다. 또한 상공회의소와 같이 경제적 목적을 위해 세워진 단체도 많다. 이들 조직이나 단체는 종교적·교육적·경제적 또는 사회적 관계에서 공통된 이익을 목표로 한 인도인들이나 인도문화의 정체성 함양(涵養)에 기반을 두고 있다. 이들은 대개 인도계가 아닌 인도네시아 원주민들에게는 개방되지 않는 것이 통상적인 예이다. 그러므로 인도네시아 사회 공동체와 상이한 성향을 가지는 부분으로 여겨진다.

그러나 일부 조직이나 단체들은 인도네시아 원주민들과 인도인들이 혼성된 경우도 있다. 이러한 조직들은 인도네시아인의 조직으로 간주되며, 따라서 인도네시아 사회의 한 부분인 셈이다. 인도인과 인도네시아 사람들의 관계를 증진하기 위해서 만들어진 조직이나 협회가 아니어도 인도인들은 순수 인도네시아인 단체에도 기꺼이 참여하기도 한다. 이들 인도인들은 이런 과정을 통해서 당연하게 자신들을 인도네시아인으로 간주하고 있다.

소수의 인도인들은 미국과 영국의 전문적인 협회나 국제적인 모임에도 가입되어 있다. 이러한 국제 협회의 구성원인 인도인들은 대개 인도인 또는 인도네시아인으로서가 아니라 전문가나 사업가로서 활동한다. 이런 점은 어떤 종족보다도 인도인의 경우가 부각되는 것으로 보인다.

인도네시아 군도는 일찍이 정교한 인도문화의 영향을 받았다. 계절풍에 따라 교역로가 열렸고, 힌두교와 불교문화와 산스크리트어가 뒤따랐으며, 곧이어 인도와 인적 교류와 물적 교류가 빈번하게 이루어졌다. 인도네시아 군도의 크고 작은 왕국의 통치자들은 인도 브라만을 통하여 왕국의 형태를 강화하고, 군왕의 권위를 높이고 백성들에게 군림하는 지혜를 터득하게 되었다. 점차 교역을 통해서 접하는 새로운 문물과 경제적 이익에 큰 매력을 느끼게 되었던 것이다.

이러한 과정을 통하여 여러 계층의 인도인들이 인도네시아 군도에 내도하였다. 이들은 중국인들의 경우와 다르게 종교적으로나 경제적으로 비교적 수월하게 인도네시아 사회에 정착하였다. 그러나 특히 경제 분야에서는 중국인들의 우위 선점과 이익제고를 위한 현지의 여건 미비로 인도네시아 군도는 인도인들에게 그렇게 매력적인 지역이 아니었다. 많지 않은 인도인들은 인도의 정체성의 유지 발전보다 현지화를 선택하였다. 막강한 자금력과 유통구조를 유지하여야 하는 주요 경제 분야는 중국계에게 우위를 내어준 채 이들은 전문직종에서 두각을 나타내었다. 각종 사회적 불안소요와 소요에도 능히 생존할 수 있는 가장 안전한 방법을 터득한 것이다. 다양한 인도네시아 사회를 구성하는 소수종족의 일원으로서 인도계 국민(*Indian minority*)들은 인도네시아화를 통해서 정치적으로나 경제적으로 보장받고 있으며, 이를 바탕으로 하여 최소한의 인도 정체성을 유지하고 있다.

INDONESIA

제6장

아쩨(Aceh)와 파푸아(Papua)

INDONESIA

제6장 아쩨(Aceh)와 파푸아(Papua)

1. 울레발랑(Ulèëbalang)과 울라마(Ulama)
2. 아쩨당(PA)과 아쩨국민당(PNA)의 갈등
3. 인도네시아령 파푸아와 파푸아뉴기니

동남아 적도상에 길고 넓게 분포된 인도네시아는 동서(東西) 길이가 5150킬로미터로 3시간의 시차가 있는 동남아의 최대국가이다. 동부군도는 우리나라와 시간대가 같고, 관광지 발리(Bali)는 한 시간이 늦고, 수도 쟈카르타의 시각은 인도네시아 서부표준시(WIB)라 하여 우리 보다 두 시간 늦다. 서울에서 정오를 맞으면, 쟈카르타는 아침 10시다.

비행시간이 7시간 가까이 걸리는 서울-쟈카르타 간의 직선거리가 5283킬로미터이므로 이 나라의 동서 간의 길이를 가름할 수 있다. 인도네시아 군도의 가장 넓은 남북 간의 거리도 2012킬로미터에 달한다.

수도 쟈카르타가 위치한 쟈바가 인도네시아의 중심도서다.

동쪽의 변방은 파푸아이며, 서쪽 끝자락은 아쩨이다. 이 나라의 장대한 국토를 상징적으로 표현하는 '사방(Sabang)에서 므라우께(Merauke)까지'가 멀리 떨어진 두 지역을 지칭한다. 사방은 수마트라 서북단 웨(Weh)의 최대 무역항구이고, 므라우께는 파푸아 동남단(東南端)에 위치한 원목산업기지이다. 네덜란드 350년 식민통치의 영향으로 인도네시아 군도의 변방지역은 항상 바타비아(Batavia)를 위한 병참기지였다.

아쩨는 네덜란드 식민통치 시기부터, 파푸아는 수하르토 군사정부가 들어서면서부터 억압과 수탈의 주요 대상 지역이었다. 분리 독립을 지향해 온 여러 지역 중 아쩨와 파푸아가 단연 선두에 있다. 이들은 완전 분리 독립이나 광범위한 자치권을 요구하고 있고, 쟈카르타 중앙정부는 작은 예외라도 허용할 수 없는 형편이다.

제6장 '인도네시아에서 분리 독립하거나 광범위한 주민 자치권을 요구해 온 지역 중 대표적인 두 지역이 아쩨와 파푸아임. 수하르토 군사정부가 붕괴되고 문민정부 시대로 돌입하면서 여러 지역에서 자치권을 요구하였음. 이 중에는 리아우(Riau)주와 발리(Bali)주가 포함됨. 대부분의 경우는 중앙정부의 간섭 없이 독자적인 경제 운영 체제를 가지고자 함.

울레발랑(Ulèëbalang)과 울라마(Ulama)

아쩨 술탄왕국(Kesultanan Aceh)의 역사는 1496년에 시작되어 1903년까지 이어졌다. 400년을 넘게 지속된 아쩨 왕국은 총 35명의 술탄을 받들었는데, 1496년 등극한 알리 묵하얏 샤(Ali Mughayat Syah)로부터 1903년까지 재임한 알라우딘 다우드 샤(Alauddin Muhammad Daud Syah II)까지다. 이들 중 사피아뚜딘 샤(Safiatuddin Syah) 같은 4명의 여자 술탄(sultanah)도 있었고, 이농 발레(Inong Balee)라는 미망인부대를 이끌고 막강한 네덜란드와 포르투갈 함대를 격파한 말라하야띠(Malahayati) 같은 술탄가의 여제독도 있었다. 뿐만 아니라, 뻬락(Perak)과 빠항(Pahang) 등 말레이 반도 출신 술탄과 멀리 술라웨시의 부기스(Bugis)족 출신의 술탄도 있었다. 1795년부터 1815년까지 그리고 1819년부터 1823년까지 두 차례나 재임하면서 '알람샤(AlamSyah)'로 자신의 애칭을 널리 알렸던 알라우딘 알람 샤(Alauddin Jauhar ul-Alam Syah)도 부기스 출신이었다. 아쩨처럼 부기스 족도 일찍부터 바다에 강한 해양지향적 종족으로 정평이 나 있었다.

아쩨 왕국은 17세기 초부터 18세기 말까지 150여 년의 장구한 전성기를 누렸다. 말레이 반도나 술라웨시까지 진출한 술탄가의 후예들 중 유능한 인물을 찾아 술탄으로 받들어 왕국의 골간을 강고(强固)하게 다지고, 유럽 시장으로 향하는 후추와 주석(朱錫) 등 주요 교역품의 중간 거점 역할을 원활하게 함으로써 왕실의 금고를 든든하게 채웠으며, 말라카 해협 인근의 태국 남부 사뚠(Satun)과 죠호르(Johor)를 비롯한 대부분의 말레이 반도, 그리고 리아우(Riau) 등 해협 중동부 이북의 수마트라 군소 무역왕국과 주요 교역 거점을 확고하게 장악하여 왕국의 외곽을 튼튼하게 세웠던 것이다.

아쩨 왕국을 묘사한 유럽 인사들의 기록이 많이 남아있다. 프랑스의 해군 제독으로 동인도에서 네덜란드 해군과 쟁패했던 드 비유리우(Augustin de Beaulieu: 1589-1637)와 친(親)인도네시아 학자로 널리 알려졌던 네덜란드의 대표적인 동양통 스나우크 허흐론여(Christiaan Snouck Hurgronje: 1857-1936) 등이 대표적인 인물이었다. 아쩨 왕국을 전성기로 이끈 술탄 이스깐다르 무다(Sultan Iskandar Muda: 1590-1636)를 알현하고 한 동안 가까이에서 본 비유리우 제독은 술탄이 24시간 내에 4만 명의 무장 병력을 동원할 수 있었으며, 술탄이 직접 2,000문의 정교한 대포로 무장한 포병부대를 지휘하고 있더라고 했다. 또한 술탄 궁정의 규모를 묘사하면서 300명의 여성 근위대가 1,500명의 전쟁포로를 다루면서 지키고 있었다는 기록도 남기고 있다. 허흐론여는 믈라유어에 해박한 지식을 가진 라이든대학의 동양학 교수였다. 그는 1,400편 이상의 논문을 집필하였데, 아쩨 술탄 왕국에 대한 연구가 가장 많고, 인도네시아의 이슬람 · 네덜란드동인도회사(VOC) · 동인도 식민정부 · 원주민들의 민족주의운동 등에 관한 내용이 주류를 이루었다.

일찍부터 아쩨 왕국은 내치(內治)에도 역점을 두어 일찍이 울레발랑(Ulèëbalang)이라는 귀족계급을 육성하였다. 아쩨어 표기로 Ulèëbalang이다. 아쩨 왕국은 울레발랑을 통하여 왕국의 권위와 안보를 확보하고 왕실의 재정을 보다 굳건히 하는 강병부국(强兵富國)의 첨병으로 삼았다. 말레이 반도의 술탄왕국에도 훌루발랑(Hulubalang)이라는 울레발랑과 동일한 지배계층이 있었다. 울레발랑은 왕실의 고위 관리로부터 전투 사령관과 해양과 천문학자 등 다양한 분야의 통치조직과 최고 전문가 그룹을 형성하고 낭그루(nanggroe/nanggroë)라 칭하는 지역을 독자적으로 통치하였다. 울레발랑의 원래의 의미는 전투 사령관(*war-leader*)이었다. 낭그루는 오늘날 인도네시아 행정조직 군(郡)에 해당하는 까부빠뗀(kabupaten) 수준의 면적이었다. 영향력 있는 울레발랑이 다스리는 낭그루는 여러 개의 무킴(mukim)으로 이루어지는데, 무킴은 아랍어에서 전해진 '지역'이라는 뜻이다. 무킴은 최소 4개 이상의 고을을 연결하여 이슬람사원(masjid)을 두고 하위급 울레발랑이나 혹은 사원의 예배를 인도하는 이듬(혹은 이맘)이 이끌었다. 울레발랑의 권위와 통치력이 술탄 왕국의 존속 기간 내내 세습되었으므로 당연하게 거대한 귀족계층으로 자리 잡았다. 아쩨 출신 남성 이름에 뜨꾸(Teuku), 여성 이름에 쭛(Tjoet)이라는 호칭(스펠링)이 포함되어 있다면, 이는 술탄이 하사한 세습 울레발랑 직위명으로 아쩨 귀족 가문의 후예라는 징표다. 쭛은 오늘날 신철자법에 따라 Cut으로 바뀌었다.

술탄으로부터 옥새(玉璽)가 찍힌 수라까따(Surakata)를 수여받는 엄숙한 의식을 거쳐 새로운 울레발랑이 탄생된다. 수라까따는 조선조 임금의 교지(敎旨)와 같은 성격이었다. 술탄 휘하에는 당연하게 막강한 정예군이 포진하고 있지만, 울레발랑의 가장 큰 의무는 수라까따에 명시된 술탄의 명령에 따라 하시라도 자신의 군대를 술탄을 위해서 동원하는 것이었다. 그러므로 모든 울레발랑은 술탄에 대한 충성과 자신의 안위를 위하여 무킴의 모든 거주민(농민)을 유사시의 군사력으로 유지하였다. 조공을 상달하고 전시에 술탄의 동원령을 하달하지만, 이를 제외하고 울레발랑들은 술탄으로부터 거주민에 대한 이슬람법 적용과 조세업무를 위시한 모든 권한을 위임 받아 작은 왕국의 군주처럼 독립적이며 독자적으로 부와 권세를 누렸다. 술탄 왕국의 전성기에 때때로 울레발랑들의 특권이 위축되는 경우도 있었으나, 19세기 말부터 20세기 초까지 술탄 궐위(闕位)시에는 한 때 울레발랑들의 세상이었다.

이들 울레발랑과 이슬람의 지도층인 울라마(ulama)들은 함께 외세 네덜란드에 대항해서 싸웠다. 네덜란드의 350년 인도네시아 통치 기간 중 가장 참혹했던 아쩨전쟁은 1873년에 시작되어 1914년까지 40년 넘게 끌었다. 전쟁 후반부에 술탄의 궐위로 전세가 급격하게 악화되었지만, 전반부에는 울레발랑과 울라마가 긴밀한 연합전선을 펼쳤기 때문에 종종 막강한 화력의 네덜란드 정예부대와 정면으로 대치할 수 있었다. 그러나 결국 네덜란드의 승리로 아쩨전쟁이 끝나면서 사정이 달라졌다. 네덜란드의 적극적인 유화정책이 전개되어 총 108개의 아쩨 울레발랑 통치지역(네덜란드가 셈한 수치)이 하나씩 둘씩 네덜란드 쪽으로 기울기 시작한 것이었다. 네덜란드는 전형적인 식민통치 방식인 분리통치(*Divide & Conquer*)의 도식에 따라 울레발랑 간의 연합을 저지하는 동시에 힘이 빠진 울레발랑과 양자협약을 맺어 네덜란드 진영으로 유인하였다. 협약의 주된 내용은 울레발랑 군주에 대한 약소한 연금 형태의 현금 보상과 가족의 안위와 지위와 특권 보장, 자녀들의 관직등용 등의 약속이었다.

후추 집산지로 유럽의 무역상들이 몰려들던 피디(Pidie)지역의 울레발랑이 가장 먼저 네덜란드 진영으로 기울어졌다. 그러나 피디의 울라마들은 미동(微動)도 하지 않았으며, 오히려 적극적으로 반(反)네덜란드 성향을 고수하였다. 일본이 인도네시아에 내도하기 직전인 1942년 3월 피디에서 아쩨의 울라마연합체인 뿌사(PUSA: Persatuan Ulama Seluruh Aceh)가 주동한 반네덜란드 봉기가 일어났는데, 울레발랑은 움직이지 않았다. 이 사건 이후 울레발랑과 울라마 사이가 매우 미묘해 졌는데, 울라마들은 울레발랑과 네덜란드는 동색이거나 동색에 가깝다는 믿음을 가지게 되었다. 1945년 8월 17일에 행하여진 인도네시아의 독립선언이 아쩨까지 알려지는데 꽤 오랜 시간이 걸렸다. 독립 소식이 전해지자 전 아쩨 주민들이 나서서 외세로부터 인도네시아의 완전 독립을 환영하였다. 특히 젊은 층들은 독립 소식에 열광하였다. 그러나 울레발랑들은 또 다시 의사표시를 주저함으로서 울라마들의 의심이 증폭되었다. 울라마들은 일본이 물러가고 다시 네덜란드가 들어오면, 울레발랑들은 네덜란드와 한 편이 될 것이 분명하다는 확신을 가지게 되었다.

울레발랑과 울라마 양측은 이제 상대방을 압도할 기회를 엿보게 되었다. 1945년 11월 피디의 중심도시(군청 소재지) 시글리(Sigli)에서 일본군의 무기반환 행사가 있었는데, 이때 울레발랑뿐만 아니라 울라마 측도 다수의 무기를 손에 넣을 수가 있었다.

양측의 무력 충돌은 1945년 12월 2일에 촉발되어 산발적인 소규모 충돌과 대규모 전투를 거듭하면서 1946년 1월 16일까지 지속되었다. 일본군의 무기를 입수하기 전에도 양측은 비록 빈약한 무기밖에 없었으나 자체적으로 꽤 많은 숫자의 무장 세력을 보유하고 있었다. 일본군의 무기로 인해서 양측은 보다 많은 살상자가 발생하였다. 울레발랑은 늙은 군주와 세습귀족과 그들의 가족들과 급여를 받는 무장 세력으로 구성된 반면에 울라마는 뿌사(PUSA)의 강력한 지원을 배경으로 군주와 귀족제도를 반대하는 수많은 젊은이들이 전투 참여를 자원하여 몰려들었다. 피할 수 없는 양측의 대결은 인도네시아 독립선언을 지지하는 울라마와 네덜란드의 재입성을 기다리는 울레발랑으로 양분되었다. 울레발랑 측은 뜨꾸 끄망안 우마르(Teuku Keumangan Umar)가 이끌었는데, 무장 세력은 뜨꾸 다우드 춤복(Teuku Daud Cumbok)의 지휘 하에 있었다. 한편, 울라마 측은 뜽꾸 다우드 브레우(Teungku Daud Beureueh)와 후신 알무자히드(Husin Al-Mujahid)가 각각 지도자와 군사령관으로 전면에 나섰다.

양측의 무장 갈등은 사회혁명으로 발전하였으며, 곧 인도네시아 전국적으로 번져 나가는 불씨가 되었다. 인도네시아사는 이를 춤복전쟁(Perang Tjoembok), 춤복사건(Peristiwa Tjoembok), 또는 사회혁명(Revolusi Sosial)이라고 쓰고 있다. 1946년 1월 12일부터 5일 동안 지속된 울라마와 울레발랑 간의 막바지 전투는 수적으로 월등하고 새로운 시대를 갈망하는 젊은이들이 광적인 전투 참여로 3,000명이 넘는 상대측의 희생자를 내면서 울라마의 완승으로 끝났다. 피디와 인근지역의 귀족계층 울레발랑 남자들은 보이는 대로 참살되었거나, 참살을 피해 허둥지둥 아쩨를 탈출하였다. 울레발랑 측 사령관 다우드 춤복이 전사하면서 아쩨의 울레발랑 시대는 역사 속으로 사라지게 되었다. 반면에 뜽꾸 다우드 브레우(1899-1987)가 이끈 울라마 측의 승리로 아쩨는 새로운 이슬람 시대를 맞게 되었다.

다우드 브레우는 그 후 아쩨 주지사로 재임(1948-1952)하면서 아쩨의 이슬람 발전에 힘썼다. 한편, 아쩨를 탈출한 울레발랑 엘리트 계층은 일부가 말라카 해협 건너편 영령 말라야(Malaya)로, 다른 일부는 아쩨에서 멀리 떨어진 중부 쟈바 죡쟈카르타(Yogyakarta) 같은 대학촌에 자리를 잡았다. 저명한 사학자로 연전에 타계한 이브라힘 알피안(Prof. Dr. Ibrahim Alfian) 가쟈마다대학교 사학과 교수도 평생을 조부모와 삼촌들과 조카 형제들이 참살당한 춤복전쟁의 망령에 시달리며 살았다고 말했다.

아쩨는 11세기 후반 동남아에서 가장 먼저 이슬람화 되었다. 인도네시아 이슬람화의 주역은 인도 구저라트(Gujerat) 출신 무슬림 상인들이었는데, 일찍이 인도문화권(힌두교와 산스크리트어와 산스크리트 문자)이었던 인도네시아 군도가 다시 이들에 의해서 이슬람 문화권으로 변화하였다는 사실은 다소 의외다. 1511년 말라카가 포르투갈에 의해서 정복된 후, 말라카 해협을 중심으로 한 정교한 무역망은 붕괴되고 말라카 왕국(1400-1511) 이전의 상태로 돌아갔다. 아쩨가 말레이 반도 남단의 죠호르(Johor)와 쟈바 서북단의 반뗀(Banten) 등 쟁쟁한 경쟁 왕국을 제치고 제2의 말라카로 부상하였다. 아쩨는 17세기로 들어서면서 말라카 왕국 이래 1세기 만에 말라카 해협 인근에서 가장 강력한 무역왕국으로 우뚝 서게 되었다. 이와 더불어 아쩨는 매우 강한 독립심과 동남아 이슬람의 메카(*Mecca*)라는 자부심을 지니게 되었다. 아쩨가 줄기차게 독립을 주장해 온 배경에는 한 번도 외세에 굴복하지 않고 계속해서 영토와 주민과 주권을 유지했다는 역사적 사실에 근거한 자긍심이 깔려있다는 것이다.

1949년 8월 네덜란드 정부는 수카르노의 인도네시아에 통치권을 이양하였다. 공식적으로는 이때부터 쟈카르타가 신생독립국 인도네시아의 정치무대의 중심부가 되었다. 그러나 아쩨인들은 쟈바보다 수마트라가 중앙정치무대가 되어야 하고, 아쩨가 당연하게 그 중심에 서야한다고 굳게 믿고 있었다. 자신들의 기대와는 달리 쟈카르타 중심으로 새로운 정치무대가 전개되자 아쩨인들은 차선책으로 독립국에 준하는 자치권을 요구하게 된 것이다. 뜽꾸 다우드 브레우가 초기의 주역이었다. 춤복전쟁을 승리로 이끌어 네덜란드 식민통치의 유산을 마감했던 그였다. 반세기를 넘긴 끈질긴 투쟁 끝에 아쩨와 아쩨인들은 자신들이 주장해 온바 대부분을 얻었다. 초기에 북(北)수마트라(Sumatra Utara) 주로 편입되었으나 기독교도가 많은 바딱(Batak)주와 같은 주가 되는 것을 극력 반대하여 독립적인 아쩨주가 되었으며, 점진적으로 폭 넓게 이슬람법 샤리아를 전 통치영역에서 적용할 수 있게 되었고, 중앙정부와의 재정분배와 지원문제도 어느 정도 해결되었다. 그러나 '더 이상은 없다'는 완강한 자카르타 정부와 중앙정부의 정치적인 간섭 배제와 역내 천연 자원에 관한 아쩨 관할을 요구하는 양측의 전면적인 합의는 아쩨가 인도네시아공화국의 일원으로 남아 있는 한 이루어지기 어려울 것이다. 가진 자(*the Haves*)와 못 가진 자(*the Have-nots*)의 투쟁이 역사를 만드는 것이다.

아쩨당(PA)과 아쩨국민당(PNA)의 갈등

인류 문명은 일찍이 아시아에서 발원하였다. 그 중심이 아시아에서 유럽으로, 유럽에서 신대륙 미국으로 이동하였으며, 21세기를 맞아 다시 아시아로 회귀(回歸)하고 있다고 한다. 이슬람 문명의 중심지도 변화를 거듭하였다. 페르시아에서, 이라크로, 다시 이집트로 이동한 후 이슬람 황금기가 쇠진(衰盡)하고, 유럽의 식민통치시대가 도래하여 이슬람의 중심지가 철저하게 유린(蹂躪)당하였다. 이집트 이슬람 시대로부터 약 2세기 후, 아라비아 사막에서 신생왕국으로 등장한 사우디아라비아가 '알라(Allah)의 검은 황금'으로 알려진 원유와 이슬람부흥운동(와하비즘)으로 중동의 새로운 실력자가 되었다.

인도네시아 군도도 수마트라로부터 개화(開花)하기 시작하여 외세 네덜란드의 식민지 개발전략에 따라 쟈바로 중심추가 이동하였다. 수마트라는 일찍이 불교문화 배경의 스리비자야(Srivijaya) 왕국이 약 700년(650-1377년) 동안 남동부 빨렘방(Palembang)을 중심으로 번성하였다. 이때 수마트라 북부에 이슬람이 전파되었는데 대략 1250년경으로 보인다. 베네치아의 항해가 마르코 폴로(Marco Polo)

가 1292년 중국으로부터 귀로에 말라카 해협을 경유하였는데, 당시 수마트라 북부 뻐르락(Perlak)은 이슬람 왕국이 분명했고 인근의 사무드라 빠사이(Samudera Pasai)도 이슬람 술탄왕국 체제를 갖추고 있었다고 기록하고 있다. 오늘날의 명칭 수마트라(Sumatra)도 사무드라(Samudera)에서 발원한 것이다.

수마트라 북부 아쩨(Aceh)는 11세기 후반에 이슬람화 되었다. 동서(東西)를 연결한 바다의 실크로드를 따라 전개된 장대한 교역망을 따라 구저라트(Gujerat)에서 내도한 인도인 무슬림 상인들이 아쩨 이슬람화의 주역이었다. 아쩨의 이슬람은 바다의 실크로드를 타고 크게 번성하였다. 말라카 해협의 무역왕국 말라카가 포르투갈에 의해서 정복(1511년)된 후, 말라카의 무역망은 아쩨·죠호르(Johor)·반뗀(Banten) 등지로 분산되었는데, 그 중에서도 무역상인들이 가장 많이 몰려든 곳은 단연 아쩨였다. 아쩨는 곧 인도네시아 이슬람의 중심지이자 동남아 이슬람의 성지 메카(*Mecca*)로 발전하였다. 17세기 초 아쩨는 이미 말라카 해협 인근에서 가장 강력하고 가장 문명화된 술탄왕국(Aceh Darussalam)이었다. 태국 남부의 사뚠(Satun)과, 말레이 반도 최남단의 죠호르, 그리고 수마트라 중동부의 리아우(Riau) 등 해협 인근의 주요 요충지가 이때 대부분 아쩨의 영향 하에 있었다.

아쩨는 정치적으로 매우 강한 독립심과 이슬람 성지(聖地)라는 자부심을 바탕으로 밀려드는 외세에 대하여 극력 저항하는 역사로 일관해 왔다. 1605년부터 인도네시아 군도에 내도하기 시작하여 전 군도를 경략한 네덜란드가 가장 두려워한 종족도 아쩨족이었다. 네덜란드의 350년 인도네시아 통치사에서 가장 참혹한 전쟁은 바로 아쩨전쟁(1873-1914)이었다. 40년 동안 이어진 전쟁에서 네덜란드는 7명의 전쟁사령관을 교체하였다. 초대 사령관이었던 쾰러(Kohler) 장군은 1873년 첫 번째 작전에서 전사하기도 하였다. 대동아공영권을 구실로 동남아와 남양군도를 이 잡듯이 뒤진 일본도 아쩨를 비켜갔으며, 1945년 인도네시아공화국의 독립을 선포한 수카르노(Sukarno)도 1959년 아쩨를 이슬람특별주(DIA: Daerah Istimewa Aceh)로 공식 선언하였다. 쟈카르타 중앙정부를 포함하여 아쩨가 단 한 번도 외세에 굴복하지 않았다는 자부심을 가지게 된 배경이다.

아쩨의 공식적인 총 인구수는 519만 명(2017년)이다. 한국 영토의 약 60퍼센트에 달하는 58,376㎢의 면적은 쌀농사에 적합하며 작황도 양호한 편이다. 스리비자야 왕국의 700년 역사에 아쩨는 죠호르(말레이 반도 남단)와 반뗀(쟈바 서북단)과 함께 왕국의 곳간 역할을 하였으며, 쌀 공급을 차단하여 스리비쟈야의 멸망을 앞당기기도 하였다. 또한 아쩨는 수마트라 최북단의 지정학적 이점(利點)을 십분 발휘하여 중동과 인도 등으로부터 들어오는 서역(西域)의 문물을 받아들이는 관문 역할과 함께 서역으로 실어 나를 후추와 정향(丁香) 등 각종 향신료의 집하장 역할을 하였다. 네덜란드 통치 시기인 1883년 이곳에서 거대한 양질의 유전이 발견되어 오늘날의 세계적인 기업 로열 더치 쉘(*Royal Dutch Shell*)의 원류가 되었으며, 1970년대부터는 천연가스가 대량으로 생산되고 있다. 아쩨는 '아쩨족의 땅(영역)'이라는 것이 아쩨족의 굳건한 믿음이다. 아쩨족은 아쩨주

인구의 71퍼센트를 차지하여 쟈바(Jawa)족(9퍼센트), 가요(Gayo)족(7퍼센트), 바딱(Batak)족(3퍼센트), 기타 소수 종족(10퍼센트)을 압도하고 있다. 종교 분포도 이슬람이 98퍼센트 이상을 점하고 있어서 인도네시아 전 군도의 평균치 87퍼센트를 크게 웃돈다. 아쩨주는 이슬람 특별주임을 현시하며 이슬람의 상징 힐랄(Al Hilal: 초승달과 별)을 주기(州旗)로 채택하고 있기도 하다.

인도네시아 군도의 문명 발상지이자 동서 교역의 중심지였던 아쩨는 역사와 이슬람과 외세에 대한 항거라는 종족적 자긍심과 양호한 경제여건을 바탕으로 끊임없이 독립된 이슬람 왕국을 추구하였다. 이들은 1976년부터 본격적으로 인도네시아로부터 분리 독립을 위한 무장투쟁에 나섰다. 그 중심에는 하산 디 띠로(Tengku Hasan di Tiro: 1925-2010)가 있었는데, 그는 아쩨의 저명한 독립운동가로 대 네덜란드 항쟁(1891년)에서 사거(死去)한 찍 디 띠로(Tengku Cik di Tiro)의 손자였다. 일찍이 이슬람국가운동 다룰 이슬람(Darul Islam)에 깊이 연루되었던 그는 스웨덴으로 망명하여 스톡홀름과 헬싱키를 오가며 아쩨 독립을 위한 반(反)쟈카르타정부 활동을 전개하였다.

띠로가 주도한 아쩨 분리 독립운동은 1976년 150명의 소규모 무장 세력으로 시작되었는데, 이들은 '아쩨독립운동'의 약자로 GAM(Gerakan Aceh Merdeka)이라 칭하였다. 이들은 1970년대 말부터 1980년대를 통하여 소규모 초보적인 게릴라전으로 관공서와 지역 주둔군을 공격하여 반정부 활동의 일환임을 현시하는데 주력하였다. GAM의 활동이 전환기를 맞은 것은 수하르토(Suharto) 정부가 예상 밖의 막대한 오일 달러의 유입으로 1980년대 초 대대적인 경제개발과 산업화정책을 취하면서 정부시책에 걸림돌이 되어온 반정부 활동을 강력하게 억제하면서부터다. 1990년 수하르토는 아쩨 전 지역을 군사작전지역(DOM)으로 선포하고 12,000명의 특전사부대를 투입하여 GAM의 소탕작전에 나섰다.

아쩨가 군사작전지역으로 묶여 있는 기간을 전후한 1989년부터 1998년간의 10년 동안 아쩨 종족들은 독립투쟁의 의지를 더욱 불태우면서 GAM은 폭발적으로 성장하였다. 이 기간 중 최소 1만 명의 민간인들이 희생되었다. 1999년 11월 아쩨의 주도(州都) 반다 아쩨(Banda Aceh)에 150만 명의 반정부 시위대가 집결하여 쟈카르타 정부를 놀라게 했다. 2001년 아쩨에 이슬람법 샤리아(Shariah) 적용과 독자적으로 외자 유치가 가능한 광범위한 자치권이 허용되었다. 이와 더불어 정부의 탄압정책은 더욱 강화되었고, 아쩨와 GAM 또한 정부정책에 정비례해서 강경모드로 일관하였다.

이러한 와중에서 2004년 말 미증유(未曾有)의 자연재해 쓰나미가 아쩨를 휩쓸고 지나갔다. 인명 피해만 17만 명에 달했고, 아쩨주의 절반이 쑥대밭으로 변하였다. 아쩨의 독립투쟁과 정부의 무력진압이라는 종족과 조직 간의 갈등이 엄청난 자연재해 앞에 무색해 졌다. 이들 양측은 자신들에게 필요한 것은 더 이상의 대립과 갈등이 아니라 조속하게 평화를 이루는 것이라는 공통된 인식을 가지게 되었다. 이로 인해서 30년 가까이 끌어온 쟈카르타 중앙정부와 아쩨 독립운동 GAM이 전격적으로 평화협정을 맺게 되었다. 2005년 8월 15일 북구(北歐) 핀란드의 수도 헬싱키에서였다. 유도요노(SBY)

당시 대통령은 아쩨와의 평화협정 체결로 인도네시아 국민 모두가 위대한 승리를 거두었다며 아쩨와 중앙정부 간의 대립과 갈등은 완전히 사라지게 될 것이라고 확신하였다.

양측의 평화협정에 따라 아쩨는 이슬람법 샤리아(Shariah)를 근간으로 한 행정권한을 가진 특별자치주의 지위를 확보하고, 외교·국방·안보 등 인도네시아 헌법에 의거하여 중앙정부의 권위를 명확히 나타내고 있는 분야를 제외하고는 독자적인 통치권을 행사하게 되었다. 아쩨의 분리 독립운동을 주도하던 GAM은 해체되었고, 눈에 띄는 중앙정부와의 무력충돌은 더 이상 발생하지 않고 있다. 그러나 아쩨 주정부의 이슬람 강화 행보와 이를 바탕으로 한 정치적인 현안들을 살펴보면, 중앙정부와 아쩨 간의 갈등 관계가 여전하다는 것을 알 수 있다. 그 중에서도 가장 큰 문제는 지역정당과 중앙정당 간의 불신과 경쟁관계에 따른 갈등이다. 아쩨의 지역정당인 아쩨당(PA: Partai Aceh)과 중앙정부(자카르타)가 음으로 양으로 지원하는 아쩨국민당(PNA: Partai Nasional Aceh) 간의 경쟁 관계가 크고 작은 폭력사태를 야기하여 평화협정 체결 이전처럼 중앙정부와 아쩨 간의 무력충돌로 이어질지 모른다는 우려를 낳게 하고 있다.

GAM의 지도자들은 헬싱키에서 평화협상을 진행하는 동안 인도네시아 중앙정부로부터 완전하게 분리 독립하는 것은 현실적으로 불가능하다는 판단을 내렸다. 이에 GAM은 중앙정부로부터 정치적인 실리를 얻어 내려는 전략을 구사하였는데, 바로 아쩨주 자체의 지역정당을 육성하여 인도네시아 전국의 정치체제에 편입하는 우회적인 방법에 착안한 것이었다. GAM 측은 아쩨의 지역정당

이야말로 어떠한 중앙 정당과 연관이 없기 때문에 지역정당을 통해서 GAM의 목표를 실현해 나갈 수 있다고 믿었다.

그러나 쟈카르타 중앙정부 측은 GAM이 아쩨 만의 지역정당을 설립할 경우, 무력이 아닌 다른 방향으로 분리 독립운동을 추진해 나갈 것이라고 우려하였다. 아쩨에서의 선례는 파푸아(Papua) 같은 지역에서도 지역정당 설립을 요구하게 될 것이 분명하다는 판단이었다. 쟈카르타 중앙정부는 아쩨가 원하는 독자적인 지역정당 대신에 중앙 정당(전국적인 정당)의 공천 후보로 나설 기회를 제공한다는 대안을 제시하였다. 그러나 GAM은 끝까지 자신들의 주장을 굽히지 않았으므로 양측의 협상은 교착상태에 빠지게 되었다. 유도요노 대통령 정부는 평화협정의 타결에 대한 국제사회의 지속적인 압력으로 결국 GAM의 요구를 받아들이게 되었다. GAM이 아쩨의 지역정당을 통해서 중앙정당과 경쟁할 수 있는 토대를 마련하게 된 것이었다.

GAM의 지도자들은 2007년 아쩨의 전통적인 독립운동 정신을 계승하기로 결정하였다. 이에 따라, 당명(黨名)을 GAM으로 하고 독립운동 당시 사용하던 깃발을 당기(黨旗)로 채택하였다. 이와 같은 GAM의 도발적인 행보는 쟈카르타의 거센 거부반응을 불러 일으켰는데, GAM을 당명으로 사용한다는 것은 곧 인도네시아로의 통합에 반대하고 있다는 증거라고 주장하였다. 이에 따라, GAM 측은 성공적인 제도권 진입을 위해서 당명을 아쩨당(PA: Partai Aceh)으로 변경하였다. 2009년에 실시된 아쩨주의 지방선거에 5개의 아쩨 지역정당과 38개의 중앙정당이 참여하였는데, PA는 예상을 뛰어넘어 총

유효투표의 47퍼센트를 기록하며 압도적인 승리를 거두었다. 쟈카르타의 정치인들은 PA의 승리 이후, PA의 궁극적인 목표에 대해서 새삼스럽게 의구심을 가지게 되었다. '분리 독립'이라는 감추어진 카드라는 것이다.

아쩨당(PA)과 쟈카르타 중앙정부 간의 상호불신은 계속되었다. 쟈카르타 정부의 지도자들은 PA가 GAM으로 있으면서 중앙정부와 겪었던 대립과 갈등이 PA의 승리로 고착화될 지도 모른다고 생각했다. 이들은 평화협정 체결 이전 중앙정부와 아쩨 간의 전면적이며 폭력적인 갈등이 향후 선거운동의 과정에서 심각한 돌발 상황으로 재연될 것으로 보았다. 쟈카르타의 우려는 2009년 아쩨의 첫 지방선거에서 현실로 나타났다. 선거가 임박했을 때 PA 측이 일단의 괴한으로부터 습격을 당했는데, 현역 군인들의 비호 하에 과거 GAM의 무장집단에 대항해서 무기를 들었던 사람들로 밝혀졌다. PA 역시 쟈카르타 중앙정부가 우려한 것처럼 소란을 야기하거나 폭력적인 행동으로 반대당이나 경쟁 상대의 선거운동을 방해하였다. 이들은 대개 오랫동안 GAM의 무장활동에 가담했던 사람들이었고, PA는 선거운동에 이들을 전면에 내세웠다.

2010년 이후로도 폭력사건은 계속되었는데, PA와 PNA 간의 정치적 갈등이 주요인이었다. 아쩨국민당 PNA는 아쩨 주지사를 역임한 이르완디 유숩(Irwandi Yusuf)이 설립하였다. 2006년 유숩은 평화협정 후 첫 번째 주지사 선거에서 당명을 내걸지 않고 출마하여 GAM의 전직 총리였던 말릭 마흐무드(Malik Mahmud)를 제치고 당선되었다. 말릭은 띠로(Hasan di Tiro)의 최측근 인물이었고, 유숩 또한 GAM의 소장파(1960년 생) 지도자의 한 사람으로 아쩨에 쓰나미가 닥쳤을 때 감옥에 있었다. 그는 40명이 생존한 278명의 수감자 중의 한 사람이었다. 그는 수의사로 미국 오레곤주립대학에서 수학하고 석사학위를 받은 엘리트다.

2011년 아쩨 주지사 선거를 앞두고 유숩과 말릭의 정치적 입지가 뒤바뀌었다. GAM을 배경으로 한 지역정당 PA가 2009년 아쩨 지방선거에서 유도요노 대통령(당시)의 중앙정당인 민주당(PD: Partai Demokrat)을 누르고 아쩨 주의회(광역의회)와 군 단위의 기초의회를 장악했기 때문이었다. PA가 말릭의 영향 하에 있었기 때문에, PA는 물론이거니와 PA가 장악한 아쩨 의회 역시 말릭의 수중에 놓이게 되었다. 2011년 아쩨 주지사 선거에서 PA는 1976년부터 2005년까지 GAM의 사령관직에 있었던 노장파(1940년 생) 쟈이니 압둘라(Zaini Abdullah)를 후보자로 선택했다. 쟈이니는 현직 주지사 유숩을 제치고 새 주지사가 되었다. 임기는 2017년까지다. 그 역시 띠로의 측근으로 오랫동안 아쩨와 스웨덴을 오가며 의사로 활동(1982-2005년)하였다. 메단(Medan)의 북수마트라대학(USU: Universitas Sumatra Utara)에서 의과대학을 다녔고(1960-1972), 스웨덴 웁쌀라(Uppsala)대학에서 다시 의학공부(1990-1995)를 하여 의학박사학위를 받았다. 이로써 이르완디 유숩이 이끄는 PNA와 쟈이니 압둘라-말릭 마흐무드-PA 간의 경쟁과 갈등의 팽팽한 대립구도가 형성된 것이다.

지난 1992년부터 NGO로 활동해 오면서 유사한 성격의 200여 개의 군소 사회활동 조직(주로 NGO)을 연결하고 있는 아쩨포럼

(Forum LSM Aceh)의 설명에 따르면, 아쩨 지역에서 정치적인 이유로 발생하는 폭력사건은 선거유세 기간에 들어서면 두 배 이상 증가했다고 한다. 이를 근거로 아쩨포럼은 헬싱키 평화협정 체결과 2009년 선거에서 PA가 성공을 거두었음에도 불구하고 아쩨는 언제라도 정치적인 혼란을 초래할 수 있는 지역이라고 확신하고 있다. 실제로 PA와 PNA의 대립은 폭력 행위로 이어지기 일쑤인데, 그 이유는 쟈카르타 중앙정부와 PNA가 서로 긴밀한 협력관계를 유지하고 있다는 PA의 확신 때문이다. 더구나 과거 무장투쟁에 나섰던 GAM의 강성 지지 세력들은 PNA 자체를 아쩨의 반역 집단으로 여기고 있다.

PA와 PNA의 정치적인 대립이 극명하게 보여주는 아쩨의 분열은 단순한 GAM의 내분이 아니다. 아쩨가 똘똘 뭉쳐서 중앙정부의 권위에 다시 도전할지 모른다는 우려와 의구심을 가지고 있는 쟈카르타와 종족성과 지역의 이익을 지키려는 아쩨 간의 뿌리 깊은 불신과 갈등이 가시지 않고 있다는 것이다. 2009년 아쩨 지역선거에서 PA가 승리하자 중앙정부는 아쩨가 다시 분리 독립에 대한 의지를 보일지도 모른다는 판단 아래 아쩨의 분열조장에 나선 것으로 볼 수 있다. 이르완디 유숩이 주지사 재선에 실패하고 PNA 창당에 착수했을 때, 중앙정부의 지원을 받았음이 분명하다고 PA는 확신하고 있다.

아쩨를 절대 포기할 수 없는 중앙정부의 단기적인 선택은 분명하다. 유숩을 앞세워 GAM의 분열을 조장하여 쟈이니 압둘라의 영향력을 약화시키는 동시에 PNA를 지원 육성하여 PA와 대리전을 치르게 함으로써 분리 독립의 길로 나서지 못하도록 억제하는 것이다. 아쩨의 장래에 대한 장기적인 전략이 필요한 쟈카르타 중앙정부는 아쩨 문제로 새로운 딜레마에 빠져들게 될지도 모른다.

인도네시아령 파푸아와 파푸아뉴기니

인도네시아 군도의 동부에 위치한 파푸아 뉴기니(*Papua New Guinea*)는 그린란드(*Greenland*)에 이에 세계에서 두 번째로 큰 섬이다. 통치 주체가 동서로 분리된 이 섬의 동부는 독립국가파푸아뉴기니(*Independent State of Papua New Guinea*)라는 독립국가이며, 서부는 인도네시아령 파푸아(Papua)다. 국제사회에서 PNG로 불리는 독립국가파푸아뉴기니는 20개 주와 2020년 주민투표를 거쳐 분리독립이 예정되어 있는 부겐빌(Bougainville)자치주와 수도 특별주 등 22개 행정구역으로 구성되어 있고, 인도네시아령 파푸아는 파푸아(Papua)주와 서(西)파푸아(Papua Barat)주 등 두 주로 나뉘어 있다.

파푸아 뉴기니 섬의 전체 면적은 785,753㎢이며, PNG가 462,840㎢, 파푸아가 322,913㎢로 각각 한국의 4.6배와 3.2배에 달하는 광활한 면적을 가지고 있다. PNG의 인구는 2017년 인구센서스 결과 825만 명으로 나타났으며, 파푸아의 주민은 348만 명(2014년)이다. PNG 수도 포트 모레스비(Port Moresby)는 인구 30만(2009년)의 항구 도시인데, 이 지역 탐사에 나섰던 영국 해군의 존 모레스비(John Moresby)제독이 자신의 선친 훼어팩스 모레스비(Fairfax

Moresby) 제독의 위업을 기려 붙인 이름이다. 인도네시아령 파푸아의 파푸아 주도(州都)는 쟈야뿌라(Jayapura)이며, 서파푸아는 마노꽈리(Manokwari)다. 파푸아에서 가장 큰 도시는 서파푸아에 있는 항구 도시 소롱(Sorong)인데, 2014년 통계로 22만 명의 주민이 거주하고 있다.

호주 대륙 북부의 남서(南西) 태평양 상에 있는 파푸아 뉴기니는 인도네시아 군도의 대부분 지역이 아시아 대륙에서 떨어져 나온 것과는 달리 남태평양 군도의 일원이다. 서구 열강시대가 열리면서 스페인과 포르투갈 탐험가들이 이 섬을 거쳐 갔고, 1660년 네덜란드동인도회사(VOC)가 가장 먼저 파푸아 뉴기니에 대한 영유권을 주장하고 나섰다. 네덜란드는 이 보다 앞서 1605년에 이미 쟈바(Jawa)를 중심으로 인도네시아 식민통치를 시작하여 파푸아 뉴기니 서부에 위치한 말루꾸(Maluku)군도를 공략하고 있었는데, 이곳이 바로 유럽 시장에 향료군도(*Spice Islands*)로 널리 알려진 몰루카스(*Moluccas*)였다. 17세기 초 독일과 영국 등 유럽 강국들이 이 지역에 대한 해역조사에 나서자, 네덜란드는 1828년 서둘러서 파푸아 뉴기니 섬의 절반에 해당하는 서부 지역에 대한 영유권을 선언하였다.

19세기 후반의 국제정세는 서세동점(西勢東漸)의 꼭짓점을 달리고 있었다. 1884년 독일이 파푸아 뉴기니의 동북부를 독일령 뉴기니(*German New Guinea*)로 선포하자 같은 해 영국도 동남부에 영령 뉴기니(*British New Guinea*)를 세웠다. 이어서 영국은 1905년 영령 뉴기니를 파푸아 지역(*Territory of Papua*)으로 개칭하여 호주에 위임 통치를 맡겼으며, 독일령도 제1차 세계대전(1914-1918)에서 독일이 패망하면서 국제연맹에 의해서 호주의 위임통치령이 되었다. 유럽의 정세 변화를 간파한 네덜란드는 1920년 파푸아 뉴기니 서부 전역을 네덜란드령 동인도(Nederlands Oost-Indie)의 특별주로 선포하여 네덜란드령임을 공고화하였다.

제2차 세계대전(1939-1945) 중 파푸아 뉴기니에서는 20만 명이 넘는 일본군과 1만 4천 명에 달하는 호주-미국 연합군이 사망하는 참혹한 정글전과 해전이 전개되었다. 1949년 영국은 파푸아 뉴기니 동부 전역을 파푸아-뉴기니지역(*Territory of Papua and New Guinea*)으로 삼고 계속해서 호주의 위임 통치 하에 두었다. 이 명칭은 1972년에 이르러서 파푸아 뉴기니(PNG)로 바뀌게 되었다.

파푸아 뉴기니는 1975년 9월 유엔에 제출한 원주민들의 독립 탄원이 받아들여져서 60년의 호주 위임 통치시대를 마감하고 독립국가파푸아뉴기니로 독립하여, 같은 해 10월 영연방에 가입하였다. 영국 여왕을 국가 원수로 받들고, 영국 총독이 있으며, 현지인 수상이 통치하고 있다. 이 나라와 인도네시아령 파푸아의 주 종족은 모두 동일한 파푸아(papua)족이다. 파푸아는 멜라네시아 군도에서 '곱슬머리'를 지칭하는 단어로 쓰이는데, 어원(語源)은 불분명하다. 말레이어에 파푸와(papuwah)라는 단어가 있는데, 곱슬머리 파푸아와 동의어인지는 분명치 않다. 뉴기니(*new Guinea*)는 16세기 중반 스페인 선원들이 중서부 아프리카 기니(*Guinea*) 주민들과 비슷하게 생겼다고 해서 붙여진 이름이다. 필리핀 민다나오(Mindanao) 남부의 무슬림들을 통칭하는 모로(Moro) 족도 스페인 선원들이 아프리카 북서부의 모로코(*Morocco*) 사람들을 보고 이들과 생김새가 비슷하다고 하여 모로족으로 부르기 시작했던 경우와 같다.

환태평양 화산대의 가장 활발한 화산활동 지역인 파푸아 뉴기니에는 지진과 쓰나미를 동반한 해일이 잦다. 또한 지구상에서 가장 종족이 다양한 지역이기도 하다. 인도네시아령 파푸아도 마찬가지다. 파푸아 뉴기니에는 250여 파푸아족의 하위 종족이 있고 공식적으로 집계된 종족언어가 848개 인데, 인도네시아령 파푸아에도 이와 비슷한 숫자(255개 종족이라는 통계가 있다)의 종족과 종족언어가 있다. 파푸아 뉴기니는 외부 사람들의 발길이 가장 적게 닿은 땅이다. 오늘날까지도 분류되지 않은 동식물이 이곳에 가장 많다고 한다.

파푸아족은 대개 밀림 속에서 원시적인 방법으로 농사를 지으며 수렵생활을 한다. 고구마가 주식이며, 돼지 기르기에 정성을 드린다. 헤드헌팅(*headhunting*)과 식인(食人) 풍습이 남아있는 오지(奧地)도 있다. 1961년 11월 미국의 대재벌이자 후일 뉴욕 주지사와 미국 부통령을 지낸 록펠러(Nelson A. Rockefeller)의 5남이었던 당시 23세의 마이클 록펠러(Michael C. Rockefeller)가 아스맛(Asmat)에서 실종되었다. 아스맛은 오늘날 인도네시아령 파푸아주의 남부 내륙에 있는 오지 마을이다. 당시 파푸아 전역은 네덜란드의 통치하에 있었다. '사막에 떨어진 바늘 찾기' 수준의 수색작업이 수개월 동안 전개되었다. 별도의 사설 탐험대도 파견되었다. 그러나 아무런 흔적도 찾아내지 못하였다. 마이클의 실종 53년이 지난 2014년 미국의 중견 저널리스트 칼 호프만(Carl Hoffman)이 〈야만적인 수확(*Savage*

Harvest)〉이라는 제하의 저서를 출판하였다. 그는 마이클이 아스맛에서 야만인들에 의해서 희생되었다고 썼다. 록펠러가(家)에서 즉시 이를 부인하였다.

독립국가파푸아뉴기니(PNG)의 서부는 인도네시아령 파푸아(Papua)다. 이곳 사정은 동부의 PNG보다 훨씬 복잡하다. 인도네시아의 독립은 1945년이지만, 인도네시아령 파푸아는 1969년에 이르러서야 비로소 공식적으로 인도네시아에 합병되었다. 24년의 긴 시간이 소요되었다. 합병 당시의 지역 명칭이 서부 이리안(Irian Barat)이었는데, 동부의 독립국 파푸아와 차별성을 갖는데 초점을 맞춘 것이다.

1946년 남부 술라웨시의 말리노(Malino)에서 인도네시아령 파푸아 문제를 다루는 국제회의가 열렸고, 원주민 대표로 참석한 프란스 카이세이뽀(Frans Kaiseipo)는 '파푸아(papua)'라는 명칭은 '노예'라는 의미를 내포하고 있기 때문에 새로운 현대국가에서 이를 계속해서 사용하는 것은 옳지 않고, 현지 주민들은 파푸아의 지역명을 '새로운 기니'라는 의미의 기니 바루(Guini Baru)로, 종족명을 '이리안(Irian)'을 선호한다고 주장하였다. 이리안은 카이세이뽀의 고향인 비악(Biak)어로 '뜨거운 땅, 그곳 사람들'이라는 뜻인데, 비악은 인도네시아령 파푸아의 서북단(西北端)에 위치한 섬이다. 카이세이뽀가 주장한 이리안은 오랫동안 많은 사람들의 입을 통해서 전파되었다. 그는 1964년부터 1973년까지 10년 동안 파푸아 주지사로 재임하였고, 후일 인도네시아 국가영웅에 추대되었다.

1945년 독립 이후부터 이리안이라는 명칭이 현지인들에 의해서 줄곧 사용되었다. 1969년 인도네시아의 26번 째 주가 될 때의 공식 명칭도 이를 채택하였다. 네덜란드의 식민통치 시기에는 네덜란드령 뉴기니(Nugini Belanda)로 칭했고, 독립운동시기에는 파푸아와 뉴기니로 혼용되다가 1945년 독립과 함께 원주민 사이에서 이 명칭 사용을 선호하였다. 수카르노의 통치 시기인 1963년 서(西)이리안(Irian Barat)으로 변경되었다가 1973년 수하르토(Suharto) 통치기에 이를 이리안 자야(Irian Jaya)로 재개칭하였다. '영광스런 이리안'이라는 뜻이다. 수하르토 하야 후 문민정부가 들어선 2000년 이리안 자야를 파푸아(Papua)로 고쳐 부르기로 하고, 2001년 파푸아특별자치법에 이를 포함하여 2002년부터 공식적으로 파푸아 주가 되었다. 파푸아에서 이리안으로, 그리고 다시 파푸아로 되돌아 온 것이었다.

2004년 파푸아 주는 동부의 파푸아(Papua)주와 서부의 서(西)이리안(Irian Barat)주로 분주하였다. 동부의 파푸아는 '종족성'을 우선하고, 서부의 서이리안은 수하르토 통치하의 '개발 이익'을 계승하겠다는 의도였다. 서이리안의 중심도시 소롱(Sorong)은 수하르토 정부가 이리안을 집중 지원한 결과물로 자주 등장하였다. 그러나 지방분권을 강조한 문민정부 하 종족성에 대한 논란이 비화하면서 2007년 4월 서이리안주는 서파푸아(Papua Barat)주로 주명이 재차 변경되었다. 이 과정에서 광활한 파푸아를 동부 파푸아, 중부 파푸아, 서부 파푸아 등 세 주로 분주(分州) 하자는 안이 대두 되었고, 자카르타 정부가 파푸아족을 분리시키려는 의도가 있다며 이를 다시 '없었던 일'로 하는 해프닝도 벌어졌다.

1945년 수카르노(Sukarno)가 인도네시아공화국(Republik Indonesia)의 독립을 선언하였지만, 네덜란드는 이를 인정하지 않았다. 독립투쟁을 위한 혁명기(1945-1949)를 거친 1949년 12월 27일 네덜란드는 유엔의 중재로 헤이그 협정에 서명하고 비로소 인도네시아의 독립(12월 29일)을 인정하였다. 네덜란드는 수하르토 이후 문민정부 하의 인도네시아 국회에 외무장관을 보내 네덜란드가 그동안 헤이그 협정을 근거로 인도네시아 독립을 1949년이라고 주장한 것은 명백한 잘못이었으며, 인도네시아의 독립은 역사적으로나 도의적으로나 1945년이 분명하다고 공식 사과한 바 있다.

네덜란드는 1949년 인도네시아의 독립을 인정하고 통치권을 이양하면서도 이리안(Irian)에 대한 영유권은 포기하지 않았다. 네덜란드는 이리안에 자국의 위성국가인 파푸아국(*the State of Papua*)을 세우려고 했고, 그 가능성도 확신했다. 이리안은 처음부터 자신들이 식민통치한 여타의 인도네시아 군도와는 차별적이었다. 이미 1660년에 이 지역에 대한 영유권을 선언하였고, 1828년에 유럽 강대국들의 승인을 받았으며, 20세기로 접어들면서 나름대로 지속적으로 현지 개발에 나섰다. 그들에게 서남태평양에 위치한 광활한 천연자원의 보고인 이리안은 조국 네덜란드의 '파라다이스'가 될 것이라고 생각했다.

수카르노의 생각은 달랐다. 네덜란드가 350년 동안 인도네시아를 통치했고, 그들의 통치영역은 모두 인도네시아령이라는 확고부동한 신념을 가지고 있었다. 더구나 수카르노는 비동맹이라는 막강한 지지 세력을 배경으로 하고 있었다. 1961년 12월 수카르노는 전격적으로 네덜란드가 점령하고 있는 이리안에 대한 군사작전을 전개하는 대통령 명령을 발표하였다. 그는 한창 주가가 오르고 있던 비동맹을 무기로 형제국가에 적대적 국가로 바뀐 중국과 소련(당시)을 넘나들면서 양국으로부터 거액의 무상원조를 얻어 내었다. 소련은 이 때 인도네시아에 대규모의 군사원조를 제공하였다. 수카르노는 소련제 전투기와 전함으로 오랜 식민통치 주체인 네덜란드에 일격을 가하는 '본때'를 보여주고 싶었다.

케네디(John F. Kennedy) 대통령은 이리안에서 제3차 세계대전이 촉발할지도 모른다는 우려를 갖게 되었다. 수카르노가 '막무가내'로 이리안의 네덜란드를 공격하면, 중국과 소련은 인도네시아를 지원할 것이 분명하고, 제2차 세계대전의 동맹국인 미국과 유럽은 네덜란드 편에 서지 않을 수 없다는 판단이었다. 케네디는 법무장관(Robert F. Kennedy)을 인도네시아와 네덜란드에 파견하였다. 그러나 수카르노는 국제정세가 자신에게 유리하게 전개됨을 간파하고, 역(逆)으로 군사작전을 대폭 강화하여 이리안에 공수부대를 증파하였다. 제2차 세계대전 후 세계의 중심국가로 지위를 굳혀가던 미국은 선택의 여지없이 네덜란드 설득에 나섰다. 처음에 네덜란드는 이리안을 포기하라는 미국의 제안을 완강하게 거부하였다. 미국은 미국이 주도하던 유럽 전후복구를 위한 마샬플랜(*Marshall Plan*)에서 네덜란드를 제외시키겠다는 최후의 카드를 꺼내들었다. 네덜란드는 마지못해서 미국의 제안을 받아들였고, 수카르노는 거대한 이리안을 품에 안는 위대한 승리를 거두었다.

1962년 9월 인도네시아와 네덜란드는 뉴욕협정에 서명하고, 병

커플랜(*Bunker Plan*)에 따라 이리안을 유엔임시행정청(UNTEA: *UN Temporary Executive Authority*)에 이양하여 인도네시아 귀속 절차를 밟기로 하였다. 벙커(Ellsworth Bunker)는 인도네시아-네덜란드 간의 협상을 성공적으로 이끌어 낸 미국 외교관(대사)의 이름이었다. 같은 해 10월 과테말라의 롤츠베넷(Jose Rolz-Bennett)이 초대 행정장관으로 부임하여 UNTEA가 출범하였다. 7개월 여 만에 네덜란드가 이리안에서 철수하고, 일부 파푸아 원주민 지도자들을 앞세워 자카르타의 인사들이 네덜란드의 공백을 메워 나갔다. 롤츠베넷의 후임자인 이란의 쟐랄압도(Djalal Abdoh)가 1963년 5월 2대 행정장관으로 소임을 마쳤다.

UNTEA는 짧은 운영 기간 중 19종의 우표를 발행하여 유엔 우정국을 통하여 유엔 회원국에 판매함으로써 분쟁지역 홍보에도 힘썼다. 쟐랄압도의 임기가 종료됨에 따라, 이 지역은 수카르노 대통령에 의해서 서이리안(Irian Barat)이라는 새로운 지명을 얻게 되고, 초대 주지사로 뉴기니아회의(*New Guinea Council*) 의장 보나이(E. J. Bonay)가 임명되었다. 분쟁지역 이리안에 대한 유엔의 임시행정청 설치의 첫 시도는 외견 상 성공적이었다. 그 후 유엔은 캄보디아(UNTAC), 크로아티아(UNTAES), 코소보(UNMIK), 동(東)티모르(UNTAET)에서 같은 형태의 임시행정청을 운영하였다.

뉴욕협정의 마지막 관문인 주민투표가 1969년 7월부터 9월까지 1025명의 주민 대표자가 참가한 가운데 치러졌다. 약 80만 명의 선거권자 중 인도네시아 군부가 선발한 대표자들은 강압적인 분위기 속에서 (비밀투표가 아닌) 공개적으로 투표에 임했다. 인도네시아 수하르토 정부는 '유엔에서도 인지한' 선거라며 서둘러서 그 결과를 발표하였다. 선거 결과에 따라 서이리안은 인도네시아공화국의 26번째 주가 되어 대통령 직할주의 지위를 얻게 되었다.

인도네시아령 파푸아 문제는 아직도 갈 길이 멀다. 쟈카르타 정부의 가장 큰 보물인 파푸아는 인도네시아로부터 절대로 분리될 수 없다는 것이 파푸아를 제외한 모든 인도네시아 국민들의 공통된 인식이다. 그러나 파푸아 사람들은 독립을 원한다. 뉴욕협정이 불확실하게 마무리 되었다는 것도 한 가지 이유이다. 그래서 기회 있을 때 마다 파푸아 사람들은 독립을 외친다. 독립국가파푸아뉴기니와 연방을 결성하여 때가 되면, 파푸아뉴기니를 통일해야 한다고 주장하기도 한다. 호주와 서방세계의 NGO들이 다양한 채널로 이들을 부추기고 있다. 많은 희생자가 속출하고 있다. 쟈카르타 정부도 나름대로 파푸아의 재정 지원을 강화하고 자율권 신장에 노력하고 있음이 분명하다. 가쟈마다대학교의 사회과학대학에는 가칭 소롱(Sorong)클래스가 있다. 소롱의 각계각층의 지도자들이 지난 80년대 이래로 대거 중앙정부의 지원으로 쪽쟈카르타에 와서 수학하고 있다. 인도네시아화(化) 정책의 일환이다. 파푸아는 넓고, 정글로 덮였으며, 인구는 적어 도시화가 더디고, 더구나 많은 사람들을 한데 모으기가 쉽지 않다. 그러나 혁명적인 통신기술의 발달로 이러한 문제점이 조금씩 풀려나가는 기미가 있다.

파푸아에도 종족 분규는 더러 있지만, 다행스럽게도 종교분쟁은 거의 없다. 독립국가파푸아뉴기니와 인도네시아령 파푸아는 공히 다양한 하위 부족으로 구성된 파푸아족 중심의 원시적 부족사회이다. 기독교가 대종을 이루는 것은 유럽의 선교단체들이 일찍부터 이곳을 선교 대상지역으로 삼았던 까닭이다. 인도네시아령 파푸아의 경우, 2010년 센서스 결과 83퍼센트가 그리스도교를, 16퍼센트가 무슬림이다. 그리스도교도 중 63퍼센트가 프로테스탄트, 18퍼센트가 로만 가톨릭이다. 독립국가파푸아뉴기니는 조금 다르다. 2000년 인구조사에 의하면, 96퍼센트가 그리스도교를 신봉하며 나머지 4퍼센트가 약간 명의 무슬림과 토착종교 신봉자들이다. 그리스도교도 중 로만 가톨릭이 27퍼센트로 가장 많고, 루터교(20퍼센트)를 비롯하여 다양한 유럽계 프로테스탄트로 구성되어 있다.

INDONESIA

제7장

칼리만딴과 보르네오

INDONESIA

제7장 칼리만딴과 보르네오

1. 보르네오: 하나의 섬에 세 나라
2. 사라와크: 코뿔새 끄날랑의 땅
3. 사바: 바람 아래 땅

1970년대까지 수출한국을 이끈 제품 중에 첫 손가락에 꼽히는 것이 합판이었다. 정부는 1964년 합판산업을 수출특화산업으로 지정하였고, 1968년의 합판수출액 6800만 달러는 같은 해 한국의 수출 총액의 10퍼센트를 상회했으며, 1976년에는 3억 5900만 달러로 대표적인 한국 수출상품이 되었다.

이 배경에는 인도네시아 보르네오산(産) 원목이 있었고, 1962년 한국의 해외투자 1호를 기록한 남방개발 코데코(KODECO)가 있었다. 남방개발 창업주 최계월(1919-2015)은 1963년 대한민국 해병대 상륙사단 부사관 출신 120명의 열혈청년을 이끌고 칼리만딴(인도네시아령 보르네오)의 원시림 정글로 뛰어들어 원목개발 사업을 시작했다. 1970년대 수출한국을 이끈 합판은 한국인 최계월과 인도네시아의 정글이자 세계인의 허파 보르네오가 있어서 가능했다.

보르네오는 아시아에서 가장 큰 섬이다.

이 섬에는 인도네시아 · 말레이시아 · 브루나이 등 세 독립국가가 있다.

한 섬에 세 나라가 공존하는 유일한 도서다. 인도네시아는 이곳을 칼리만딴(Kalimantan)이라 칭하며, 말레이시아는 영국 식민통치의 영향으로 보르네오(*Borneo*)라 칭한다. 이 섬의 북부 말레이시아령 사라와크(Sarawak)와 사바(Sabah) 사이에 독립 이슬람 술탄왕국 브루나이가 있다.

보르네오에서 가장 뚜렷하게 돋보이는 종족은 단연 다약(Dayak)족이다. 이들은 국경에 관계없이 오늘까지도 종족의 유대감을 계속해서 유지하고 있다.

제7장 보르네오(인도네시아에서는 칼리만딴)는 유럽 열강의 식민통치역사가 현존하는 지역으로 인도네시아, 말레이시아, 브루나이, 필리핀 등 4개국 간 분쟁의 소지가 상존하고 있음.
인도네시아-말레이시아 간 리기딴(Ligitan)과 시빠단(Sipadan) 영유권 분쟁(1991년)이 하나의 사례임.

보르네오: 하나의 섬에 세 나라

주요 대륙마다 큰 섬이 하나씩 딸려 있다. 유럽에는 그린란드(2,175,600㎢)가 있고, 호주·뉴질랜드·남태평양 군소도서를 아우르는 오세아니아에는 뉴기니아(771,900㎢)가 있고, 가장 큰 아시아 대륙에는 동남부에 보르네오(743,330㎢)가 있으며, 아프리카에는 대륙 동남부에 마다가스카르(592,000㎢)가 있다. 이들이 세계 4대 도서이다. 이 중에서 보르네오와 뉴기니아는 가까이에 위치하지만, 서로 다른 대륙에서 분리되었다. 보르네오는 아시아 대륙에서, 뉴기니아는 오세아니아 대륙에서 떨어져 나왔다. 당연하게 두 지역의 동물군과 식물군 분포가 상이하다. 마카사르(Makassar) 해협(칼리만딴과 술라웨시 사이)과 롬복(Lombok) 해협(발리와 롬복 사이)을 잇는 월리스 라인(*Wallace Line*)이 아시아와 오세아니아를 가르는 선이다. 지각 변동으로 형성된 두 해협은 협소하나 매우 깊어서 말라카 해협 이후의 새로운 국제항로로 개발된 가능성이 크다.

보르네오(*Borneo*)는 한 섬에 세 나라가 존재하는 지구상의 유일한 섬이다. 인도네시아령 칼리만딴(Kalimantan)과 말레이시아령인 사라와크(Sarawak)와 사바(Sabah) 그리고 브루나이(Brunei)가 함께 있는 섬, 인도네시아에서 칼리만딴이라 칭하고, 말레이시아와 브루나이에서는 보르네오(Borneo)라고 부른다. 특히 말레이시아에서는 칼리만딴 보다 인도네시아령 보르네오(*Indonesian Borneo*)라는 명칭을 선호한다. 일찍이 영국을 비롯한 서구 열강들의 관심의 대상이었던 까닭이다. 세계에서 세 번째로 큰 이 섬은 한국의 일곱 배가 넘는다. 섬 중앙으로 적도가 지나간다. 그러므로 섬 전체가 고온다습한 열대우림기후대의 전형이다.

보르네오에서 가장 긴 강은 서부 칼리만딴을 가로 지르는 카뿌아스(Kapuas)강으로 1,143㎞이다. 동부와 남부 칼리만딴에 각각 마하깜(Mahakam: 980㎞)강과 바리또(Barito: 880㎞)강이 있다. 보르네오 섬 북부에는 사라와크에 라쟝(Rajang) 강이 제일 긴데, 563㎞이다. 1,000미터를 상회하는 산지가 많이 분포되어 있으며, 가장 높은 산은 사바의 동북단에 위치한 키나발루(Kinabalu) 산이다. 카타쟌(Kadazan) 족의 영산(靈山)으로 '영혼의 안식처'라는 뜻인데, 4,101미터(4,095미터라는 자료도 있음)로 동남아 최고봉이다.

국별 영토 면적은 인도네시아, 말레이시아, 브루나이가 각각 73퍼센트, 29퍼센트, 1퍼센트를 차지하고 있다. 인구분포도 영토 크기 비율과 비슷하여 인도네시아가 약 1500만(2014년)으로 보르네오 전체 인구의 약 70퍼센트를 차지하고, 말레이시아(사라와크, 사바, 라부안)가 560만(2010년), 브루나이가 40만(2010년)이다.

보르네오는 10세기 후반부에 세계사에 등장한다. 중국과 인도 그리고 쟈바(Jawa)의 고대 유물과 유적에 의하면, 보르네오의 북서부(오늘날의 사라와크 주도 꾸칭 인근을 지칭하는 듯)에 해양 교역지가 산재되어 있었다. 중국 자료에는 이곳 보르네오에서 금(金)·장뇌(樟腦)·바다거북 껍질·코뿔새와 코뿔소 뿔·꿀과 식용 가능한 새 집·다양한 향신료 등을 수집해 갔다는 구체적인 상품명을 나열하고 있다. 인도에서는 보르네오를 '황금의 땅' 수바르나부미(Suvarnabhumi), 또는 '장뇌의 섬' 카푸라비파(Karpuradvipa)라고 불렀으며, 쟈바에서도 이곳을 '보석의 섬'을 뜻하는 푸라드비빠(Puradvipa)라 했다. 대략 500년대부터 1300년대까지 사라와크 해안의 여러 곳에 인도와 중국 간의 교역을 중계하던 소규모의 무역 거점이 산재되어 있었다. 산스크리트 고문자도 이곳에서 발견되며, 중국 송사(宋史)에도 보르네오 사정(事情)이 등장한다고 한다.

14세기까지 보르네오는 거주민의 군거지가 형성된 큰 강의 하구언을 중심으로 쟈바의 모죠꺼르또(Mojokerto)에 근거지를 둔 마쟈빠힛(Majapahit) 왕조의 영향 하에 있었다. 이 때 쯤에는 마쟈빠힛 통치 구조를 통하여 기존의 힌두문화 우세에서 서서히 이슬람문화가 원주민들에게 다가서고 있었다. 1457년 샤리풀 하셈 쉐드 아부 바끄르(Shariful Hashem Syed Abu Bakr)라는 아랍 태생의 죠호르(Johor) 무슬림이 말라카(Malaka)로부터 술루(Sulu)에 도착하여 술루 술탄왕국(*Sultanate of Sulu*)을 세우고, 자신을 이슬람 왕국의 군주명으로 술탄 하셈 아부 바끄르(Paduka Maulana Mahasari Sharif Sultan Hashem Abu Bakr)라 칭하였다. 죠호르는 말레이 반도 남단의 이슬람 왕국이며, 술루는 오늘날 필리핀령 민다나오(Mindanao)와 보르네오를 잇는 열도(列島)의 중심지이다. 술루 왕국 이전에 보르네오 북부에는 마쟈빠힛의 영향 하에 있었던 것으로 믿어지는 브루나이 술탄왕국(*Sultanate of Brunei*)이 건재하여 15세기부터 17세기 동안 왕국의 황금기를 누렸다. 이 때 브루나이는 바타비아(쟈카르타)와 마닐라를 잇는 후기(後期) '바다의 실크로드(*Silk voyage*)'의 중간 교역거점이었으며, 북부 보르네오 전 지역에 대한 통치권을 장악하고 있었다.

브루나이 왕국이 침체기로 접어든 18세기 초(1703년 또는 1658년의 두 설이 있음) 브루나이에 내란이 일자 술루 왕국의 도움으로 이를 진압하였고, 이에 대한 대가로 브루나이는 술루에 오늘날의 사바(Sabah) 지역을 할양하였다. 이를 근거로 필리핀은 오늘날까지 사바 영유권을 주장하고 있다. 브루나이 왕국은 후기 바다의 실크로드 시대의 영화를 되찾지 못하였다.

1842년에는 영국의 퇴역 장교에서 탐험가로 변신한 제임스 브룩크(James Brooke)가 사라와크에서 토호들이 왕실에 반기를 들고 반란을 일으키자 이를 진압하고 브루나이 왕실로부터 사라와크를 하사받았다. 이때부터 3대 100년에 걸쳐 브룩크 백인왕조(Rajah Puteh: *White Rajahs*) 시대가 전개되었다. 1824년에는 영화(英和)조약(*Anglo-Dutch Treaty of 1824*)의 체결로 오늘날과 같은 북부 보르네오(사라와크·사바·브루나이)와 남부 칼리만딴 사이에 통치권의 경계가 그어졌고, 그 후 오늘날의 인도네시아-말레이시아 간의 국경으로 고착되었다.

1511년 포르투갈이 말라카 왕국을 침공한 이래 말라카 해협을 중심으로 말레이 반도와 인도네시아 군도(보르네오 포함)는 포르투갈·네덜란드·영국 등 세 유럽열강의 전쟁터였다. 포르투갈이 약 100년 간 이곳을 공략하다가 백단향목(白檀香木) 산지인 동(東)티모르를 남기고 남미(南美)로 빠져나갔고, 그 뒤를 이어 네덜란드가 실패를 거듭한 후, 자바를 중심으로 꿀뚜르스텔셀(Cultuurstelsel)이라 칭하는 열대원예작물 강제재배제도의 정착으로 식민지 경략에 성공하였다.

네덜란드의 성공은 영국 함대를 이곳으로 끌어들였다. 대 포르투갈 해전에서 승리한 네덜란드가 한 때 말라카를 지배했듯이 영국도 19세기 초 유럽의 정세 변화로 잠시 인도네시아 전 지역에 통치권을 행사하였다. 1811년 1816년까지 6년 간이었다. 영국은 수마트라 서남부 븡꿀루(Bengkulu)에 견고한 요새를 축조하여 140년 동안(1685-1824) 독자적으로 유럽시장을 겨냥한 향신료 무역에 공을 들였다. 벤쿨렌(*Bencoolen*)이 븡꿀루의 영어식 표기이다. 영화조약(英和條約) 체결로 영국-네덜란드 간의 갈등은 1824년 이래로 해소 되었으나, 이러한 역사적 배경으로 오늘날 한 섬(보르네오)에 세 나라가 자리 잡게 되었다.

영화조약 이후 영국은 오늘날 사바의 주도인 꼬따 끼나발루(Kota Kinabalu)에 영령북보르네오회사(BNBC: *British North Borneo Company*)를 설립하고 60년(1882-1941) 동안 교역을 통한 이익창출을 꾀했으나, 이렇다 할 성과를 내지 못하였다. 당시의 영국식 도시명 제슬턴(Jesselton)은 BNBC 이사회의 부의장 이름이었고, 그 이전의 지명은 아삐아삐(Api-api)였다. 1967년 꼬따 끼나발루로 말레이시아식 새 도시명을 얻었고, 도시명의 두문자를 따라 '까까(KK)'라는 애칭으로 널리 알려졌다. BNBC는 초기에 싱가포르와 홍콩 간의 중계무역에 특별하게 공을 들였는데, '바다에 밝은' 말레이(Malay)

계와 보르네오의 해변 다약(*Sea* Dayak)족의 끈질긴 해적행위에 시달렸다. 일본이 들어 왔다. 그들은 통치기간(1941-1945) 중 외세를 거부하는 이슬람 술탄들을 폭압하였는데, 그들 또한 보르네오 내륙 다약족들의 저돌적인 '헤드헌팅(*headhunting*)' 공격으로 공포에 떨어야 했다. 싱가포르가 일본의 수중에 떨어진 후, 일본군은 이곳에 주둔했던 수천 명의 영국군과 호주군을 보르네오 정글에 산재된 포로수용소로 이감하였다. 가장 악명 높은 산다칸(Sandakan)에서는 약 2,500명의 포로 중 전쟁이 끝났을 때 단지 6명만이 생환(生還)할 수 있었다.

제2차 대전이 끝나고 새로운 정치 환경이 조성되면서, 보르네오는 다시 한 번 전쟁의 위험에 휩싸였다. 영국이 뚠꾸 압둘 라만(Tunku Abdul Rahman)을 도와 말라야연합(*Federation of Malaya*)에 북부 보르네오 전 지역(사라와크·사바·브루나이)을 포함하여 말레이시아연방(*the Federation of Malaysia*)을 결성하려하자, 수카르노(Sukarno)는 이를 영국의 신식민주의(*Neo-colonialism*)의 책략으로 보고 즉각 대결정책(Konfrontasi: *Confrontation*)을 펼쳤다. 주로 보르네오의 말레이시아와 인도네시아 국경지대에서 벌어진 게릴라전에 영국이 적극 개입하여 말레이시아를 도왔다.

말레이시아와 인도네시아 간의 대결정책은 1962년부터 수하르토(Suharto) 집권 이후인 1969년까지 지속되었는데, 이 시기에 필리핀에서는 마카파갈(Macapagal) 대통령이 사바 영유권을 강력하게 주장하여 보르네오의 정치적 상황을 더욱 어렵게 만들었다. 이 와중에서도 오늘날 아세안의 모태가 된 마필인도(Maphilindo)가 탄생하였다. 인도네시아-말레이시아-필리핀 등 세 나라가 보르네오 분쟁의 와중에서 결성한 마필인도는 세 나라가 모두 말레이족 후예들의 나라라는 공통점에 착안한 것이었다.

보르네오에 거주하는 종족은 매우 다양한데, 내륙에 거주하는 종족과 큰 강과 해안 저지대에 거주하는 종족으로 대별된다. 내륙 종족은 다약(Dayak)족이 주종을 이룬다. 이들은 다시 주거지에 따라 여러 부족으로 나뉜다. 예를 들면, 사라와크 내륙의 이반(Iban)족들은 다약족의 한 갈래이다. 장가옥(*long house*)에 군거하여 집단생활을 하는 이들 이반족은 100만 명에 달한다. 해안 저지대에는 주로 말레이 계통의 종족들이 말라카 해협이나 쟈바 인근으로부터 이주해 왔다. 이들 말레이족은 필리핀에서 마다가스카르까지 분포 범위가 장대한 종족이다. 쟈바(Jawa)에서 건너온 쟈바족과 술라웨시에서 건너온 부기스(Bugis)족도 있다.

보르네오에는 중국인 후예들이 많고 인도인 후예들도 다수 발견되는데, 역사시대 초기부터 유럽의 식민통치시대를 거쳐 오면서 정착한 것으로 믿어진다. 사라와크(Sarawak) 인구의 29퍼센트, 서부 칼리만딴(Kalimantan Barat)의 17퍼센트가 중국 남부에게 건너온 이민자들의 후손이라고 한다. 종교 분포도 흥미롭다. 전체적으로는 무슬림이 대종을 이루나 내륙의 주종족인 다약족의 90퍼센트가 기독교도들이라는 점이다. 18세기를 통하여 이들 다약족들은 유럽 선교사들의 집중적인 선교대상이었다. 아주 작지만, 산악 내지에는 힌두교도 집단 거주지도 발견된다.

수하르토 통치시기에 쟈바와 발리의 인구집중을 완화하기 위해서 대대적인 이주정책을 전개한 바 있었다. 1990년대 초기부터 쟈바·마두라(Madura)·발리(Bali) 등 세 지역으로부터 농지가 없는 가난한 농민들을 중부 칼리만탄(Kalimantan Tengah)으로 이주시켰는데, 2001년까지 중부 칼리만딴 거주민의 21퍼센트가 이들로 채워졌다. 생활 터전이 위축된 다약족과 말레이족은 점차 합세하여 이주민들을 저지하기 시작했고, 수하르토 정권이 붕괴되어 정부 지원이 격감하자 원주민과 이주민 간에 생존차원의 유혈투쟁이 벌어졌다. 1999년에는 삼바스(Sambas)에서, 2001년에는 삼삣(Sampit)에서 수천 명의 마두라 출신 이주민들이 학살당하는 참극이 벌어졌다.

북부 보르네오에는 사라와크(주도: 꾸칭)와 사바(주도: 꼬따 키나발루) 등 두 말레이시아 주가 있고, 독립국가인 이슬람왕정 브루나이가 있으며, 사바와 브루나이로부터 약 8킬로미터 떨어진 남중국해상에 콸라룸푸르(Kuala Lumpur) 직할의 국제금융과 비즈니스센터인 라부안(Labuan)섬이 있다.

인도네시아령 보르네오는 일찍부터 칼리만딴으로 불렸다. 칼리만딴은 산스크리트어 칼리만타나(Kalimanthana)에서 차용했는데, '불같은 기후의 섬(*burning weather island*)'이라는 뜻이다. 이곳 원주민들은 칼리만딴을 클레만딴(Klemantan)이라고 부른다. 칼리만딴은 5개 주로 나뉘어 있다. 동서남북 칼리만딴과 중부 칼리만딴인데, 동부칼리만딴의 주도(州都)는 사마린다(Samarinda), 서부는 폰띠아낙(Pontianak), 남부는 반쟈르마신(Banjarmasin)이며, 최근에 동부 칼리만딴에서 분주한 북부칼리만딴의 주도는 딴죵 슬로르(Tanjung Selor)이고, 중부는 팔랑까르야(Palangkarya)다. 중부칼리만딴의 면적이 가장 넓고 남부칼리만딴이 가장 좁으며, 서부칼리만딴의 인구가 455만 명(2014년)으로 가장 많고 북부칼리만딴이 53만 명(2010년)으로 가장 적다. 사마린다가 인구 73만 명(2010년)으로 가장 큰 도시이고, 그 뒤를 반쟈르마신(63만)이 따르고, 발릭파빤(Balikpapan)(56만)과 폰띠아낙(55만) 순이다.

사라와크: 코뿔새 끄냘랑의 땅

사라와크(Sarawak)는 보르네오 섬의 서북쪽에 위치하며, 126,500㎢의 면적에 326만 명(2018년)의 주민이 살고 있다. 우리나라의 국토 면적(99,720㎢)과 인구 5116만 명(2018년)에 비교하면, 양 지역의 인구 조밀도가 확연하게 구별된다. 동서로 750㎞나 길게 펼쳐져 있는 사라와크는 말레이시아에서 가장 큰 주로 전체 국토 면적의 37.5퍼센트를 차지하며, 인구 면에서도 말레이 반도의 슬랑오르(Selangor)주·죠호르(Johor)주와 인접 사바(Sabah)주 다음으로 주민들이 많은 주이다. 사바와 함께 1963년 말레이시아연방에 가입하였다. 말레이 반도의 9개 주와 달리 세습 술탄이 없고, 이민법 관련 약간의 자치권을 가지고 있으며, 중국계 주민이 많은 점도 사바와 비슷하다.

사라와크는 '코뿔새 끄냘랑(kenyalang)의 땅'이라는 별칭을 가지고 있다. 이 새는 사라와크 정글에서 발견되는 희귀종의 하나로 국제적인 보호 조류에 속한다. 노랗거나 분홍색의 부리 위에 같은 색깔 같은 크기의 뿔이 부리 방향으로 나 있다. 부리 끝에서 꼬리 깃털까지의 길이가 1미터 내지 1.3미터이며, 체중이 3-4킬로나 되고, 35년 내지 50년까지 장수한다. 밀림의 전사(戰士) 다약족들이 '전쟁의 신'으로 받든다. 끄냘랑의 머리 부분과 깃털은 예로부터 전사들의 장식품이었으며, 오늘날 사라와크 주정부가 군인들에게 수여하는 훈장 명칭도 끄냘랑이다. 코뿔새의 코에 글자를 새겨 중국에 보내는 조공품으로 쓰였다는 기록도 있다. 코뿔새는 흔히 혼빌(*hornbill*)이라 부르며, 'bucerotidae'라는 학명을 가졌다. 소뿔을 의미하는 그리스어 부세로스(buceros)에서 나왔다고 한다.

사라와크는 브루나이 이슬람 술탄왕국의 영역이었다. 브루나이 술탄 뜽아(Sultan Tengah) 치세기인 15세기에 크게 번성하던 사라와크는 북부 일부 해안을 드나드는 포르투갈 상인들을 제외하고는 거의 전역이 브루나이 왕국의 영향 하에 있었다. 16세기로 들어서면서 포르투갈 사람들도 이곳 출입이 뜸해졌는데, 포르투갈이 점령한 말라카 왕국과 말라카 해협의 중요도가 이전에 비해서 크게 떨어진 까닭이었다. 19세기 초까지 느슨하나마 브루나이 영역이었던 사라와크는 술탄 오마르 알리 사이푸딘 2세(Omar Ali Saifuddin II)의 재임 시기(1827-1852)에 혼란 시대가 내도하였다. 사라와크의 토호들이 술탄에 대항해서 반란을 일으킨 것이었다. 술탄은 1839년 하쉼(Pangeran Muda Hashim) 왕자를 보내서 평정을 명했으나 쉽게 끝나지 않았다.

이 때 제임스 브룩크(James Brooke)가 전함을 타고 이곳에 등장하였다. 처음(1839년)에는 하쉼의 도움 요청을 거절했으나, 1841년 사라와크로 다시 돌아와서는 조건부로 이를 수락하고 토호들의 반란을 쉽게 수습하였다. 그 해 9월 하쉼과 브룩크 간에 협정이 맺어지고, 브룩크에게는 사라와크의 영주(*governor*)라는 칭호가 주어졌다. 백인왕조 시대가 시작된 것이었다. 1846년 하쉼이 죽자 브룩크는 스스로 사라와크의 영주로부터 왕이 되어 본격적인 백인왕조(*White Rajah Dynasty of Sarawak*) 시대를 열었다. 사라와크에 영국인 백인왕조 성립이 가능했던 배경은 1824년의 영화조약이었다. 영국은 이 때 말라카 해협과 향료군도에 대한 네덜란드와의 분쟁을 끝내고 말레이반도와 사바-사라와크로 이어지는 통행권을 확보하였는데, 중국과의 교역로를 선점하려는 사전 포석이었다.

제임스 브룩크는 1803년 영령인도(*British India*)의 바라나시(Varanasi)주에서 출생하였다. 영국동인도회사 소속 벵갈(Bengal)군 초급장교로 복무 중 제1차 영국-버마전쟁(1824-25)에서 부상하여 영국으로 귀환하였다. 무인(武人) 가문의 일원이었던 그는 1833년 3만 파운드의 부친의 유산으로 퇴역 전함(Royalist호)을 불하받아 탐험여행에 나섰다. 1838년 제임스 브룩크가 사라와크에 도착했을 때, 해안의 요지 마다 토호들이 반란을 일으키고 필리핀 모로(Moro) 족 해적들이 준동하고 있었다. 제임스 브룩크는 1841년 하쉼의 요청을 받아들여 지역 수준의 반란을 진압한 후, 사라와크 북부 해안 전역을 장악하였다. 그는 나아가서 노예사냥을 금지하고, 토지를 개발하여 식량을 증산하여 내정을 확고하게 관장하는 한편 대외무역에도 나서 왕국의 재정을 굳건히 하였다.

1868년 제임스 브룩크가 죽자 찰스 브룩크(Charles Anthony Brooke)로 개명한 여동생의 아들이 뒤를 이었다. 해군에 복무했던 그는 1852년부터 사라와크 왕국에서 제임스 브룩크를 도왔다. 제2대 백인왕 재임 50년(1868-1917) 동안 찰스 브룩크는 전임자의 업적을 충실하게 따르면서 이반족들의 전통적인 악습이었던 헤드커팅을 금지하고, 박물관과 학교를 세우는 등 말레이 계 등 현지 주민들을 위한 복지정책도 개발하였다. 영국 정부는 찰스 브룩크 재임 중 사라와크를 보호령으로 선포하였다. 찰스 브룩크의 6남매 중 넷째였던 동명의 아들(Charles Vyner Brooke)이 백인 왕조의 3대 군주(재임: 1917-1946)가 되었다. 1941년 일본이 침공하자 호주로 피신하였다가 귀환하였다. 제2차 세계대전이 종료된 후 1946년 7월 본국 정부에 통치권을 양도하여 3대 105년(1841-1946)에 걸친 사라와크의 백인왕조 시대가 막을 내렸다.

총 연장 900㎞에 달하는 해안선을 가진 사라와크는 사라와크강·루파(Lupar)강·사리바스(Saribas)강·라쟝(Rajang)강 등이 너른 해안 습지를 형성하고 있다. 이들 중 라쟝 강이 563㎞로 말레이시아에서 가장 긴 강이다. 주도(州都) 꾸칭은 사라와크 강에 연결되어 있다. 동서로 완전히 분리된 브루나이의 두 지역 사이를 흐르는 림방(Limbang)강도 주요 하천의 하나이다. 림방 강 인근의 중심 도시 림방(Limbang)은 예로부터 쌀 생산의 가장 중요한 거점이었다. 1888년 이래 사라와크 백인 왕조의 2대 찰스 브룩크 왕은 림방 직접 통치를 고집하여 끝내 자신의 영토로 만들었다. 브루나이 만(灣)으로 빠지는 림방 강이 오늘날 브루나이 영토를 동서로 분리하면서 그 사이의 림방이 말레이시아령 사라와크로 남게 된 역사적 배경이다.

브루나이의 림방 회복 노력은 독립 이전부터 꾸준하게 전개되었으나 결실을 보지 못하였다. 브루나이는 결국 동쪽 영토인 뜸브랑

(Temberang)과 서쪽 영토인 무아라(Muara)를 연결하는 왕복 4차선에 전장 22㎞의 초대형 해상교량건설 사업에 착수하게 되었다. 인천대교의 해상교량은 12㎞이다. 꾸칭을 비롯하여 대부분의 도시는 해안 습지에서 조금 떨어진 고지대에 형성되어 있지만, 제2의 도시인 미리(Miri)처럼 습지 가까이에 위치한 도시도 있다. 사라와크와 인도네시아령 칼리만딴(Kalimantan)의 경계에는 꽤 높은 산악지대가 형성되어 있다.

사라와크에는 자신들의 언어와 고유한 문화와 생활습속을 가진 40여 종족이 있다. 도시를 중심으로는 말레이족과 중국계·인도계가 많이 거주한다. 이들 이외에 소수의 이반(Iban) 족과 멜라나우(Melanau) 족이 도시에 섞여 산다. 이반 족은 주로 내륙 산악종족이며, 멜라나우 족은 사라와크에만 있는 종족으로 해안 지역이나 해안 인근의 섬에 모여 사는데, 이들 두 종족은 모두 다약(Dayak) 계통의 종족이다. 다약 족은 보르네오(칼리만딴·사바·사라와크)에 넓게 분포되어 강인한 종족성을 유지하며 군거지에 따라 다양한 갈래(하위 종족)로 발전하였다. 이들은 국경에 관계없이 협동하고 상부상조를 목표로 하는 '다약족 규약'을 가지고 있는 것으로 유명하다.

전체 인구 측면에서 볼 때, 사라와크의 주민은 2011년 통계로 이반 족(29퍼센트)·중국계(24퍼센트)·말레이족(23퍼센트)이 상위 그룹을 형성하고, 이반 족 하위 갈래인 비다유(Bidayuh) 족(8퍼센트)·멜라나우 족(6퍼센트)·울루(Ulu)족(5퍼센트) 등으로 하위 그룹을 형성하고 있다. 종교분포도 매우 흥미롭다. 2010년의 센서스에 의하면, 사라와크 주민의 44퍼센트가 기독교를 신봉하는 것으로 나타났다. 이슬람이 30퍼센트로 뒤를 잇고 있고, 불교도도 13.5퍼센트나 된다. 유교와 도교 등 다양한 중국계 종족의 종교를 내세운 사람도 6퍼센트에 달한다. 일반적으로 이반 족의 기독교, 말레이족의 이슬람, 중국계의 불교를 사라와크의 3대 종교로 보면 무난하다.

석유 왕국 브루나이 이웃에 위치한 사라와크에서도 원유와 천연가스가 많이 생산된다. 콸라룸푸르(Kuala Lumpur) 연방정부의 재정 수입의 가장 중요한 부분이 원유와 가스 생산인데, 사라와크는 연방정부로부터 총 생산의 5퍼센트를 로열티 명목으로 추가 예산을 배당받는다. 사라와크는 연방직할 콸라룸푸르와 국제금융 특구 라부안(Labuan)에 이어 세 번째로 소득 수준이 높은 주이다. 이곳의 남양재(南洋材) 생산과 가공수출이 사라와크 재정 수입에 큰 몫을 하고 있다. 전통적인 수출품목 중 사라와크 산 남양재가 단연 으뜸이기 때문이다. 1996년부터 2000년 사이에 말레이시아가 수출한 제재목은 1400만 입방 미터로 세계 1위라는 유엔 통계도 있다. 지난 1970년대 한국의 수요 수출품이었던 합판도 오늘날에는 인도네시아와 태국과 함께 말레이시아가 주도하고 있는데, 주요 생산지가 사라와크에 있다. 이밖에도 말레이시아의 주석(朱錫)·천연고무·후추·팜 오일 등 네 가지가 국제무역시장에서 꾸준하게 잘 팔리고 있다. 이 중에서 후추는 사라와크 산이 가장 좋은 가격을 형성하고 있다고 한다.

사라와크의 주도는 인구 35만 명(2013년)의 꾸칭(Kuching)이다. 이 도시가 브루나이 왕국의 고도에서 현대적 도시로 탈바꿈하기 시작한 것은 사라와크 제2대 왕 찰스 브룩크 재임 기간이었다. 그는 재임 중 공중보건 위생시설 건설에 공을 들였으며, 병원을 짓고, 교도소를 세우고, 요새를 쌓고, 상설 시장을 열었다. 챨스 브룩크는 1872년에 이르러 도시명 꾸칭을 왕도(王都)로 공식화 하였다. 그러나 도시명 꾸칭은 이 보다 훨씬 오래전부터 알려져 있었다.

제임스 브룩크가 1839년 사라와크에 내도하여 전함을 타고 사라와크 강을 거슬러 올라갈 때, 그의 통역을 맡았던 원주민이 지역 명칭을 묻는 제임스 브룩크가 가리키는 방향에 있던 짐승(고양이)을 보고 꾸칭이라고 답하여 꾸칭이 되었다고 전해진다. 이 밖에도 사라와크에서 많이 발견되는 나무 열매 '마따 꾸칭'(mata kuching: 고양이 눈)에서 따 왔다는 설과, 1888년 사라와크에 콜레라가 크게 창궐하여 식수(食水) 공급에 어려움을 겪을 때 중국인들의 집단 거주지에서 수량이 풍부하고 깨끗한 '오래된 우물'이 발견되어 수많은 사라와크 주민을 구했는데, 중국인들이 이 우물을 꾸(古)칭(井)이라고 부른데서 유래했다는 설도 있다.

사라와크 원주민의 가장 큰 집단은 이반(Iban) 족이다. 밀림 속의 이반족들은 루마 빤쟝(rumah panjang)이라고 칭하는 장가옥(長家屋)에 집단으로 거주한다. 장가옥은 대개 야산을 등지고 전면이 멀리 내다보이며 하천이 가까운 곳에 세운다. 3-4미터 높이로 야자나무 기둥을 여러 개 세운 뒤 기둥 위로 넓은 마루를 깔고, 그 위에 주거 공간을 만든다. 주거 공간은 세 부분으로 나뉜다. 산 쪽 방향으로 여러 가구가 가족 단위로 독립적으로 살 수 있는 공간이 있다. 독립된 출입구가 있고, 내부는 침실과 부엌으로 나뉘며, 아주 작은 부엌 뒷문을 열면 야산으로 연결되는데, 이곳에는 빠짐없이 작은 텃밭

이 있어서 각종 야채를 가꾼다.

가장 큰 부분은 대형 강의실을 가로로 서너 개 또는 그 이상으로 연결해 놓은 것 같은 넓이의 공동생활 공간이다. 구석으로 아이들의 놀이기구와 축제 등 각종 행사에 쓰이는 소도구가 놓여 있다. 마지막 부분은 공동생활 공간 밖에 있다. 이곳에는 지붕이 없다. 주로 빨래와 곡식을 널어 말리는 마당 같은 역할을 한다. 공동으로 사용하는 창고와 화장실이 이곳에 있는데, 화장실 아래쪽 지상에는 돼지우리가 있다. 주거 공간으로 오르내릴 때는 사다리를 이용한다. 발 디딜 틈새를 파 놓은 야자나무가 사다리 구실을 한다. 사다리는 고정되어 있지만, 타 종족(주로 마두라 족 등 자바 이주민)과 거친 몸싸움을 할 때, 야간에는 사다리를 위로 들어 올린다. 대문을 걸어 잠그는 셈이다.

작은 장가옥에는 대개 열 가족 40-50명 정도가 함께 산다. 그러나 대규모 장가옥에는 200명 이상이 거주하는 곳도 있다. 숙식은 가족 단위로 한다. 농사를 짓거나 사냥을 할 때는 공동으로 나선다. 오늘날까지도 숨삐딴(sumpitan)이라 하여 긴 대롱을 이용하여 독침을 날려 나무 위에 있는 식용이 가능한 조류나 작은 짐승을 잡는다. 멧돼지 같은 큰 짐승 사냥에는 활과 죽창을 사용한다. 이들이 경제활동을 통해서 수집한 짐승가죽·관상용 새·야생 커피와 후추의 생두·고구마 같은 것을 시장에 내다 팔고, 생필품을 사온다.

사라와크의 밀림 속에는 수량이 풍부하고 유속이 빠른 하천이 많다. 교통편으로 강력한 엔진(주로 일제)을 장착한 몸체가 좁고 긴 제트 보트가 하천을 오르내린다. 여러 지류가 합쳐지는 지점에는 대개 초등학교와 생필품 가게가 있다. 밀림 속에 거주하는 원주민들(이반 족이 대부분임)이 자녀들을 이곳에 보내서 공부시킨다. 쿠알라룸푸르 연방정부가 오래 전부터 원주민 2세 교육에 공을 들여왔다. 학교시설이 깨끗하고 기숙사 시설이 완비되어 있다. 작은 교정에는 말레이시아 국기와 사라와크 주기가 나란히 게양되어 있다. 부모들은 수업 요일에 아이들을 학교에 맡겼다가 주말에 데리러 온다. 군소 종족들의 종족성(種族性) 유지 보다 정부 주도의 국민교육에 초점을 맞추고 있음이 분명하지만, 원주민들은 대개 자녀들의 교육 기회에 만족해하는 것 같다. 이곳에 있는 쇼 윈도우도 없는 허름한 가게에는 원주민들의 생활필수품이 준비되어 있다. 쌀·석유·성냥·식용유·소금·설탕·라면 같은 것이다. 원주민들의 생활수단이 이곳을 경유한다. 물물교환도 이루어진다. 가게는 거의 모두 나이 많은 중국인들이 지키는데, 가게의 실질적인 주인은 꾸칭이나 미리 같은 도시에 산다.

지난 90년대 초부터 사라와크 밀림 속의 이반족과 그들의 생활 터전이 관광 상품으로 등장하여 꾸준하게 인기를 누리고 있다. 해안 도시에서 관광선을 타고 가다가 제트 보트로 옮겨 타고 다시 서너 시간을 긴장 속에 상류로 달린다. 관광객들은 장가옥의 공동생활 공간에서 여장을 푼다. 귀빈을 대접하는 최고의 요리로 살코기보다 기름덩어리 비계가 훨씬 많은 통돼지 바비큐가 준비된다. 식사 후 이반족 전사들의 전통적인 전투 무용이 공연된다. 몸놀림과 칼 다루는 솜씨가 놀랍다. 퐁피두(Pompidou)센터의 초청도 받아 프랑스 공연도 여러 차례 했다고 자랑한다. 잠자리에 들어 천정을 바라보는 순간 대들보 윗자락에 나란히 늘어놓은 수십 개의 해골 때문에 순식간에 잠이 달아난다. 억지로 잠을 청하면서도 목둘레가 자꾸 만져진다. 오래지 않아 온갖 새 소리와 지붕과 창문 두드리는 원숭이들 뛰는 소리에 잠이 깬다. 칙칙한 밀림 속으로 아름다운 새 아침이 찾아온 것이다.

사바: 바람 아래 땅

사바(Sabah)는 보르네오 섬 북동쪽에 위치한 말레이시아의 1개 주(州)로 우리나라의 약 74퍼센트에 해당하는 73,630㎢의 광활한 지역에 387만 명(2017년)의 상대적으로 적은 인구가 모여 사는 터전이다. 이곳 사바의 공식 별칭은 '바람 아래 땅(Sabah: Negeri Di Bawah Bayu)'이다. 사바에서 술루(Sulu)해로 연결된 필리핀 민다나오(Mindanao) 동부이자 서(西)태평양이 태풍의 주요 진원지이기 때문에 예로부터 뱃사람들에 의해서 태풍 벨트의 남쪽의 안온한 지역을 지칭하는 뜻으로 쓰였다. 사바는 거의 일 년 내내 북향(北向)하는 태풍의 간접 영향으로 바람이 많은 지역이다. 사라와크(Sarawak)와 마찬가지로 사바도 말레이시아연방의 일원이다. 그러나 말레이반도의 9개 주와는 달리 세습 술탄(sultan)이 없으나, 이민법을 포함하여 연방정부의 간섭을 받지 않는 일부 자치권을 가지고 있는 것도 사라와크와 같다.

사바는 7세기 말 스리비자야(Srivijaya)왕국의 속령이었던 비자야뿌라(Vijayapura)라는 이름으로 동남아 역사에 등장한다. 스리비자야는 7세기부터 12세기까지 700년 가까이 말라카 해협을 중추로 말라카 교통로(해협)와 쟈바해(*Sea of Jawa*)를 확고하게 장악하고, 수마트라와 말레이 반도 전역과 해안을 중심으로 쟈바·칼라만딴(보르네오)·술라웨시 일부 지역에 이르기까지 광대한 지역을 통치했던 거대한 무역왕국이었다.

9세기 초엽에는 브루나이 강(江) 어귀에 포니(Po-ni)왕국이 등장했는데, 브루나이왕국의 전신으로 믿어진다. 브루나이의 번영은 이 왕국이 이슬람을 수용하고 동서(東西)를 잇는 국제교역에 적극 나서면서 시작되었는데, 전성기는 제15대 술탄 볼키아(Bolkiah)의 치세기(1473-1524)였다. 당시 브루나이는 오늘날의 사바와 사라와크를 비롯하여 술루(Sulu)열도로부터 필리핀 북부 마닐라(Manila)까지, 남쪽으로는 오늘날의 인도네시아령 반쟈르마신(Banjarmasin)까지 통치권을 행사하였다. 1658년 브루나이에 정변이 있었고, 이 때 브루나이를 도운 술루(Sulu) 왕실에 사바를 지칭하는 보르네오 북동부 지역을 할양했다고 한다. 그러나 그 후의 사료(史料)들은 사바 양여(讓與) 사실을 부인하고 있다.

18세기 중엽에 이르러 이곳에 영국이 등장하였다. 1761년 영국동인도회사의 달림플(Alexander Dalrymple)이 술루 술탄에게 접근하여 이 지역에 무역사무소를 개설을 시도하였으나, 이렇다 할 성과를 거두지 못하였다. 1846년 브루나이의 술탄이 오늘날의 라부안(Labuan)섬을 영국에 양여하였는데, 2년 뒤인 1848년 영국은 이를 왕실 직할식민지로 삼아 영국 함대가 기착하게 되었다. 양질의 탄광이 발견되어 연료 중간 공급지로 유용했기 때문이었다. 섬 이름 라부안은 '항구(labuhan)'라는 뜻에서 차용되었는데, 오늘날 이곳은 콸라룸푸르(Kuala Lumpur) 중앙정부 직할지가 되어 국제금융도시로 변모하였다. 이슬람뱅킹 수쿠크(Sukuk)가 이곳을 경유하고 있다.

라부안에 영국 함대가 드나들면서 1877-1878년에 브루나이와 술루 등 두 술탄 왕국 사이에 다소 어정쩡한 위치에 있던 사바가 영국 수중으로 넘어갔고, 1881년 알프레드 덴트(Alfred Dent)의 손을 거쳐 1883년에 영국북보르네오회사(BNBC: *British North Borneo Company*)의 소유가 되었다. 1885년 독일을 중계국으로 내세워 영국과 스페인 간에 마드리드 협정(*Madrid Protocol*)이 체결되었다. 영국은 술루 군도에서 손을 떼고, 스페인은 사바에 대하여 어떠한 형태의 이해관계도 가지지 않는다는 약속이었다. 이에 따라 사바는 1888년 대영제국의 보호령이 되었다.

라부안과 사바도 1942년 1월부터 1945년 9월까지 일본의 가혹한 군국주의 통치를 겪었다. 일본이 싱가포르를 점령하면서 전쟁포로로 잡은 영국군과 호주군을 라나우(Ranau) 섬에 수용했다가 이곳에서 260킬로미터 떨어진 산다칸(Sandakan)으로 이송하였다. '산다칸으로 향한 죽음의 행진(*Sandakan Death March*)'에서 2,504명으로 줄어든 포로 중 전쟁 종료 후 단지 6명의 호주군 포로가 생환하였다.

사바는 1946년부터 1963년까지 다시 대영제국의 식민지로 들어갔다. 이 때 주도를 산다칸에서 오늘날의 꼬따 끼나발루(Kota Kinabalu)인 제슬턴(Jesselton)으로 옮겼다. 영국 정부는 1962년 1월부터 6월까지 코볼드위원회(*Cobbold Commission*)를 구성하여 식민통치 종료 후의 사바와 사라와크의 장래 문제를 구상하였다. 코볼드위원회는 5명으로 구성되었는데, 영국과 말레이 측이 각각 2명씩 참여하고 위원장으로는 정치색을 배제하기 위하여 영국중앙은행 총재를 역임한 코볼드 경(Lord Cobbold)이 선임되었다.

싱가포르와 브루나이가 함께 참여하는 말레이시아연방(*the Federation of Malaysia*)에 가입하느냐마느냐가 관심의 초점이었는데, 사바는 처음부터 연방 참여 쪽으로 기울었다. 원주민 무슬림을 대표한 뚠 무스타파(Tun Mustapha), 비무슬림 원주민을 대표한 뚠 후아드 스테판(Tun Fuad Stephens), 그리고 중국계를 대표한 쿠 시악 츄(Khoo Siak Chew) 등이 사바의 주요 종족을 대표하여 20개 항의 조건을 내세워 연방안에 찬성하였다. 이로서 사바는 1963년 9월 16일 말레이시아연방에 참여하게 되었다. 그러나 브루나이는 처음부터 말레이시아연방에 가입하지 않았고, 싱가포르는 1965년 연방에서 탈퇴하였다.

사바와 사라와크가 참여한 말레이시아연방은 수카르노 대통령이 이끄는 인도네시아의 강력한 반발을 불러 일으켰다. 한창 주가를 올리고 있던 비동맹운동의 한 축을 담당하고 있던 수카르노(Sukarno)는 영국이 지원하는 말레이시아연방은 신식민주의(*Neo-colonialism*) 정책의 일환으로 보았다. 영국이 사바-사라와크에 이어 인도네시아령 칼리만탄(Kalimantan) 전 지역에 대한 통치권 장악을 획책하고 있다고 신랄하게 비난하였다. 수카르노는 즉각 대결정책(전쟁)을 선언하고 인도네시아-말레이시아 국경이 있는 칼리만딴 지역에서뿐만 아니라 말레이 반도와 싱가포르에 이르기까지 분쟁지역을 확대하였다. 우스만(Usman)과 하룬(Harun) 등 두 명의 인도네시아 해병의 싱가포르 번화가 폭파사건도 이때 발생한 것이다. 영국은 주로 국경 지역에서 벌어진 인도네시아-말레이시아 간의 소규모 전투에서 말레이시아를 도왔다. 양국의 분쟁은 인도네시아에 수하르토(Suharto) 정권이 들어 선 이후에도 한 동안 지속되었다.

1970년대로 들어서면서 사바는 필리핀 모로(Moro) 족 무슬림 난민들의 대규모 유입으로 몸살을 앓게 되었다. 처음에는 같은 무슬림 형제로서 사바가 핍박(逼迫) 받는 모로족 무슬림들을 끌어안는 모양새였으나, 점차 필리핀 난민들이 무슬림 무장단체로 혹은 폭도나 해적으로 사바 해안마을을 공격함으로써 사바의 민심이 이반(離反)하기 시작하였다. 이러한 와중에서도 아부 사얍(Abu Sayyaf) 그룹, 쟈말룰 키람(Jamalul Kiram) 그룹, 모로족해방전선(MNLF) 등 수많은 민다나오(Mindanao)에 거점을 둔 무장단체가 사바 공격에 가세하였다. 이들은 말레이시아-필리핀 정부와 군부 간에 회동이 잦아지자 사바 거류민과 사바 마을에 대한 직접적인 공격을 지양하고, 사바를 찾는 외국인 관광객들이나 사바에 근거지를 둔 중국계 사업가들을 납치하여 몸값을 요구하는 형태로 바뀌었다.

민다나오나 술루 군도 등 필리핀 남부지역 사람들은 대체로 사바가 역사적으로 필리핀령(領)이라고 생각하고 있다. 브루나이와 술루 왕국 그리고 영국북보르네오회사 간의 불분명한 거래관계의 유산이다. 마카파갈(Macapagal) 대통령은 사바에 대한 필리핀의 영유권을 강력하게 주장하였다. 그러나 마르코스(Marcos)는 아세안(ASEAN)의 단결을 위해서라며 사바 영유권 포기를 선언하였고, 아퀴노(Aquino)는 이를 번복하고 필리핀 헌법의 영토 조항에 사바 영유권을 명시하도록 명령하였다. 사바는 현재 말레이시아가 실질적으로 점유하고 있다.

사바 인구는 3162만 명 말레이시아 인구(2017년)의 12퍼센트를 상회하는 387만 명으로 말레이 반도의 슬랑오르(Selangor)주와 죠호르(Johor)주 다음으로 인구밀도가 조밀한 주이다. 슬랑오르와 죠호르를 우리나라에 비교하자면, 경기도와 부산에 해당된다. 1980년대 말까지 100만 명 수준이었던 인구가 2000년에는 250만, 2017년에는 317만 명을 넘어섰다. 이 최종 수치 중 약 28퍼센트는 말레이시아 시민권자가 아닌 외국인들이다. 이들의 대부분은 필리핀 남부에서 합법적인 방법으로 또는 불법으로 사바로 건너온 사람들이다. 칼리만딴에서 넘어온 인도네시아인들도 꽤 많다. 이들의 공통된 특징은 무슬림이며 말레이어를 구사할 수 있는 말레이 계통의 종족이라는 점이다. 이들이 사바 인구의 절반이 넘는다. 2010년의 인구센서스에서 밝혀진 종족 분포는 카다쟌 두순(Kadazan-Dusun) 족이 18퍼센트로 가장 많고, 바쟈우(Bajau) 족이 14퍼센트이며, 중국계가 9퍼센트, 말레이 계통 종족이 6퍼센트로 뒤를 잇고 있다.

사바는 총 32개 종족이 분포되어 있음을 밝히고 있는데, 이들 중 28개 종족은 원주민계 종족(Bumiputra)으로, 나머지는 비원주민계 종족(Non-bumiputra)으로 구분하고 있다. 카다쟌-두순 족과 중국계가 각각 원주민계와 비원주민계를 대표한다. 사바의 카다쟌-두순은 자신들의 종족성(種族性)을 현시(顯示)하는데 매우 적극적이다. 이슬람을 강화하고 있으며, 콸라룸푸르 정부와 반도의 말레이족들이 자신들을 원주민계 국민으로 분류하여 카다잔-두순의 정체성을 훼손하고 있다고 반감을 가지고 있다. 때때로 정부시책에 비협조적인 이유이다.

사바의 급속한 인구 변화는 종교분포에도 큰 변화를 가져왔다. 사바와 라부안 지역에 대한 1960년의 인구조사에 따르면, 사바 인구의 38퍼센트는 무슬림이고, 토착신앙이 33퍼센트이며, 기독교가 17퍼센트였다. 그런데, 2010년의 인구센서스는 무슬림이 65.4퍼센트, 기독교가 26.6퍼센트, 불교가 6.1퍼센트인 것으로 나타났다. 무슬림 인구 급증은 필리핀과 인도네시아에서 난민 형태로 이주민들이 대량 유입된 결과인데, 이들 두 나라뿐만 아니라 파키스탄과 아프가니스탄을 포함한 여러 이슬람국가에서 사바를 이슬람 형제국가이자 가장 안전한 피난처의 하나로 여기고 있으며, 사바가 상대적으로 무슬림에 관대한 이민법을 가지고 있기 때문이기도 하다.

기독교 비중은 토착신앙을 신봉해 온 사바 원주민들을 대상으로 기독교 선교단체들의 선교활동이 주효하였으며, 불교도의 증가는 이곳으로 중국계 주민들이 집중되었다는 방증이다. 콸라룸푸르의 사바 집중 지원에 따른 경제 활성화가 이들 중국계들에게 경제영역 확대의 기회가 된 셈이다. 그러나 사바는 계속해서 반도 북부의 끌란딴(Kelantan)주와 더불어 가장 낙후된 주로 남아 있다. 사바는 농업과 임업(목재·고무·코코아·팜오일)을 중심으로 관광업과 중소 규모의 제조업이 경제 분야의 대종을 이루고 있다.

브루나이 인근의 사바 서남부 해안에서 약 8킬로미터 남중국해상에 위치한 라부안은 6개 섬으로 구성(91㎢)되어 있는 작은 섬이다. 이 섬은 브루나이가 19세기 중엽 영국에 양여하기 전까지 주민도 없고 경제적인 가치도 발견되지 않았다. 1845년 이 섬에서 양질의 탄광이 발견되면서 남중국해로 향하는 영국 화물선의 중간 기착지가 되었다. 1846년 12월 24일 라부안 섬은 영국 여왕에게 크리스마스 선물로 헌정되었다. 라부안은 곧 영국 당국에 의해서 제2의 싱가포르의 가능성까지 논의 되었다. 1864년에는 우편총국이 들어서고 빅토리아 여왕(Queen Victoria)의 우표가 등장하였다. 오늘날 콸라룸푸르 직할 라부안의 주도(州都)명도 빅토리아다.

1847년경부터 유입되기 시작한 중국인들은 1911년 석탄 개발이 중지되고 유럽인들이 물러나면서 라부안의 주요 거주민이 되었다. 영국이 노예제도를 채택하지 않았기 때문에 라부안으로 중국계뿐만 아니라 카다쟌-두순족 등 원주민들도 열대작물과 고추재배에 뛰어들었다. 일찍이 1956년부터 자유무역항으로 개발되었던 까닭에 오늘날에도 빅토리아는 사바와 브루나이 부유층이 즐겨 찾는 쇼핑센터가 되었다.

1942년 1월 1일 일본군은 라부안에 해상과 공중에서 대공습을 감행하였다. 이곳에 3,992기의 연합군 합동묘소가 자리 잡고 있다. 1973년에 라부안 인근에서 해상유전이 발견되었으며, 1984년 이래로 콸라룸푸르 연방정부의 직할주가 되었다. 2013년 말레이시아 정부 통계로 라부안의 인구는 주로 사바에서 건너온 사람들(믈라유족·중국계·카다쟌-두순족 등)로 9만 명 수준이며, 종교분포도 이들 주요 종족 분포에 따라 무슬림 76퍼센트, 기독교 12퍼센트, 불교 9퍼센트로 구성되어 있다.

INDONESIA

제8장

인도네시아 군도 속의 절대왕정 브루나이

INDONESIA

제8장 인도네시아 군도 속의 절대왕정 브루나이

1. 동남아의 숨은 강소국 브루나이
2. 절대왕정 체제의 이슬람왕국
3. 소국 브루나이의 생존전략
4. 절대왕권과 국민복지의 두 얼굴

인도네시아에서는 무슬림이 아니어도 이슬람 종교인사가 폭 넓게 받아들여진다. 앗쌀람 알라이꿈(Assalam Alaikum)은 '당신에게 알라의 평화가 깃들기를'이라는 원래의 깊은 뜻에도 불구하고 '평안하시지요?' 정도로 가볍게 받아들이며, 이에 대한 답례인 알라이꿈 쌀람(Alaikum Salam)도 '당신에게도 알라의 평화가'이지만 '네, 덕분에요'하는 정도로 통한다.

뿐만 아니라, 비스밀라(Bismillah)나 알 함두릴라(Alhamdulillah)처럼 '알라의 이름으로'나 '알라의 뜻대로' 같이 보다 이슬람 신앙적 표현도 누구나 자유롭게 일상적 생활용어로 사용할 수 있다. 인도네시아가 세계 최대의 이슬람국가이기는 하지만, 세속국가를 지양하며 다양한 종교를 용인하기 때문이다.

이슬람을 국교로 삼고 있는 이웃 나라 말레이시아에서는 사정이 좀 다르다. 무슬림인 말레이계 사람들에게 친근감을 표현할 의도로 이슬람식 인사를 건네면, 대개는 무덤덤하게 받아들인다. 그러나 그 중 일부는 정색을 하며 "당신 무슬림 아니잖아?"하는 반응을 하여 인사를 건넨 사람을 무안하게 한다. 중국계(기독교나 불교)와 인도계(힌두교) 간의 극명한 종교적 경계 때문이다.

같은 동남아 이슬람 국가인 브루나이에서는 어떨까.

이 나라에서는 비무슬림이 무슬림에게 이슬람식 인사를 건네다가 종교경찰에게 걸리면, 엄청난 벌금이 부과되거나 징역형까지 갈 수도 있다. 브루나이도 거부할 수 없는 세계화의 물결 속에서 이슬람 절대왕정 체제의 공고(鞏固)화를 위하여 이슬람 형법 샤리아를 강화하고 있다.

브루나이(Brunei) 왕국은 인도네시아 군도 속에 위치한 는 작은 나라이다. 그러나 이 나라는 모든 국민에게 풍요로운 복지를 제공하는 석유 부국이다. 개인 소득세가 없고, 의료혜택이 무료이며, 60세가 되면 모든 국민에게 연금이 나온다. 국민 소득이 5만 달러(2014년)를 넘어섰으며, 교육도 무상으로 제공한다. 브루나이는 한국의 주요 에너지 공급국으로 연간 10억 달러 규모의 LNG와 원유를 공급한다.

막강한 국가 경제력을 바탕으로 이 작은 나라는 동남아 지역협력기구 아세안에서 이웃 강대국 간의 이해관계를 조정하는 일을 도맡아 한다. 유럽에서는 영연방의 일원으로, 중국과 일본에 대해서는 에너지자원으로 국제적인 대접을 받고 있다.

제8장 포스코경영연구원(POSRI) 연구지 <친디아 플러스(Chindia plus)>에 연 5회 연재했던 '브루나이: 또 하나의 동남아 강소국'을 재편집하고 수정 보완한 것임.

동남아의 숨은 강소국 브루나이

싱가포르에 이어 동남아에 또 다른 강소국이 있다. 이슬람왕국 브루나이(Brunei)다. 인구 44만 명(2018년), 국토면적도 충청북도의 2/3 정도인 5,765㎢인데, 이마저도 동서로 완전히 분리되어 있다. 그러나 이 작은 나라는 모든 국민에게 풍요로운 복지를 제공하는 석유 부국이다. 개인 소득세가 없고, 의료혜택이 무료이며, 60세가 되면 모든 국민에게 연금이 나온다. 교육도 무상으로 제공하는데, 여건만 갖추면 해외유학도 정부가 보장한다. 3,000명의 학부생과 600명의 석박사과정이 있는 왕립브루나이대학의 교수요원들은 역사와 어문학 분야를 제외하고는 대부분 유럽과 호주의 유명대학에서 초빙해 온다. 학생들도 모두 자가용을 가지고 있고, 집이 좀 멀다 싶으면 휘발유까지 학교에서 공짜로 넣어준다.

일인당 국민총생산이 2014년에 5만 달러를 넘어선 브루나이는 동남아에서 싱가포르 다음으로 인간개발지수가 높으며, 2035년까지 실질 국민소득과 삶의 질을 세계 10위권으로 진입시킨다는 장기비전도 가지고 있다. 적은 인구를 제외하면, 선진국의 요건을 모두 갖춘 셈이다. 이 나라는 한국의 주요 에너지 공급국이기도 하다. 연간 10억 달러 규모의 LNG와 원유를 공급하는데, 중동에 비해 물류비용이 훨씬 싸다는 이점이 있다. 막강한 국가 경제력을 바탕으로 브루나이는 동남아 지역협력기구 아세안에서 이웃 강대국 간의 이해관계를 조정하는 일을 도맡아 한다. 유럽에서는 영연방의 일원으로, 중국과 일본에 대해서는 에너지자원으로, 그리고 유엔에서도 미국의 협력으로 당당하게 강소국으로 대접받고 있다.

동남아사에는 브루나이가 쟈바에서 발흥했던 마쟈빠힛(Majapahit) 왕국의 변방이었으나, 15세기 이래로 주변 강대국들로부터 점차 독립적인 지위를 획득한 것으로 나온다. 15세기 초 대 함대를 이끌고 동남아를 순방했던 명(明)의 쳉호(鄭和)가 이곳에 기착했을 때, 브루나이에는 잘 발달된 국제무역항과 중국과 교역하여 막대한 이익을 남기는 중국 상인들이 많았다고 쓰고 있다. 당시의 지배자는 해상 실크로드의 동방거점으로 전성기를 구가하던 말라카(Malaka)왕국의 공주와 혼인하여 브루나이를 이슬람왕국으로 이끌었다. 1511년 포르투갈이 말라카를 점령하자 이곳에 몰려들었던 무슬림 상인들이 다른 무역항을 찾아 나섰는데, 이때부터 브루나이가 주요 무역항의 하나로 부상했다. 동방으로 향하는 주요 거점이었던 바타비아(쟈카르타)와 마닐라의 중간 지점에 위치한 브루나이는 16세기에 말레이 반도와 쟈바 등 동남아 여러 지역에서 교역을 통해서 정치적 입지도 강화하였다.

브루나이는 16-17세기에 말레이 세계의 주요 왕국으로 부상했다. 왕국의 영향력은 오늘날의 사라와크(Sarawak)와 사바(Sabah)를 포함하는 보르네오(*Borneo*) 북부 전 지역과 필리핀 남부까지 확장되었다. 당시 보르네오와 민다나오(Mindanao) 사이의 술루(Sulu) 해(海)에는 브루나이와 경쟁하며 성장한 이슬람 술루왕국이 세력을 펼치며 루손(Luzon)을 향해서 북상하고 있었다. 술루왕국은 루손을 점령한 뒤 가톨릭을 앞세워 남진하는 스페인과 잦은 충돌을 하게 되었다. 이들 사이의 크고 작은 전쟁은 19세기 후반까지 이어졌다. 그러나 브루나이는 포르투갈의 말라카 점령으로 엄청난 반사이익을 얻었다. 광대한 인도네시아 군도의 중계무역항으로 부상했을 뿐만 아니라, 브루나이는 동남아와 중국 간의 교역에 있어서 한동안 포르투갈과 대등한 위치에 섰다. 보르네오 북부지역 이외에는 영토적 야욕이 없었던 브루나이는 포르투갈에 위협이 되지 않았고, 대 중국 교역에서도 공동의 이익을 취할 수 있었다. 포르투갈은 곧 브루나이에 무역관을 설치했고, 브루나이는 포르투갈 영향 하의 말라카와 마카우(Macau)를 잇는 중계 무역항으로 진일보하였다. 이 나라는 17세기 중엽에 해상무역과 왕실 번영의 전성기를 누렸다.

18세기로 접어들면서 브루나이와 술루 왕국은 쇠퇴의 길로 들어섰다. 말라카 해협과 자바 해에 많은 무역항이 생겨났고, 이들은 무역상들을 유치할 목적으로 오랜 세월 전통적으로 부과해 온 각종 세금을 면제해 주었다. 당연하게 브루나이와 술루를 방문하는 빈도가 크게 떨어졌는데, 많은 유럽 상인들이 가세하여 새로운 항구로 더 좋은 상품을 싼 값에 공급하였으므로 더 큰 도전이 되었다. 싱가포르와 바타비아와 마닐라 같은 무역항이 새롭게 부상하였으므로 브루나이와 술루 왕국의 세입은 큰 폭으로 감소하였다. 경제적 쇠퇴는 왕실의 권력투쟁으로 이어졌다. 1828년 오마르 알리 사이푸딘(Omar Ali Saifuddin)이 술탄에 오르면서 지방 세력들이 들고 일어나기 시작했다. 1837년 대규모 반란이 일어났고, 왕실이 속수무책인 중에 한 때 영국식민군에 복무한 제임스 브룩크(James Brooke)가 반란 진압에 성공하였다. 브룩크는 이 대가로 100여 년(1841-1946) 동안 사라와크에 3대에 걸친 백인 왕조시대를 열었다.

영국은 1881년 프랑스와 독일의 동남아 진출을 저지할 목적으로 사바 지역에 영국북보르네오회사(BNBC: British North Borneo Company)를 설립하여 이 지역에 대한 직접 경략에 나섰다. 1888년에 이르러 영국은 브루나이 술탄왕국과 보호조약을 체결하여 사라와크-브루나이-사바를 잇는 보르네오 북부 전 지역을 자국의 관할 하에 두었으며, 1906년에는 이 지역의 행정조직 현대화를 구실로 주재관(*resident*)을 파견하기 시작하였다. 브루나이 술탄왕국의 영토와 권위는 이로서 현저하게 축소되었다. 그러나 1929년 세리아(Seria) 지역에 10억 배럴 이상의 대형 유전이 발견되고 1932년부터 원유 생산을 시작함으로써 석유 부국으로 향한 새로운 시대를 맞게 되었다.

절대왕정 체제의 이슬람왕국

21세기로 들어선 국제사회 대부분의 국가는 '모든 인간은 평등하며, 국가의 근간은 국민'이라는 신념으로 민주주의 체제를 선호하고 있다. 그러나 전 세계 240여 개국 중 다수의 영연방(英聯邦) 국가를 포함한 44개국(2014년)은 여전히 왕정이나 왕정 형태를 유지하고 있다. 그 중에서도 사우디아라비아, 브루나이, 오만, 스와질란드와 바티칸 등 다섯 나라는 절대왕정 체제의 국가다. 동남아의 석유부국 브루나이는 1360년에 개국한 세계 최고(最古)의 이슬람 왕국으로 이 나라의 현 국왕 하싸날 볼키아(Hassanal Bolkiah)는 29대 절대군주이다. 우리에게 보다 익숙한 또 다른 이슬람 왕국 사우디아라비아의 역사를 거슬러 올라가면, 1744년에 문을 연 디리야 토후국(*Emirate of Diriyah*)이 나온다. 그러나 정작 오늘날의 사우디아라비아 왕국은 1932년 압둘라 압둘아지즈 알 사우드(Abdullah Abdulaziz Al Saud)가 개국하였다. 2015년 1월 선왕의 타계로 살만 압둘아지즈(Salman bin Abdulaziz Al Saud) 왕세제(당시 80세)가 왕위를 이어받아 사우디의 7대 국왕이 되었다.

절대왕정 체제의 이슬람국가에서 국왕은 국가원수이자 종교 지도자로서 입법·사법·행정부를 장악하고 절대 권력을 행사하고 있다. 사우디아라비아처럼 브루나이도 석유가 창출해 내는 국부가 절대 권력을 뒷받침하고 있지만, 국민을 철권으로 통치하는 도구는 쿠란(Quran)에 근거한 형법인 샤리아(Shariah)다. 1977년에 발생한 사우디의 미샤(Mishaal) 공주와 레바논 평민출신 새르(Saer)의 연애 사건의 결말이 극명한 사례이다. 서방세계로 유학을 소망한 공주를 부왕은 중동 지역에서 가장 서구화된 레바논으로 보낸다. 이곳에서 평민인 알리 새르 장군의 아들과 사랑에 빠진 공주는 연인과 함께 사우디로 끌려와 극형에 처해진다. 미샤는 공주 신분을 감안하여 투석형 대신 총살형을, 새르는 공개 참수형을 당한다. 신법(神法)으로 통칭하는 샤리아는 신분이 다른 남녀가 몰래 만나거나 결혼한 남녀가 간통한 경우에는 투석형에 처하도록 명시하고 있다. 브루나이는 국부원과 샤리아 적용이 사우디와 매우 흡사한 나라이다.

브루나이 절대왕권의 형성과 변화 과정은 다섯 시기로 구분한다. 고대 왕국이 세워졌다가 국력이 급격하게 쇠진(衰盡)한 1770년까지가 첫 번째 시기이며, 1770년부터 1906년까지 영국과 브룩크(James Brooke) 일가에게 사라와크의 영토와 주권을 빼앗긴 시기로 이어진다. 영국의 식민통치가 시작된 1906년부터 영국 보호령으로 주권의 절반을 되찾은 1959년까지를 주권 회복기로 분류하며, 그 다음이 1959년부터 완전독립을 이룬 1984년까지 국내적 정치격동기를 경험한 시기이다. 그 후 브루나이는 빠르게 동남아의 새로운 강소국으로 자리매김하면서 오늘날의 변화와 번영을 구가하게 되었다.

두 차례 세계대전 이후 새로운 국제질서의 변화 속에서 영국은

1959년 외교와 국방문제를 제외한 모든 분야의 권한을 브루나이 술탄에게 이양하였다. 1959년 선포된 헌법은 브루나이 최초의 성문법으로 '술탄의 절대적인 권력과 국가 자산에 대한 술탄의 독점적인 권한'을 명시하였다. 이 작은 왕국의 가장 큰 행운은 1929년 세리아(Seria) 지역의 거대한 해상(海床)유전이 발견된 것이었다. 이로서 브루나이는 절대왕국을 다질 수 있는 절호의 기회를 맞게 되었던 것이다. 그러나 정치적인 격동기가 뒤따랐다. 1962년 총선에서 압승한 브루나이인민당(Parti Rakyat Brunei)은 영국과 술탄에 반기를 들었다. 이들은 술탄친정체제를 반대하고 브루나이가 보르네오(*Borneo*) 북부의 구영토인 사라와크와 사바(Sabah)를 연결하는 '북보르네오연합'을 결성할 것을 주장하며, 그 해 12월 일부 무장세력과 합세하여 반란을 일으켰다. 그러나 영국이 이끄는 구르카(Gurkha)용병의 개입으로 반란은 신속하게 진압되었고, 총선거는 원천적으로 무효화되었다.

1965년 다시 총선거가 치러졌다. 그러나 당시의 국왕 오마르 알리 사이푸딘(Omar Ali Saifuddin)은 총선 결과에 따른 의회 구성에 동의하지 않고, 1967년 전격적으로 왕위를 장남 하싸날 볼키아에게 양위(讓位)하였다. 영국은 선거를 통해서 브루나이에 민주적 통치체제가 정착되기를 원했으나 정당의 반란을 경험한 사이푸딘은 의회가 왕정을 위험에 빠트릴 수 있다고 판단하고 의회의 역할과 기능을 최대한으로 지연시키면서 군주제를 강화하는데 주력하였다. 사이푸딘이 스스로 자신의 결정에 책임을 진다는 명목으로 왕위를 양위하였으므로 영국으로서도 더 이상 브루나이의 정치상황에 관여하기가 어려웠다. 이러한 과정을 거쳐 1979년 영국과 우호 협력조약을 체결한 브루나이는 1984년 1월 1일 영국으로부터 완전 독립을 선언하고 당당한 국제사회의 일원으로 재탄생하였다.

완전독립을 이룬 브루나이 왕국은 막대한 석유자원으로 절대왕권을 강화하며 국제사회에서 '작지만 강한 국가'의 이미지를 관리하는데 힘 써 왔다. 독립선언에서 밝힌 건국이념 '믈라유 이슬람 버라자(Melayu Islam Beraja)'는 '절대군주가 통치하는 믈라유족의 이슬람왕국'이라는 뜻으로 브루나이 절대왕정 체제를 보장하는 보검(寶劍)이다. 독립 즉시 동남아국가연합 아세안에 가입(1984년)하고 같은 해 9월 169번째 유엔 회원국이 되었다. 국제사회의 일원이 된 후 브루나이는 지속적으로 국력신장과 국위고양에 진력해 왔는데, 2006년 5월 미국이 주도하는 환태평양경제동반자협정(TPP)에도 참여하여 세계경제국가의 일원임을 현시하고 있다. 이 작은 나라는 석유자원과 샤리아와 믈라유족의 이슬람 왕국이라는 이데올로기를 바탕으로 절대왕정 체제를 다져나가고 있다.

소국 브루나이의 생존전략

브루나이는 1984년 1월 1일 자정을 기해서 독립을 선언하였다. 이 나라의 독립 선언 시점은 완전한 독립 원년을 강조하는 상징적인 의미로도 해석할 수 있으나, 어떻게 대다수의 일반 국민들이 잠들어 있는 한 밤중을 택했을까 하는 의구심을 가질 수도 있다. 독립 자체를 반대하거나 독립 선언 행사를 방해할 수 있는 잠정세력을 염두에 둔 것이라는 견해가 있었다. 실제로 브루나이는 자치정부 수립(1959년) 이래 브루나이인민당(PRB)의 반(反)술탄정부 반란으로 인한 영국의 재 개입(1962년), 브루나이의 참여를 강력하게 요청받은 말레이시아 연방 탄생(1963년), 오마르 사이푸딘 선왕의 전격적인 하야(1967년) 등으로 이어지는 숨 가쁜 정치변동의 역정을 염두에 둔다면, 독립 선언 시점을 상징적인 의미에 두기보다 다른 이유에 무게 중심을 두게 된다는 주장이다. 브루나이 왕국의 존립 역사는 항상 왕실의 분열과 갈등을 틈탄 외세의 개입으로 휘둘려왔다.

1984년 1월 1일 외교와 국방 분야를 포함하여 완전 독립을 이룬 브루나이는 독립 1주일 만인 1월 7일 동남아 지역협력기구 아세안

(ASEAN)의 정회원국이 되었고, 이어서 1월 16일에는 이슬람국제협력기구(OIC)에 가입하였으며, 9월 21일에는 유엔의 159번 째 회원국이 되었다. 1986년 9월 선왕 오마르 사이푸딘(Omar Ali Saifuddin) 사거 후 잠시 숨고르기를 한 후, 1989년 11월 APEC에, 1995년 1월에는 WTO에, 1996년 3월에는 ASEM에 차례로 가입하였다. 1999년 동남아게임(SEA Games)을 유치하여 처음으로 국제행사를 성공적으로 치러 자신감을 갖게 된 브루나이는 2000년 11월 APEC정상회담을, 2001년 11월에는 ASEAN정상회담에 이어 ASEAN+3정상회담을 개최하였다.

막대한 국부를 가진 브루나이는 국방에 많은 예산과 외교력을 집중하고 있다. 이 나라는 영국·호주·싱가포르·말레이시아·뉴질랜드 등 동남아 인근의 영연방5개국이 맺은 방위협정(1971년)에 유념하며, 이들 우호국가와 외교 및 국방 분야의 결속을 강화하고 있다. 대 싱가포르 관계가 항상 최상의 컨디션을 유지하도록 배려하고 있는데, 국방외교 분야에서도 예외가 아니다. 브루나이는 싱가포르에 군용헬기(UH-1H) 영구기지를 제공하는 등 싱가포르군과 정기 및 수시 정글전(戰) 합동훈련에 열성적으로 참여하고 있다. 이 나라 국방의 근간은 독립 직전인 1983년 9월 영국과 맺은 구르카군(Gurkha Reserve Unit) 주둔협정(매 5년 마다 연장)인데, 1999년 9월에는 동티모르(East Timor) 독립과 관련하여 다국적군 파견 시 270명의 구르카군 소총 대대를 파견하기도 하였다.

브루나이가 독립과 국가안보와 국부보존을 위하여 가장 신경 쓰고 있는 분야는 외교 분야이다. 술탄 정부는 독립 이전까지 영국이

도맡아 준 국방과 국내치안과 외교 분야 중 국방치안문제에 대하여 어느 정도 자체적 능력을 확신하고 있다. 그러나 외교 분야는 계속해서 독자적으로 지속적으로 개척해 나가야 한다고 판단하고 있다. 이 나라 외교정책의 기본 구상은 자국을 동심원(同心圓)의 중심에 두고 겹겹이 외교적 방위망(防衛網)을 구축해 나간다는 것이다. 국방과 외교의 견고한 복선(複線)전략이다. 브루나이를 겹겹이 에워싸고 있는 동심원의 중심에서 가장 가까운 원은 아세안이다. 이 나라는 아세안 이름의 모든 회합과 각종 공동 프로젝트에 빠짐없이 참여하여 아세안 중심의 역내협력체 제도화에 적극 동참하고 있다. 브루나이는 아세안 회원국 중 아세안 창설 이데올로기인 회원국 만장일치제도와 내정불간섭원칙의 가장 확실한 신봉국이기도 하다.

아세안의 정회원국이 된 직후, 브루나이는 전 세계 57개 이슬람 국가의 국제협력을 관장하는 OIC에 가입하였다. 동남아의 소국 브루나이는 OIC를 통해서 역내 이슬람 대국인 인도네시아와 청정 이슬람국가를 지향하는 말레이시아와의 관계를 돈독히 하며, 동시에 국제외교무대에서 막강한 영향력을 행사하는 이슬람 국제기구의 막내 회원국으로 '무슬림 형제애(*brotherhood*)'를 공유하여 자국의 외교역량을 극대화 한다는 것이다. 아세안과 OIC 다음으로 영연방(*Commonwealth*)의 울타리가 있다. 과거 96년간의 식민종주국이자 동남아와 서태평양 지역 5개국 방위조약의 중추국인 영국과의 관계 강화는 높은 외교적 상징성을 지니고 있다. 비록 군사 분야에서 실질적인 방위협력에는 이르지는 못하더라도 이들 군사 강대국과의 유대강화는 매우 유용하다. 또한 이러한 군사적 결속에 연계되어 53개 영연방국가와 공유하는 연대감은 이 나라의 외교역량 신장에 기여할 것이 분명하다.

브루나이를 감싸고 있는 가장 바깥에 있는 동심원은 유엔이다. 이 나라의 대 유엔 관계는 미국과의 관계증진과 직결되어 있다. 해상유전이 국부의 전부인 브루나이로서는 해상 접근이 용이한 가상의 도전세력을 염두에 두지 않을 수 없다. 이 점을 감안한다면, 브루나이 편에 서서 외부세력을 견제해 줄 막강한 기동력을 지닌 미 군사력을 의식하지 않을 수 없게 된다. 독립 시까지 미국과 실질적인 관계를 갖지 못하던 브루나이는 하싸날 볼키아 국왕이 레이건 행정부의 니카라과 산디니스타(Sandinista) 반군 지원에 미화 1천 만 달러를 쾌척하여 양국 간 우호관계가 형성되었다. 브루나이가 자국 방위 수준의 국방력과 아세안의 맹주인 인도네시아의 비협조적 입장에도 불구하고 유엔의 결정에 따라 동티모르에 대대 병력을 파견한 것도 이 나라의 동심원적 외교전략 차원에서 보아야 할 것이다.

브루나이는 동남아 역내 외교대국인 싱가포르와 태국 못지않게 적극적인 국제행사 참여와 유치로 국위선양에 힘쓰고 있다. '빵빵한' 경제력이 뒷받침하기 때문인데, 다양한 국제행사를 통하여 이 나라는 작은 나라의 역할과 기능을 부각시켜 역내 강소국으로 자리매김한다는 전략이다. 동남아에서는 올림픽 보다 역내 11개국(아세안 10개국과 동티모르)이 참여하는 동남아게임(SEA Games)의 인기가 월등하게 높다. 1959년 이래 매 2년 마다 개최되는 동남아 스포츠 축제가 2015년 6월 싱가포르에서 열렸다. 브루나이는 국부 현시를 목적으로 13개 종목 73명의 선수를 포함하여 112명의 대규모 대표단을 파견하고, 2019년 대회를 20년 만에 다시 자국으로 유치하는 데 성공하였다.

브루나이는 절대왕권을 가진 술탄 왕가의 나라다. 국무총리 직함을 가지고 있는 하싸날 볼키아 국왕은 현재 국방장관과 재무장관직도 겸하고 있다. 절대왕권을 가진 군주가 국정을 직접 총괄하면서 상징적인 군통수권 이외에 실질적인 군 지휘권과 국고 열쇠를 양손에 쥐고 있는 셈이다. 1989년 8월에 거행된 알 무흐타디 빌라흐(Al-Muhtadee Billah) 왕세자의 성년식에 당시 아세안 6개국(브루나이 포함) 정상들이 모두 참석하였다. 1998년 8월에는 당시 24세의 왕세자 책봉식은 화려하고 엄숙하게 거행되었는데, 국왕은 브루나이 이슬람왕국의 전통과 권위를 상징하는 금검(金劍)을 세자에게 하사하였다. 2004년 3월 대장 계급장을 부여받은 왕세자의 결혼식이 같은 해 9월에 거행되었다. 바레인 국왕과 일본 왕세자를 비롯하여 인도네시아·말레이시아·필리핀 등 브루나이 인근 국가의 최고 지도자들이 하객으로 방문하였다. 2005년 5월, 총리실 선임장관에 임명되어 명실상부하게 절대왕권 국가의 권력승계 절차를 공고히 하였다.

브루나이 헌법은 1959년 제정 발효되어, 1971년과 1984년 두 차례 개정되었으며, 입법·사법·행정의 삼권분립을 명시하고 있다. 그러나 술탄의 절대 권력으로 인하여 이 나라의 국정 전반은 사실상 술탄의 띠따(titah: '신의 이름으로 내리는 어명(御命)'이라는 뜻) 한 마디로 결정된다. 행정수반은 국무총리다. 이 나라의 각료회의는 1959년 행정위원회에서 출발하여 1984년 국무회의로 명칭을 변경하였다. 내각은 2005년에 신설된 에너지부를 포함하여 13개 부처로 구성되어 있으나, 전체 각료회의가 소집되는 경우는 흔치 않다. 술탄이 자신이 임명한 장관들과 양자 또는 다자 면담에 통해서 국정을 논의한다. 술탄은 국정 현안을 논의하기 위해서 각료회의를 포함하여 종교위원회·추밀원·입법위원회·왕위계승위원회 등 총 5개 기구로부터 자문을 구하는 형식을 갖추고 있다. 그러나 각 위원회 역시 술탄이 임명한 인물로 구성되어 있어서 이곳에서도 모든 결정권은 술탄의 흉중에 있다.

입법을 관장하는 국회격인 입법위원회가 있다. 그러나 모든 법률의 발의에서 제정절차를 거쳐 서명과 공포까지 모든 절차와 과정이 전적으로 술탄에게 있다. 이 위원회는 1984년 독립 후 20년 동안 휴면상태에 있었다. 그러다가 2004년 9월 술탄이 임명한 20명의 위원과 15명의 선출위원 등을 포함하여 정족수 45명의 입법위원회 구성이 헌법 개정을 통해서 확정되었다. 그러나 선출위원을 뽑기 위한 선거는 치러지지 않았고, 2005년 9월 술탄은 기존의 입법위원회를 해산하고 27명의 위원을 새로 임명하였다. 법 제도로서 술탄을 견제하거나 술탄의 권위에 도전할지 모른다는 의구심에는 변화가 없는 셈이다. 사법부도 형식상 독립기구다. 최고법원과 치안법원과 이슬람법원으로 구성되어 삼심제도도 갖추고 있다. 그러나 최고법원장을 위시해서 모든 고위직 법원장은 술탄이 임명하기 때문에 사법부 역시 실질적으로는 술탄에 종속되어 있다.

브루나이 술탄 정부는 절대왕권을 굳건하게 유지하는 방안으로 정치활동을 엄격하게 규제하고 언론 통제를 강화하고 있다. 이 나라에는 술탄정부에 충성을 서약했거나 술탄정부에 우호적인 2개의 정당이 있다. 그러므로 실질적이며 자유로운 정당 활동은 없는 셈이다. 이 밖에도 술탄정부는 국가정보에 대한 접근을 엄격하게 통제하여 국가자산 총액·외환 보유고·연간 국가예산 규모 등의 정확한 수치를 공개하지 않고 있다. 국가정보를 함부로 유출하는 행위는 1962년 이래 중범죄로 간주되어 최고 3년의 징역형에 처해질 수 있다. 이처럼 술탄정부의 정치활동과 언론통제는 궁극적으로 국가정보를 엄격하게 관리하여 부정적인 여론이나 정부는 술탄에 대한 비판이 유출되는 것을 예방하는데 그 목적이 있다.

73세(2019년)인 하싸날 볼키아는 왕실의 크고 작은 스캔들에도 불구하고 술탄 자신이 근엄하고 만능 스포츠맨으로 건강하며 '장기적인 안목'을 가지고 국정을 관장하고 왕국의 장래를 설계하고 있는 것으로 평가되고 있다. 세계 최고의 부자 반열에 오른 지 오래된 술탄이 자신의 부(*rich*)와 왕국의 부(*wealth*)를 현재처럼 국민복지에 집중하는 한 왕국은 건재할 것으로 보인다. 그러나 고갈 시한(2030-2040년)을 목전에 두고 석유자원에 전적으로 의존하고 브루나이의 경제는 그렇게 낙관적인 것만은 아니다. 무엇보다 식량자원의 자급도(30퍼센트 미만)가 너무 낮다는 것이다. 전 국토(5,770㎢)의 85퍼센트는 칙칙한 산림지대이며 경작지는 2퍼센트 남짓하다. 노동인력의 높은 해외의존도와 브루나이인들의 국가부문(공무원과 군인 등) 집중도 큰 문제다. 그러나 보다 중요한 문제는 혁명적인 통신기술의 발달로 자유와 기회균등과 사회정의 등 민주제도의 보편주의가 국제사회에서 빠르게 확산되고 있다는 점일 것이다.

절대왕권과 국민복지의 두 얼굴

브루나이의 믈라유이슬람왕정(Melayu Islam Beraja) 이데올로기는 국교로서 이슬람의 지위뿐만 아니라 종교 지도자로서 술탄의 신성한 권위와 특권을 보장하는 방패역할을 하고 있다. 이슬람에서 술탄은 신을 대신하는 지상의 대표자이며 동시에 종교의 수장으로 인식하고 있으므로 술탄에 대한 충성심은 곧 국민들의 신에 대한 믿음과 동일시된다. 결과적으로 이 나라에서 이슬람에 대한 강조는 술탄에 대한 충성심과 직결되어 술탄의 권위를 정당화하였다. 이를 토대로 술탄은 제정일치(祭政一致)의 정점(頂點)에서 절대왕권을 유지 강화하기 위한 모든 정치적·종교적·사회적 환경을 조성하였다. 브루나이 정부는 이슬람 교리의 생활화 정책을 통하여 모든 국민을 대상으로 이슬람 교육을 강화하고 있다.

최근의 이슬람 율법 샤리아(Shariah) 강화도 같은 선상에서 이해할 수 있다. 하싸날 볼키아 브루나이 국왕은 2014년 4월 30일에 발표한 칙령을 통하여 2015년 10월까지 세 단계에 걸쳐서 샤리아를 강화할 것이라며, 제1단계의 시행시점을 칙령발표 이튿날인 5월 1일로 못 박았다. 첫 단계 샤리아 형법은 금요 기도회에 불참하거나 다른 종교를 선교하는 행위 등을 규제하고 있는데, 고액의 벌금 부과나 징역형을 규정하고 있다. 둘 째 단계에서는 술을 마신 무슬림은 태형으로, 절도범은 손발 절단형으로 처벌하게 된다. 마지막 단계의 샤리아 형법은 미혼모를 비롯하여 간통이나 동성연애, 쿠란이나 예언자 무함마드를 모욕하는 행위 등은 모두 끔찍한 투석형에 처하도록 되어 있다.

샤리아가 적용되는 공간은 움마(ummah)라 하며, 혈연이나 지연에 관계없이 선지자 무함마드의 가르침에 입각해서 형성된 이슬람 공동체를 말한다. 그러므로 브루나이 국민이 아니어도 무슬림이 아니어도 이 나라에 발을 들여 놓은 사람 누구에게나 샤리아가 적용된다. 이에 따라, 비무슬림이 브루나이 무슬림에게 알라나 무함마드 또는 쿠란을 모욕하는 것으로 해석되는 언행을 했을 때, 샤리아에 따른 가혹한 형벌이 가해질 수 있다. 영국을 위시한 영연방국가와 서방세계의 많은 국제인권기구와 여성단체의 강력한 반발을 야기한 브루나이 국왕의 샤리아 형법강화 칙령은 나름대로 세심한 계산에서 나온 것이다. 당연하게 비무슬림 통제용이다. 세계화 추세에 따라 많은 국민이 해외로 나가고 더 많은 외국인들이 브루나이로 들어오고 있다. 자칫 훼손될 수도 있는 절대왕국체제를 보호하는 수단으로 이 보다 더 좋은 것은 없다.

브루나이 헌법 제2조는 이슬람을 국교로 명시하고 있고, 동시에 종교의 자유도 보장하고 있다. 종족 별로 종교가 상이한 것은 이 나라도 예외가 아니다. 전체 인구의 70퍼센트에 근접하는 믈라유(말레이)족은 거의 예외 없이 무슬림이다. 최대 20퍼센트까지 보고 있는 중국계는 도교·기독교·불교 등을 신봉하며, 나머지는 토착종족이 가장 많고 일부 인도계를 비롯한 다양한 혼혈인종으로 구성되어 있다. 도교와 기독교가 각각 이 나라 전체 종교인구의 15퍼센트와 10퍼센트에 이른다는 주장도 있다. 토착종족과 중국계 등 비믈라유계 국민 중에는 점차 이슬람 신봉자들이 늘어나고 있다. 이러한 경향은 종교 자체에 매료되기보다는 정부가 무슬림들에게만 제공하는 각종 인센티브를 누릴 수 있기 때문이다. 또한, 이 나라에서 다른 종교로부터 이슬람으로 개종은 쉽게 할 수 있지만, 그 반대의 경우는 거의 불가능하고, 무슬림들이 다른 종교를 가진 사람과 결혼하는 것을 엄금하고 있는 것도 중요한 이유가 될 것이다.

이 나라의 믈라유이슬람왕정 이데올로기는 원주민 믈라유족의 특권을 강조하고 있다. 인도네시아와 말레이시아와는 달리 브루나이의 믈라유족은 이슬람 종교와 문화를 포괄하는 광의적 개념이 아니라, 왕실과 왕실 주변을 구성하는 순수 믈라유족을 특정하는 협의적 개념이다. 그러므로 이 나라 무슬림은 성골(聖骨)도 있고 진골(眞骨)도 있는 셈이다. 10만 명 수준으로 추산되는 브루나이 노동인력의 50퍼센트는 공공기관에 근무하는 고급인력이다. 그 중에서도 믈라유계의 3/4은 정치활동이 금지된 공무원들인데, 군인과 경찰관도 이 범주에 포함된다. 고위직일수록 성골 믈라유족 무슬림이 차지하고 있음은 자명하다.

브루나이는 방대한 석유와 천연가스를 보유하고 이를 상품화하여 부국의 기틀을 삼았다. 이를 토대로 지역 경제통합에 앞장(1993년 AFTA 가입) 서고 세계 시장경제 체제에 순응(1995년 WTO 가입)하며, 국내적으로는 생필품 수급조절과 물가를 엄격하게 통제 관리하는 브루나이식(式) 시장경제 체제를 발전시켜 나왔다. 석유자원을 바탕으로 한 술탄 정부의 막강한 경제력이 이 나라의 절대왕권을 유지하는 가장 중요한 수단이 되었음은 물론이다. 석유자원이 창출하는 국부의 원천은 브루나이의 경제안정과 고용창출의 기본 요소이며, 이를 바탕으로 술탄이 받쳐 든 거대한 이슬람왕정 이데올로기 아래 모든 신민(臣民)들은 군왕이 베푸는 다양한 복지혜택을 누리고 있다.

이 나라 정부는 석유와 천연가스 수출로 벌어들이는 막대한 외화로 발전적인 복지정책을 펼쳐 왔다. 이 나라의 모든 국민은 납세의무가 없고, 의료혜택과 교육이 무상으로 제공되며, 물가안정과 주택보급 정책에 이르기까지 정부가 해결하고 있다. 무료로 이용할 수 있는 가족단위 위락시설도 완비되어 누구나 편리한 시간에 시원한 해변에서 바비큐를 즐길 수 있다. 소외계층이나 저소득층을 위한 특별 보조금지급 정책도 마련되어 있는데, 정부가 국가발전계획의 일환으로 가옥 임대료로부터 상수도와 전기요금에서 차량 유지(연료)와 관리비(서비스 센터)에 이르기까지 보조금을 지급하여 민생안정을 돕고 있다.

술탄 정부는 전 국민을 위한 전 교육과정을 거의 무상으로 제공하고 있다. 싱가포르식 교육제도를 채택하여 이 나라의 학령아동은 만 5세에 취학하여, 초등학교 6년 중고등학교 통합과정 5년의 무상교육을 제공받고 있다. 전문직 교육기관과 1985년 개교한 왕립종합대학(UBD)이 재능 있는 젊은이들을 기다리고 있으며, 독립 직후에 가입한 이슬람국제기구(OIC)와의 유대강화를 위하여 국제이슬람대학(UNISA)도 개설(2007년)하고 있다. 술탄정부는 국제사회의 조류에 따라 제2외국어 교육과 과학기술교육을 강조하는 한편 고급인력 수급정책의 일환으로 공무원제도를 크게 확대하였다. 이와 같이 적극적인 교육지원 정책의 결과로 70퍼센트 수준(1971년)이던 이 나라의 문자 해득률이 2018년에 이르러 98퍼센트로 크게 신장되었다.

국민복지의 일환으로 브루나이 국민들은 최소의 병원비로 각종 의료서비스를 받을 수 있다. 이 나라 국민이나 시민권자들은 브루나이 1달러(830원)만 지불하면 되고, 시민권이 없는 사람이라도 브루나이 3달러로 첨단장비를 갖춘 병원에서 국제수준의 의료 서비스를 받을 수 있다. 이 나라의 의료혜택은 도시와 농촌지역의 구분이 없다. 벽촌 주민들도 양질의 의료혜택을 받을 수 있는데, 전 국토의 75퍼센트 이상이 칙칙한 정글로 이루어진 이 나라에서 육로로 접근이 어려운 경우, 지체 없이 경비행기로 의료진과 약품을 공수한다는 것이다. 이와 같은 무상 의료혜택과 포괄적인 의료지원으로 이 나라 국민의 평균 수명은 80세에 육박하고 있다. 수명과 건강, 교육과 소득수준으로 평가하여 삶의 질을 나타내는 유엔(UNDP)의 인간개발지수 조사(2013/2014)에서도 브루나이는 조사 대상 187개국 중 30위에 올랐다. 아세안 국가 중 싱가포르(9위) 다음 순위이다.

술탄정부의 주택 지원정책도 놀랍다. 각급 공무원과 내국인을 위한 주택지원은 물론이고 초청해 온 외국인들에게도 무료로 임대주택을 제공하고 있다. 집 지을 땅이 없는 저소득층과 소유지(所有地)가 없는 국민들에게는 주택임대를 위한 무이자 융자를 제공하거나 정부 보조로 주택을 구입하는 주택개발 프로그램을 갖추고 있다. 이 나라에는 도시나 농촌이나 집 걱정 하는 사람이 없는 셈이다.

브루나이의 복지혜택의 가장 인상적인 분야는 노년층과 빈곤층을 위한 정책에 있다. 이 나라는 1955년부터 60세 이상의 노인, 장애인, 정신박약자와 이들의 피부양자들에게 연금 지급을 시작하였으며, 2006년부터는 60세 이상의 모든 국민에게 술탄의 이름으로 매 달 250달러(20만 원)의 은전(恩典)을 하사하고 있다. 또한, 저개발지역의 저소득층 국민에게는 쌀·식용유·설탕 등 생필품과 전기·수도·석유 등을 무상으로 공급하고 있다. 술탄정부의 주택지원, 전기 공급, 깨끗한 식수 공급과 국민들의 영양관리는 조기 사망률 감소와 수명연장에 절대적인 기여를 하였다. 정부의 공식적인 정책지원 이외에도 국왕과 왕세자가 출연한 사회복지재단도 광범위하게 국민복지 향상에 힘쓰고 있다.

그러나 브루나이는 일찍부터 국내 상권(商圈)을 장악하고 있는 약 5만 명의 중국계 국민을 통제하는 법령을 만들어 시민권 취득을 강력하게 제한하고 있다. 이로 인해서 과반수의 중국계들은 의료와 교육 분야에서 무료혜택을 누리지 못하고 토지 매입이 불가능한 비시민권자들로 오늘날까지 과거 영국정부가 발행한 여권을 소지하고 있다. 이들이 브루나이 시민권을 얻기 위해서는 지난 25년간 계속해서 20년 이상을 국내에 거주해야 하고, 정부에서 시행하는 수준 높은 국어(믈라유어)시험에 합격하여야 한다. 시민권 획득과 직업선택의 기회가 크게 제한되어 있기 때문에 경제적으로 성공한 중국계들은 자녀들을 위해서 많은 숫자가 호주와 캐나다 등 영연방국가로 투자이민을 떠나고 있다. 이 나라의 믈라유족 우대정책은 1990년대 말부터 믈라유족 일변도에서 중국계 포용으로 변화하는 조짐을 보이고 있다. 그 주된 내용은 '중국계 국민 제재조처에 대한 점진적인 완화'로 요약할 수 있다. 가장 획기적인 조처는 1999년 8월 회보(會報) 수준의 중국어 신문의 발간을 허가한 것이었다.

이 나라 노동인력 중 30퍼센트의 큰 비중을 차지하는 외국인 노동자들이 있다. 주로 민간분야의 허드렛일을 도맡아하는 이들 노동인력은 정부의 세심한 계획에 따라 주로 태국·말레이시아·필리핀·인도네시아 등 아세안국가에서 공급 받는다. 가정부나 관광업소의 여종원은 영어 구사가 가능한 50대 필리핀 여성들이 주류를 이루며, 서민들이 이용하는 대중식당은 20대 초반의 인도네시아 남성 무슬림들이 손님을 맞는다. 외국인 내방객들을 상대하는 호텔에는 어김없이 필리피노 남성들이 눈에 띈다. 늦은 저녁 호텔 식당이나 바에서 입국하면서 반입을 허가받은 술을 따라 마실 술잔을 청하면, 대개는 보스에게 물어 보아야 한다고 답한다. 관광객용 술잔과 내국인 무슬림들이 사용하는 물 컵을 따로따로 구분해 놓은 호텔도 있다.

브루나이의 왕정 이데올로기가 서구적인 시각에서 '반(反)외세 믈라유종족주의'와 '이슬람을 표방하는 시대착오적 발상'으로 이해될 수도 있지만, 이를 근간으로 영국으로부터 독립을 쟁취하여 완전한 주권국가가 되었으며, 믈라유문화권(*Malay World*)에서 유일하게 절대왕정 국가로 생존할 수 있었다. 이 나라 왕정 이데올로기는 절대왕권의 가장 중요한 정치적 버팀목인 동시에 절대왕정의 견고한 안전장치 역할을 하고 있으며, 이를 바탕으로 전 국민을 대상으로 찾아가는 복지정책을 시행하여 전 국민을 유순한 신민(臣民)으로 육성하고 있다.

INDONESIA

제9장

인도네시아와 동티모르

INDONESIA

제9장 인도네시아와 동티모르

1. 티모르 현대사: 동티모르와 서티모르
2. 동티모르-호주-인도네시아 국제관계

21세기에 독립한 동티모르는 인도네시아 군도 속에 있다.

이 나라 국명은 티모르 로로새(Timor Loro Sa'e)다. 티모르 사람들이 선호하는 이 국명은 테툼(Tetum)어로 '해 뜨는 나라, 티모르'라는 뜻이다. 우리의 '대한민국'에 해당된다. 테툼어는 포르투갈 고어(古語)로 동티모르가 포르투갈 식민지로 출발할 때부터 사용한 말인데, 21세기의 신생독립국에서 다시 국어(國語)로 자리 잡았다. 영어식 국명은 티모르 레스테(Timor Leste)다. 레스테도 포르투갈어로 동쪽이라는 뜻이다.

동티모르의 수도 딜리(Dili)로 향하는 외부세계의 유일한 정기 · 정규항로는 두 시간 가량 소요되는 거리에 위치한 인도네시아 발리(Bali)에서 출발한다.

티모르 섬은 인도네시아령 서티모르와 강원도와 비슷한 약 1만 5000평방킬로미터 면적의 독립국가 동티모르로 나뉜다. 서티모르 영내에도 동티모르 영토가 있다. 티모르 섬은 인도네시아 수도 쟈카르타에서 2000킬로미터 거리에 있고, 호주 북부의 최대 도시 다윈(Darwin)에서 750킬로미터 떨어져 있다. 독립국가 동티모르와 두 이웃 나라인 인도네시아와 호주 간의 거리다.

인도네시아령 티모르인 동티모르의 서부 지역은 오늘날 총 34개 주로 구성된 인도네시아의 1개 주인 동(東)누사뜽가라(Nusa Tenggara Timur)의 변방이다. 동누사뜽가라 주는 서티모르를 포함해서 플로레스(Flores) · 숨바(Sumba) · 솔로르(Solor), 사부(Savu) · 로띠(Roti) · 알로르(Alor) 등 동티모르처럼 과거 식민통치 시대에 백단향목(白檀香木) 샌달우드(*sandalwood*)와 양질의 향료 생산 거점이었다. 동티모르의 딜리에 해당되는 서티모르의 중심도시는 과거 노예무역의 중심지였던 꾸빵(Kupang)이다.

독립국가 동티모르는 향료군도(*Spice Islands*)로 널리 알려졌던 말루꾸(Maluku) 군도의 남단(南端)이자 동누사뜽가라 동쪽 끝자락에 위치하고 있다. 독립 이후 국가 경제문제로 동티모르는 호주와 갈등을 빚고 있으며, 인도네시아는 뒷짐을 진 채 관망하고 있다.

제9장 동티모르 역사 부분은 <동티모르와 브루나이>에서 대부분 옮겨 왔으며, '동티모르-호주 국제관계' 부분은 박재봉 교수(한국외대)의 글에서 많이 인용하였음.

티모르 현대사: 동티모르와 서티모르

동티모르는 2002년 5월 20일 독립하였다. 이 나라는 동티모르민주공화국(*Democratic Republic of Timor-Leste*)이라는 공식 국명을 가지고 있는데, 국명의 레스테(Leste)는 포르투갈어로 동쪽이라는 뜻이다. 인도네시아 소순다열도의 동쪽 끝에 위치한 티모르섬의 동부에 위치한 이 나라는 15,387평방킬로미터로 강원도와 비슷한 면적이다. 인구는 130만(2017년)으로 말레이(Malay)계 종족이 대부분을 차지하고 있다. 수도는 딜리(Dili)로 이곳에만 22만(2015년)명의 주민이 거주한다. 국민 전체의 90퍼센트 이상이 가톨릭을 신봉하는 것으로 알려져 있지만, 이들 중 최소한 70퍼센트는 토속신앙이 주축이 된 티모르형 가톨릭교도이다. 포르투갈 고어(古語)인 테툼(Tetum)어를 국어로 채택하고 있다. 그래서 국명을 테툼어 표기로 티모르 로로세(Timor Lorosa'e)로 쓰기도 한다. 그러나 이 테툼어는 오늘날 일부 노년층에서 조금 알고 있을 뿐이다. 공용어로 포르투갈어 이외에 영어와 인도네시아어가 쓰이는데, 인도네시아의 강압통치(1975-1999년)의 영향으로 젊은 층들은 인도네시아어를 가장 많이 알고 있다.

티모르가 외부세계에 알려지게 된 것은 중세 유럽시장에서 금만큼 귀한 가치를 지닌 것으로 알려졌던 백단향(白檀香)때문이었다. 향나무 수종의 하나인 백단향은 티모르뿐만 아니라 인도와 호주 대륙, 그리고 아프리카 동남부의 섬나라인 마다가스카르(Madagascar)에서도 자생하고 있다. 그러나 이중에서도 최고의 품종은 티모르(Timor)와 숨바(Sumba), 솔로르(Solor) 섬 등 인도네시아 군도의 동남부 소순다열도의 동쪽 끝 쪽에 위치한 몇몇 섬에서만 발견되었다.

인도와 중국에서는 고대로부터 흑단(黑檀)이나 자단(紫檀) 같은 고급 수종의 향나무에 대해서 알고 있었고, 왕실이나 고찰(古刹)에서는 각종 종교적 의례(儀禮)와 장례(葬禮)행사에 특별하게 백단향을 가루로 내어 향을 피우는 데 사용하고 있었다. 은은하면서도 강한 향이 끊이지 않고 지속되는 백단향은 머지않아 귀부인들의 부채와 보석상자로 만들어 지고, 왕실의 장식품으로 만들어 졌으며, 곧 왕실 사원의 각종 성물(聖物)로 만들어 지게 되었다. 이 백단향의 진귀함이 13세기에 본격적으로 열린 바닷길 실크로드를 경유하여 유럽시장에 알려지게 되었다.

바닷길 실크로드가 동서를 잇는 국제 교역로로 활기를 띠면서 백단향의 수요가 크게 늘어나게 되었다. 백단향 교역은 바닷길 실크로드가 열리기 이전에 이미 인도네시아의 쟈바(Jawa) 해역을 중심축으로 하여 인도와 중국을 연결하는 '금(金) 줄' 같은 역할을 하고 있었다. 바닷길이 개척되고 식민지가 개발되어 국제교역이 증가하면서 이전 보다 훨씬 더 많은 백단향이 유럽 왕실로 흘러들어 갔다. 수요에 비해서 공급이 달렸으므로, 19세기로 들어서면서 소순다열도에서의 백단향 공급량이 급격하게 감소하였다. 그러나 유독 티모르에는 다른 지역과 달리 해발 표고 1300미터까지 백단향이 널리 분포되어 있어서, 그야말로 백단향의 마지막 보고(寶庫)였다. 이 백단향이 바로 바닷길 실크로드의 전성기 한 때 같은 무게의 황금과 교환되던 진귀한 교역품이었다. 그러므로 유럽인들이 백단향에 눈독을 들이게 된 것은 당연한 이치였다. 수마트라 동부 말라카 해협을 중심으로 번성했던 스리비자야(Srivijaya) 왕국에 관한 세데스(G. Coedes)의 연구에도 티모르산 백단향은 말라카 해협을 거쳐 인도와 중국을 연결하는 무역로에 실렸다고 쓰고 있다. 14세기부터 쟈바(Jawa) 사람들은 말루꾸(Maluku)군도 북단에 위치한 떠르나떼(Ternate)와 띠도레(Tidore) 섬을 오가는 바닷길 무역로를 훤히 알고 있었다.

1511년 말라카 왕국을 점령한 포르투갈 탐험가들도 이 무역로를 찾아 나섰고, 머지않아 네덜란드가 가세하면서 점차 정규 항로로 알려지게 되었다. 17세기 초 인도네시아에 내도한 네덜란드는 떠르나떼와 띠도레로부터 말루꾸 군도의 남쪽 끝에 있는 암본(Ambon)섬까지 개척하여 거대한 향료군도로 발전시켰다. 유럽에 향료군도로 알려진 몰루카스(*Moluccas*)군도가 바로 말루꾸(Maluku) 군도이며, 그 중심이 암본이었다. 네덜란드는 이곳을 향료군도의 중추로 삼아 향료무역 독점에 성공하게 된다.

13세기의 중국 해외무역 보고서에도 향료군도 최남단인 티모르섬은 백단향으로 둘러싸인 섬으로 묘사되고 알려져 있었다. 당시 중국에는 티모르 행 백단향 교역에 나섰던 항구가 12개소에 달했다고 했다. 한편, 14세기의 중국 문헌인 『도의침략(道義侵掠)』은 '티모르에는 백단향 이외의 식물이 자라지 않으며, 엄청난 양의 티모르 산(産) 백단향이 유럽의 은(銀)제품·철제류·유리 제품·다양한 옷감 등과 물물교환 되었다'는 내용을 담고 있었다고 한다.

백단향에 대한 소식은 16세기 초 말라카 왕국을 점령한 포르투갈의 상무관을 통해서 수차례 포르투갈 왕에게 전달되었다. 이를 계기로 하여 포르투갈은 티모르를 향한 새로운 뱃길을 개척하기 시작하였다. 포르투갈은 16세기 중엽까지 이미 동남아 여러 해안에 자리 잡은 군소 도서 왕국에 대한 상당한 지식을 확보하고 있었다. 포르투갈뿐만 아니라 영국과 네덜란드도 티모르의 백단향에 눈독을 들이고 있었지만, 포르투갈은 16세기 말 경 이미 인도네시아 군도 동남부 소순다열도의 동쪽 끝자락인 '플로레스(Flores)-솔로르(Solor)-티모르(Timor)' 섬을 잇는 백단향 주요 산지를 개척한 선두 주자로 자리 잡고 있었다.

포르투갈은 향료군도에서 영국·네덜란드·프랑스에 앞서서 전략적으로 영향권을 확장해 나가고 있었으나, 그렇다고 해서 백단향 무역을 독점할 수 있었던 것은 아니었다. 중국과 이슬람 상인들이 백단향 무역망을 파고들어 포르투갈의 독점 야욕을 허용하지 않았기 때문이었다. 티모르 주민들도 유럽 열강의 각축장으로 변모해 가는 상황에서 어정쩡한 입장을 취하며 포르투갈에게 무역 독점권을 선뜻 넘겨주지 않았다. 이렇게 어수선한 상황 속에서 값 비싼 백단향에 대한 탐욕을 버리지 못한 각지의 도벌꾼들이 수단과 방법을 가리지 않고 백단향을 베어냈기 때문에 금빛 찬란하던 백단향 무역은 점차 그 빛을 잃어가게 되었다.

유럽대륙의 양대 강국인 프랑스와 독일 사이에 위치한 네덜란드는 강인한 생존력과 뛰어난 상업적 수완으로 오늘날 유럽의 경제 강국의 일원으로 자리매김한 나라이다. 그러므로 이 나라가 유럽 열강들과 경쟁하며 식민지 경략시대를 어떻게 헤쳐 나갔을까하는 상상은 그렇게 어려운 일이 아니다. 천부적으로 뛰어난 상재(商才)를 지닌 네덜란드인들은 국왕과 국가에 대한 충성심으로 무장하고 인도네시아 군도로 뛰어 들었다. 이들은 곧 대범하고 저돌적이며 탐험심에 불타는 포르투갈인들과 맞붙게 되었다.

티모르를 사이에 두고 벌어졌던 네덜란드와 포르투갈의 각축전은 유럽 대륙을 포연(砲煙)으로 뒤덮었던 수많은 전쟁 중 작은 부분에 지나지 않는다. 그러나 포르투갈-네덜란드 양국의 전쟁은 한 치의 양보도 없었고 전혀 우열을 가늠할 수도 없었다. 지루하게 전개된 양측의 공방은 언제나 참담한 결과를 초래하고 끝났으며 예고도 없이 재개되었다. 유럽 대륙의 소국인 포르투갈과 네덜란드는 유럽을 벗어나 아메리카 대륙과 아시아-태평양 연안의 여러 지역을 침공하여 제국주의적 힘을 과시했는데, 양국의 티모르 쟁탈전은 그 중에서도 단연 압권이었다. 티모르를 독점하기 위해서 두 나라가 벌인 힘 겨누기에서 참혹한 전쟁을 거쳐 타협점을 찾아가기까지의 전 과정은 티모르인들의 정체성 형성과정을 이해하기 위한 필요한 과제이기도 하다. 왜냐하면 유럽 열강들이 티모르 향료군도에서 얼마나 끈질기게 목적 달성을 위하여 전력투구했는지, 또 티모르인들은 그들에게 얼마나 고통을 당했는지, 그리고 그 과정에서 어떻게 그들만의 생존방식을 터득했는가를 알아야하기 때문이다.

네덜란드는 1641년 드디어 향료군도 말루꾸(Maluku)에서 포르투갈 군대를 몰아냄으로써 이 지역의 향료무역을 독점할 수 있게 되었다. 이듬해에는 포르투갈의 무적함대를 격파함으로써 대 포르투갈전 승세(勝勢)의 쐐기를 박았다. 당연하게 상당부분까지 백단향무역도 네덜란드의 수중에 들어 왔으나, 포르투갈이 말루꾸 군도에서 완전히 손을 씻고 물러난 것은 아니었다. 이로 인해서 네덜란드는 군사적 충돌이 재연될 가능성에 대비하여 아직 몇 군데 남은 포르투갈의 영향권 지역에 대한 정보입수에 심혈을 기울였다.

포르투갈이 선점했던 티모르의 중요성은 두말할 것도 없이 백단향 때문이었다. 유럽에서 샌달우드(*sandalwood*)로 불린 백단향은 호사스러움과 부귀가 넘쳐흐르던 중세 유럽황실이 가장 선호하는 가구와 악기와 장식품을 만드는데 쓰였다. 특히 백단향의 뿌리 부분은 짙은 향기가 반영구적으로 지속되어 각종 조각과 세공품을 만드는데 쓰였다. 뿐만 아니라 백단향의 목질부(木質部)는 성질이 온(溫)하여 가슴앓이, 배앓이, 곽란(癨亂) 등을 다스리는 약재로써 특별한 효능이 있었다. 그러므로 동인도를 항해하는 유럽 무역선이 가장 오랫동안 선호했던 최고가의 교역품은 단연 백단향이었다.

1818년 네덜란드 정예군은 오늘날 동티모르의 수도인 딜리(Dili)를 빼앗고자 인근 항구도시인 아따뿌뿌(Atapupu)에 기습적으로 상륙하였다. 철옹성이었던 아따뿌뿌의 포르투갈 요새는 힘없이 무너지고 포르투갈 깃발이 끌어내려 졌으며 대신 네덜란드 국기가 휘날

리게 되었다. 네덜란드는 1641년 포르투갈과 전쟁을 끝내면서 맺은 '네덜란드-포르투갈평화협정'에도 불구하고 최상품 백단향의 집산지인 아따뿌뿌와 마우바라(Maubara) 같은 포르투갈 영지를 손에 넣기 위한 야욕을 이때까지 한시도 잊지 않고 있었다.

티모르의 중심도시 딜리에서 가까운 아따뿌뿌와 티모르 북부 해안의 양항(良港)이었던 마우바라에는 많은 무역선들이 드나들었다. 포르투갈 왕국으로서 아따뿌뿌는 관세를 비롯해서 수입품 소비세와 인두세를 거둬들이는 매우 중요한 세원(稅源)이었다. 포르투갈 정부는 네덜란드 식민군대의 아따뿌뿌 기습점령을 항의하고 네덜란드 정부에 협상을 요구했다. 네덜란드의 대응이 여의치 않을 경우, 전쟁 재개를 불사할 것임을 명백하게 전하면서 동시에 아따뿌뿌 항구 불법점령으로 인한 포르투갈의 재정손실을 배상하라는 강력한 내용의 항의 서한을 보냈다. 당시 네덜란드는 티모르 지역에서 중국 무역상들과 백단향 교역을 위한 탄탄한 네트워크를 구성하고 있었으나, 지역 내 기반은 포르투갈이 네덜란드의 우위에 있었다.

네덜란드-포르투갈 간의 끊임없는 분쟁을 종식시키고자 1850년 네덜란드의 외무장관이 포르투갈로 외교문서를 띄웠다. 이듬해 양측의 동의안 작성을 위해서 양국의 사절단이 오가게 되었다. 지루한 공방과 결렬과 속개가 반복된 양측의 회합은 10년이나 지속되었다. 결국 1861년 양국은 동의안에 서명하게 되었고, 새로운 협정이 공식적으로 발효되면서 티모르와 티모르 사람들은 자신들의 의지와는 전혀 무관하게 동서로 나뉘게 되었다. 이로서 동(東)티모르는 오늘날 독립을 이룬 동티모르(Timor Leste)가 되었고, 서(西)티모르는 네덜란드 통치를 거쳐 제2차 세계대전 이후 인도네시아가 독립하면서 인도네시아령으로 귀속되었다.

티모르를 동서로 가른 후에도 포르투갈과 네덜란드 양국은 상대국에 대한 견제와 티모르에서의 영향력 확대를 위한 경쟁과 견제를 계속하였다. 이들 양국이 티모르에서 벌인 정치적, 행정적, 문화적으로 행한 영토와 영향력 확대를 위한 접전은 20세기 초까지 지속되었다. 포르투갈과 네덜란드의 두 식민정부는 결국 큰 혼란에 빠지게 되었다. 이들 양국은 영토분쟁과 영향력 확대에만 전력투구를 한 나머지 티모르 영내에서 벌어진 노예무역, 살인, 인신 매매, 종족 간의 내전 등 끊임없는 사건과 혼란을 막을 힘도 의지도 재원도 모두 소진하고 말았다.

양국의 지칠 줄 모르는 쟁탈전은 티모르인들의 투지를 더욱 뜨겁게 불태우는 데 한 몫을 하였다. 그들은 포르투갈과 네덜란드라는 두 외세가 가한 고통과 핍박으로 더욱 단련된 머리와 눈과 가슴을 가지게 되었다. 이러한 과정에서 티모르인들은 두 식민 열강 사이에서 이리 밀리고 저리 밀리면서 독립을 향하여 쉼 없는 반보(半步) 행진을 계속하였다. 언제까지나 흔들림 없이 건재할 것으로 굳게 믿었던 네덜란드와 포르투갈의 군사력도 그들에 항거했던 지역의 작은 실력자들의 끈질긴 투쟁으로 점차 힘을 잃어가고 있었다.

인도네시아 군도에서 유럽의 식민통치자들의 선두에 섰던 나라는 분명 포르투갈이었다. 또한 동티모르가 포르투갈령이었음에도 불구하고 네덜란드 식민통치 영역의 외곽에 있으므로, 네덜란드 시대를 끝내고 인도네시아가 독립한 이후에도 국제정치무대에 동참하지 못하였다. 티모르에 관한 서구 열강의 관심이 집중되었던 시기는 17세기 중반뿐이었으며, 포르투갈령으로 남겨진 동티모르와 유럽 변방의 포르투갈과의 관계는 미미한 정치적 연대가 전부였다. 더구나 티모르 섬이 인도네시아 동부 군도인 소순다열도의 외진 곳에 위치하고 있다는 사실이 동티모르를 오래도록 외부세계와 단절시켰다.

티모르에는 수 세기 전부터 악성 전염병인 천연두와 문둥병 같은 괴질이 자주 돌아 많은 사람들이 희생되었다. 그러다가 1898년과 1899년 사이에 백신(*vaccine*)이 전해지면서 희생자 수가 다소 감소하였다. 이러한 종류의 질병 이외에도 19세기 말까지 티모르 주민들이 많이 줄어든 원인은 노예로 전락한 사람들이 많았기 때문이었다. 17세기와 18세기에 많은 티모르인들은 노예가 되어, 인도네시아의 여러 지역을 거쳐 유럽시장으로 팔려 나갔다. 티모르의 노예무역은 네덜란드동인도회사에게 백단향과 함께 많은 이익을 남겨주었다. 그러다가 네덜란드 정부는 1860년 이래로 노예무역을 금지시켰다. 그러나 노예의 불법거래는 계속되었는데, 이때부터는 중국 무역상들이 주도하였다. 티모르에는 잦은 가뭄과 홍수, 그리고 갖가지 풍토병이 반복해서 찾아 왔다. 티모르는 그만큼 비극적인 땅이었다.

포르투갈령으로 있었던 약 4세기 동안 동티모르는 국가 형태도 갖추지 못하였고, 통일된 언어도 없었으며, 그렇다고 해서 여러 종족들이 합심하여 포르투갈의 그늘을 벗어나려는 시도를 한 적도 없었다. 프랑스의 경우, 캄보디아와 라오스를 점령하고 있던 시기에 이들의 국가 정체성 강화를 위해서 상당한 노력을 기울였지만, 포르투갈은 이 점에도 관심을 두지 않았다. 그러므로 티모르인들은 제대로 된 언어교육도 받지 못하고 포르투갈어의 고어(古語)인 테툼(Tetum)어를 공용어로 사용해 왔다. 이처럼 참담한 포르투갈령 동티모르의 상황은 1859년부터 1863년까지 현지 총독으로 재임했던 아퐁소 드 카스트로(Afonso de Castro)에 의해서 비로소 외부 세계로 알려지게 되었다.

백단향으로 시작된 티모르의 비극적인 역사는 백단향 소출이 거의 끊긴 19세기 이후에도 계속되었다. 팜 오일 생산과 대단치 않은 채광권 같은 부스러기 이권을 차지하기 위한 이해 당사자들의 경쟁과 현지 종족 간의 갈등이 자주 표면화되었다. 이런 상황 하에서도 식민정부는 각종 조세제도의 멍에를 헐벗고 굶주린 자들에게 씌웠으므로 동티모르 주민과 식민정부 간의 원만한 관계란 있을 수 없었다.

제2차 세계대전이 끝나고 네덜란드령 서(西)티모르가 인도네시아령으로 귀속된 이후에도 계속해서 포르투갈의 식민 지배를 받아온 동(東)티모르는 계속해서 국제질서 변동의 외곽에 방치되어 있었다. 동티모르를 점령했던 일본군으로부터 통치권을 회복한 이후에도 포르투갈은 이곳을 독립시키기 위한 어떠한 조처도 취하지 않았다. 이 과정에서 지난 1960년대 이래 가톨릭계의 선교기관에서 교육을 받은 엘리트층이 1974년 포르투갈에 민주정부가 들어선 뒤로 민족주의적 정치세력으로 등장해서 독립주체로 발전하게 된 것이다.

우리나라 상록수부대 420명이 1999년 10월부터 2003년 10월까지 만 4년 동안 동티모르 동부 라우템(Lautem)에 주둔했었다. 한 번도 실질적인 교전이 벌어지지 않았던 이곳에서 2003년 3월 지프차 두 대에 분승하고 작전지역을 순찰 중이던 상록수부대 정예장병 5명(장교 2명, 사병 3명)이 순직했다. 갑자기 불어난 강물에 휩쓸려서 지프차에 탄 채 순식간에 떠내려갔는데, 이들 중 사병 1명의 시신은 끝내 찾지도 못했다. 열대사바나기후대인 동티모르는 때때로 2-3년 씩 비가 오지 않기도 하고, 3개월 이상 계속해서 폭우가 쏟아지기도 한다. 상록수부대원 5명이 순직할 당시 시간 당 400밀리가 넘는 비가 내렸다. 토양이 매우 척박하여 농사에 적합한 지역도 매우 협소하다. 소량의 야생커피가 이곳의 주종 수출품이다.

2001년 이곳을 방문했을 때, 백단향이 어떻게 생긴 나무인지 궁금했다. 며칠 동안 같이 일했던 동티모르 대법원의 자신타(Jasinta) 판사에게 백단향을 보고 싶다고 안내를 요청했다. 인도네시아 가자 마다대 법과대학 출신으로 당시 20대 후반이었던 자신타는 “현재 동티모르에서 샌달우드(백단향)를 찾아볼 수 없습니다. 포르투갈이 남벌하고, 네덜란드가 불 태웠으며, 일본이 작은 나무까지 베어내고, 인도네시아가 뿌리 채 뽑아갔습니다. 2030년 쯤 국립식물원을 세우게 되면, 그 때에 가서나 보실 수 있겠습니다”라고 답했다. 백단향나무가 소생하여 황폐한 신생 독립국가 동티모르를 다시 일으켜 세울 날을 기대하고 있다.

동티모르-호주-인도네시아 국제관계

신생국 동티모르가 자국의 독립을 가장 먼저 제일 가까이에서 물심양면으로 도와준 이웃 나라 호주와 해양 국경문제로 마찰을 빚고 있다. 동티모르는 호주 간의 해양국경의 변경에 따라 해저유전과 가스개발로 막대한 추가수 입을 올릴 수 있기 때문이다. 2016년 3월 22일 약 1만 명에 달하는 데모대가 수도 딜리(Dili)의 호주 대사관을 둘러싸고 호주 정부가 해양국경 재 획정(劃定)을 위한 협상에 나서라고 요구했다. 이날 시위군중의 규모는 1999년 독립투표를 요구하며 운집했던 데모대와 비슷하다고 호주 언론매체들이 같은 날짜로 보도했다. 이날 데모는 딜리뿐만 아니라 상록수부대가 있던 라우템(Lautem) 등 동티모르 국내 주요 도시에서 동시에 벌어졌으며, 쟈카르타(Jakarta)・콸라룸푸르(Kuala Lumpur)・마닐라(Manila) 등 동티모르인들이 비교적 많이 진출해 있는 인근 아세안 국가에서도 잇따랐다. 이 나라의 독립 영웅이자 초대 대통령을 역임한 구스마오(Xanana Gusmao)는 자국민들에게 호주 정부가 협상에 나서도록 목소리를 높이라고 시위대를 독려하였다.

동티모르는 유엔이 1982년에 채택한 유엔해양법협약(UNCLS)에 따라 동티모르와 호주 사이에 있는 티모르 해(*Timor Sea*)를 다시 획정해야 한다고 주장하고 있다. 이에 따르면, 호주가 동티모르 모르게 가져간 해저 유전과 가스전의 상당 부분이 자국 영토에 포함된다는 것이다. 그러나 호주는 동티모르의 주장을 받아들일 수 없다는 입장이다. 동티모르-호주 간의 해상 경계는 1989년 인도네시아와 호주 간에 체결된 '석유 및 천연가스 개발을 위한 티모르갭 협정'(*Timor Gap Treaty*)에 따라 설정되었다. 이 협정은 1975년 동티모르가 인도네시아에 강제 합병된 후, 인도네시아와 호주 양국 간 협상이 진행되어 1989년에 조인되었으며 1991년 공식 발효되었다. 당시 양국 간의 협상은 동티모르를 둘러싼 국제적인 정치 환경에 따라 인도네시아 측이 호주에 많은 양보를 한 것으로 알려져 있다.

동티모르는 한 동안 같은 무게의 황금과 교환했다는 백단향의 주산지였다. 이로 인해서 1511년 말라카를 정복했던 포르투갈이 거의 100여 년 만에 경쟁국 네덜란드에 쫓겨 동남아를 떠나 중남미로 빠져 나가면서 끝까지 자국령으로 남겨 두었던 곳이 바로 동티모르다. 베트남 전쟁이 종료(1975년 4월)된 직후, 동티모르는 인도네시아에 의해서 강제 점령(1975년 12월)되어 이듬해 6월 인도네시아에 합병되었고, 2002년 5월 공식적으로 독립할 때까지 24년 동안 수많은 질곡(桎梏)의 과정을 겪었다.

호주는 동티모르의 독립과정에서 매우 중요한 역할을 하였다. 호주는 인도네시아의 동티모르 합병을 지지하였다가 180도 입장을 바꾸어 동티모르의 인도네시아에서 분리 독립을 적극 지원하는 극단적인 정책 변화를 보였다. 전자의 경우는 가장 가까운 강대국 인도네시아와 미국 등 서방세계의 묵시적인 동조 압력과 베트남 전쟁 후 동티모르를 경유한 공산세력의 확산을 우려한 까닭이었고, 후자의 경우는 동티모르에 대한 서방세계의 인권과 민주주의라는 공통된 가치관에 새삼스럽게 부응하면서 석유자원이라는 자국의 경제적 이익을 최대한 확보하기 위함이었다.

1998년 7월 동티모르 독립지도자들이 새롭게 동티모르독립협회(CNRT: *National Council of Timorese Resistance*)를 결성하고 다국적 기업인들에게 티모르해의 석유자원 개발에 적극 참여해 줄 것을 호소하였다. 이미 진출해 있는 기업들의 이익도 보장한다면서 동티모르의 독립 지원을 호소하였다. 동티모르가 독립을 하면 인도네시아 정부보다 더 안정적이고 호혜적인 기업환경을 제공할 수 있다며, 호주와 서방국가들에게 자국 독립지원의 대가를 명시적으로 나타낸 획기적인 선언이었다. 인도네시아와 함께 티모르해 석유자원 개발사업을 사실상 독점해 온 호주 정부와 기업들에게 CNRT의 선언은 매우 고무적이었음이 분명하다. 동티모르 지도자들의 선언은 호주의 해외자원개발 선두기업들에게 인도네시아와 체결한 기존의 협정(1989년)을 인정하고, 나아가서 향후의 경제적 이익의 확대도 가능하다는 약속이었던 것이다. 이 선언이 있은 직후 호주의 대표적인 자원개발기업인 BHP 빌리톤(*BHP Billiton Petroleum Pty. Ltd.*)의 최고위 인사는 당시 인도네시아에 억류되어 있던 구스마오와 비밀회동을 하였다. 이때부터 동티모르 독립 문제에 소극적이던 호주 정부의 입장이 크게 바뀌기 시작한 것으로 보인다.

호주 정부의 갑작스런 태도 변화에 대해서 인도네시아 정부와 국민들은 호주가 인도네시아 정부와 국민을 배신했다며 크게 반발하였다. 1978년 호주의 프레이저 수상(John Malcolm Fraser) 정부(1975-1983)가 인도네시아의 동티모르 합병을 가장 먼저 용인했던 것을 생생하게 기억하고 있던 인도네시아로서는 당연한 거부반응이었다. 인도네시아 정부는 당시 인도네시아에 체류 중이었던 BHP 빌리톤 회장을 체포 구금하고, 호주 정부와 기업들의 행태를 맹비난하였다. 호주도 인도네시아 정부가 국제관례를 벗어난 비신사적인 행동을 한다고 인도네시아의 비난에 맞서면서 구속된 BHP 빌리톤의 회장을 즉시 석방하라고 요구하였다.

인도네시아-호주의 양국 관계는 이 사건 이후로 크게 악화되었다. 특히 호주가 1999년 9월 국제동티모르지원군(INTERFET: *International Force in East Timor*)의 사령관직을 맡으면서 악화된 양국 관계는 절정에 달했다. 인도네시아는 호주군이 자국령에 무력 진주한 것에 비유하기도 하였다. 이 때 INTERFET에 우리나라의 상록수부대도 참여(1999년 10월-2003년 10월)하였는데, 유엔은 인도네시아군의 철수와 동티모르의 안전회복을 목적으로 평화유지군을 파견하여 24년에 걸친 인도네시아의 동티모르 지배를 종식시켰다. 호주는 INTERFET에서 주도적인 역할을 하면서, 동티모르의 방위와 경제 개발에서 중추적 역할을 하였다. 당연하게 동티모르 석유자원 개발에도 깊숙하게 관여하게 되었다.

포르투갈 식민통치 하에서 동티모르에 대한 외부의 경제지원은 거의 전무하였다. 1975년 인도네시아에 합병된 이래로 1999년까지 전적으로 인도네시아 정부예산 지원을 받았으며, 이후 독립에 이르는 동안 포르투갈 · 호주 · 미국 · 일본 등의 재정 지원을 받았다. 이 나라의 국제교역은 2014년의 경우, 원유(40퍼센트)·천연가스(40퍼센트)·커피(20퍼센트) 등 세 가지 품목이 수출의 거의 100퍼센트를 차지하고 있으며, 정제석유·쌀·설탕 등 세 품목이 수입의 대종을 이루는 특이한 무역구조를 보이고 있다. 이 중에서 동티모르 산 커피 수출은 국제엔지오(NGO)들이 참여하여 커피공정무역에 나선 까닭에 국제커피시장에 알려지게 되었는데, 우리나라에도 피스커피(*Peace Coffee*)로 소개되었다.

동티모르의 가장 중요한 교역대상국은 호주와 인도네시아 등 지리적으로 인접한 두 나라다. 강원도 넓이(약 15,000평방킬로미터)의 국토에 최대 120만 명(2015년)으로 추계되는 인구를 가진 이 나라는 식량을 재배할 수 있는 땅이 너무 협소하다는 결정적인 취약점을 가지고 있다. 국내 식량자원의 불투명한 미래는 당연하게 밝지 않은 국가경제를 말한다. 수도 딜리에서 라우템으로 이어지는 북부 해안도로를 따라가다 보면, 도로에 인접한 절개지(切開地)가 다양한 원색(하얀색, 노란색, 갈황색 등)을 띠고 있음을 알 수 있다. 농업지로는 부적합함을 의미한다. 해변에는 갈매기가 거의 눈에 띠지 않는다. 수온이 높은 까닭에 해안 가까이에는 물고기가 거의 없다는 뜻이다. 가난한 동티모르는 농업과 어업 등 1차 산업부문에서 발전 전망이 결코 밝지 않다. 이와 같은 경제상황에서 석유와 천연가스 개발은 동티모르의 장래를 결정하는 중차대한 과제임이 분명해 보인다. 동티모르 수출고의 약 80퍼센트(2014년)가 석유자원이라는 사실이 이를 뒷받침하고 있다.

호주의 국내 생산 원유 자급도는 60-70퍼센트 수준인 것으로 알려져 있다. 이로 인해서 호주는 2002년 동티모르가 독립하기 이전부터 인도네시아 정부와 체결한 티모르 갭 조약(1989년)에 의거 동티모르 해에 매장된 원유와 천연가스를 생산해 내는데 열중하였다. 나아가서 1999년 국제동티모르지원군에 4,000명에 달하는 대규모의 군대를 파견(상록수부대는 420명)하고, 호주대외원조청(AusAID: *Australian Agency for International Development*)을 통하여 신생국 개발원조기금으로 동티모르에 2억 5천만 달러를 공여하였다. 이와 같은 일련의 특단 조치는 새로 탄생하는 독립국가 동티모르에 자국의 영향력을 확대하고자 하는 의도가 분명했다. 이러한 호주 정부의 외교적 노력은 2002년 5월 독립 직후 티모르해조약(*Timor Sea Treaty*)으로 결실을 맺어 양국의 최대 관심사인 석유자원 개발이익의 배분에 관한 조약 체결로 이어졌다. 티모르해조약은 1989년 인도네시아와 호주가 서명한 티모르 갭 조약을 무효화하고, 동티모르와 호주가 새롭게 티모르해의 해저 유전개발에 관한 제 조건을 새롭게 규정한 조약이었다.

티모르해조약을 통해서 동티모르-호주 양국은 티모르해의 공동개발구역(JPDA: *Joint Petroleum Development Area*)의 바유 운단(*Bayu Undan*) 해저유전의 개발 이익을 90:10으로 분배하기로 결정하였으며, 그레이터 선라이즈(*Greater Sunrise*) 해저유전의 경우는 20:80으로 분배하기로 확정하였다. 동티모르-호주 양국의 공동유전개발구역 밖에 위치한 코랄리나(*Corallina*)와 라미나리아(*Laminaria*) 해저유전에 대해서는 호주의 독점적 개발권을 인정하였다. 이 조약으로 동티모르와 호주 양국은 모두 막대한 이익을 얻게 되었으나, 동티모르에 비해서 호주가 월등하게 많은 이익을 가져 간 것으로 최종 평가되었다. 특히 그레이터 선라이즈 유전의 경우, 국제법상 전적으로 동티모르의 영토에 귀속된다는 주장이 다시 제기되었다. 이에 따라 동티모르-호주 양국은 2006년 티모르해특정해양협정(CMATS Treaty: *Treaty on Certain Maritime Agreements in the Timor Sea*)으로 명명한 새로운 협정을 체결하기에 이르렀고, 기존의 20:80에서 50:50으로 분배율을 수정하여 동티모르 측에 다소 유리하게 재조정되었다.

CMATS 협정은 그동안 호주가 유엔해양법협약을 위배하면서까지 약소한 신생국 동티모르를 상대로 불공정한 협정 체결을 계속해 왔다는 국제사회의 비난을 모면하기 위한 조처였다. 그러나 호주 정부는 정치적인 제스쳐와는 별도로 보호국 차원의 유화적 대동티모르 접근정책을 계속해서 추진하고 있다. 동티모르의 경찰력 증강사업을 위해서 2004년부터 2009년까지 3,200만 달러를 공여했으며, 동티모르 법제도 개선사업 명목으로 800만 달러(2003년-2008년)를 공여하기도 했다. 돌발적인 부작용도 속출하였다. 2004년 호주는 동티모르 정부 청사를 지어주면서 도청장치를 설치하였는데, 호주의 대표적인 석유 및 가스회사인 우드사이드(*Woodside*)의 사업 확장을 위한 시도였던 것으로 드러났다. 2006년 동티모르가 국제사법재판소(ICJ)에 유전개발계약 불공정을 이유로 중재를 요청하자 호주는 이에 참여를 거부하였다. 2013년에는 도청 사실을 외부에 알린 내부 고발자를 색출하여 구금하고, ICJ에서 동티모르측 변호를 맡은 버나드 콜라리(Bernard Collaery) 변호사 사무실을 압수수색하였다. 구스마오가 격앙하고 호주 주재 동티모르 대사가 항의하자 애벗 총리(Tony Abbott: 재임 2013-2015)는 '국익을 위한 국내용'이라며 이를 일축하였다.

인도네시아와 호주의 국제관계는 매우 독특하다. 지리적으로 두 나라가 모두 아시아-태평양지역에 위치하고 있는 가장 가까운 나라라는 점 이외에는 양국의 유대관계를 설명할 수 있는 공통점을 발견하기 어렵다. 물론 두 나라가 지역의 평화와 안정을 유지하기 위해서 서로 협력을 해야 한다는 공통된 목표가 있기는 하지만, 두 나라 정부와 국민들의 큰 인식차이로 인해서 작은 사안에도 자주 충돌하고 있다. 두 나라 간에는 문화와 종교가 이질적이고, 경제발전 정도가 다르며 또한 정부의 형태와 정부정책의 지향도 매우 상이한 양상을 보이고 있다. 이러한 차이점들은 한편으로는 새로운 협력관계의 기회를 제공하기도 하지만, 다른 한편으로는 계속해서 많은 갈등의 소지를 안고 있다.

실제적으로 호주는 정치적으로나 경제적으로 인도네시아에 있어서 중요한 위치나 큰 비중을 차지하고 있지 못하다. 이는 인도네시아 국민들과 언론들이 호주에 대해서 대체로 무관심하게 반응한다는 측면에서 이해할 수 있다. 그러나 호주에게 인도네시아는 전략적으로 매우 중요한 인접국가임이 분명하다. 인도네시아는 호주의 가장 강력한 '가상적국(假想敵國)'이기 때문이다. 호주는 인도네시아가 네덜란드에 대항해서 이리안(Irian) 해방투쟁을 벌였으며, 영국이 지원한 말레이시아연방 결성에 반대해서 대결정책을 전개했다는 사실을 잊지 않고 있다. 해방투쟁이나 대결정책은 인도네시아의 외교정책 용어로 궁극적으로 '전쟁'을 의미하였다.

인도네시아는 호주의 국내문제나 외교정책에 대해서 거의 관심을 보이지 않았다. 그러나 호주는 여러 가지 이유와 목적으로 쟈카르타 정부의 대내외 정책에 관심을 가지고 내정을 간섭하고 외교노선에 비판을 가해 왔다. 9·11 테러(2001년)와 발리 폭탄 테러(2002년) 이후에 특히 호주는 인도네시아 국내의 과격 이슬람 세력의 움직임을 예의 주시하며 끊임없이 경계하고 있다. 또한 이와 관련하여, 쟈카르타 정부와 지식인 및 대학생 그룹의 경고와 비난에도 불구하고 인도네시아 국내문제에 대한 비판과 간섭을 그치지 않고 있다. 이로 인해서 호주는 오늘날 인도네시아가 가장 혐오하는 국가가 되고 있다. 이러한 인도네시아의 반호주 경향은 1996년 이후 하워드 수상이 집권(재임: 1996-2007)하고 동티모르 독립을 지지하고 지원하는 과정에서 극명하게 드러났다.

1945년 인도네시아가 독립한 이래로 호주-인도네시아 양국 관계는 끊임없이 부침(浮沈)을 거듭해 왔다. 호주가 인도네시아의 대외정책을 지지하고 지원하는 경우에 양국 관계는 돈독해 졌으며, 호주가 인도네시아의 특정 정책을 반대하거나 비난하는 경우에 양국의 외교관계는 급격하게 냉각되는 경향을 보여 왔다. 그러나 인도네시아 측에 의해서 두 나라 관계가 악화되는 경우는 발견되지 않고 있다. 이는 인도네시아 정부가 호주의 정부정책이나 외교노선에 개입하거나 영향력을 행사하는 경우가 없었다는 것을 의미한다. 이러한 측면에서 볼 때, 호주와 인도네시아의 양국 관계는 대등한 관계라고 보기 어렵다. 두 나라간의 관계는 호주 정부의 인도네시아의 내정간섭과 외교정책 비판 또는 지지 여부와 밀접한 상호적 관계를 이루고 있기 때문이다.

인도네시아는 호주-동티모르 간의 갈등과 지속적인 긴장국면을 내심 즐기고 있다. 인도네시아로서는 두 나라를 자국이 '의도한 대로' 다룰 수 있다고 확신하기 때문이다. 무엇보다도 동티모르가 사활을 걸고 있는 동티모르의 아세안(ASEAN) 가입 카드를 인도네시아가 쥐고 있다는 사실이다. 2011년 인도네시아가 아세안 의장국으로 있을 때, 동티모르는 아세안 가입 신청을 했으나, 아직도 심사중이다. 그 사이에 동티모르 지도부와 정서적으로 가까운 아웅 산 수 지(Aung San Suu Kyi)가 등장하여 이 문제를 둘러싼 사정이 달라질 가능성도 있고, 그 반대상황이 전개될 수도 있다. 문제는 인도네시아가 언제 어떻게 확고한 입장을 취하느냐가 관건이다. 아세안의 맹주인 인도네시아는 동티모르의 아세안 회원국 자격획득에 대 호주 관계가 포함된 자카르타 정부의 이해득실을 위한 지렛대로 사용할 시점을 재고 있는 것이다.

인도네시아 국영석유회사 뻐르따미나(Pertamina)의 대형 정제석유 운송 트럭은 특별한 이유 없이 때때로 국경 통과가 지연되기도 한다. 동티모르 국민들의 생활편의를 제공할 수도 있고 그렇지 않은 방향으로 풍향계를 돌릴 수 있음을 암시하며 엄숙한 얼굴을 하고 있다. 인도네시아령 서(西)티모르 내의 동티모르 영토 인근에서의 사정은 더욱 그러하다. 이처럼 동티모르는 인도네시아 군도의 변방으로 '인도네시아 숲'에 파묻혀 있다. 각종 소소한 서민들의 일상용품은 인도네시아-동티모르 국경에서 많이 거래된다. 동티모르 서민생활은 당연하게 호주 보다 인도네시아가 훨씬 밀접하다. 호주는 가깝고도 먼 나라이고, 인도네시아는 멀고도 가까운 나라인 셈이다. 동티모르의 수도 딜리(Dili)를 향한 유일한 국제항공의 정규 항공노선도 인도네시아 발리(Bali)에서 출발한다.

INDONESIA

제10장

쟈카르타의 민낯과 속살

INDONESIA

제10장 쟈카르타의 민낯과 속살

1. 쟈바의 장마
2. 쟈카르타의 수재와 교통난
3. 오젝에서 고젝으로
4. 인도네시아의 산불 재해
5. 쟈카르타의 붕아 캄보쟈

2억 6800만(2018년) 인도네시아 인구의 20퍼센트인 5360만 명의 총소득은 우리나라 전체 인구 5116만의 총소득과 같다. 부자들이 많다는 뜻이다. 서울특별시 인구는 1천만 명을 초과한 후, 2009년 이래로 계속해서 조금씩 감소하고 있지만, 같은 도시 규모의 쟈카르타 인구는 계속해서 증가하고 있다. 가난한 사람들이 일거리를 찾아서 도시로 도시로 밀려드는 까닭이다.

이 나라에도 우리의 의식주(衣食住)에 해당하는 표현으로 산당(sandang), 빵안(pangan), 빠빤(papan)이 있다. 이 중에서 주에 해당하는 빠빤은 널빤지라는 뜻이다. 널빤지 몇 쪽으로 마루 바닥을 깔면 거처가 된다. 강기슭 습지에 야자나무로 기둥을 세우고, 억센 갈대를 촘촘히 엮어 덮으면 지붕이 된다.

우리는 나름대로 부자가 조금 조심스러운 나라다. 더구나 떳떳하지 못한 부는 감추고 사는 나라다. 인도네시아는 아니다. 모든 부는 신들이 인간들에게 잠시 맡긴 것이다. 그래서 많은 사람들은 엄청나게 많고, 없는 사람들은 쌀도 없고, 신발도 없고, 남포 등 밝힐 등유 살 돈도 없다.

심각한 빈부격차에도 불구하고 이들은 그런대로 행복하게 산다. 행복지수가 세계 1위의 나라다. 지금 있는 것에 만족하고, 오늘에 만족하며 산다. 내일은 크게 걱정하지 않는다. 막연하지만, 언젠가 잘 될 것이라는 희망을 가지고 산다.

인도네시아는 천혜의 자연자원을 가진 나라이다. 땅이 넓고 비옥하며, 적도의 태양이 따갑고, 비가 많이 내린다. 어쩌다가 돌풍이 몰아치기도 하지만, 태풍은 없다. 그러나 홍수가 잦아 생활 터전이 물속에 잠긴다. 화산 폭발과 지진 해일도 빈번하다. 그래도 도시는 번창하고, 젊은 인구가 늘고, 경제도 조금씩 나아지고 있다.

그리고 일 년 내내 갖가지 향기로운 꽃들이 피어난다.

제10장 인도네시아에서 변화와 발전 속도가 가장 빠른 도시는 단연 수도 쟈카르타임. 다섯 주제로 발췌한 '쟈카르타의 민낯과 속살'은 이 거대한 도시의 작은 부분에 지나지 않음.

쟈바의 장마

삼한사온(三寒四溫)은 우리나라의 겨울 날씨의 특징으로 사흘 춥다가 나흘 동안은 다시 따듯한 날씨로 되돌아오는 특징을 표현한 것이었다. 이 겨울 날씨에 대한 뚜렷한 기억은 없지만, 겨울철이 엄청나게 추웠던 것은 분명했다. 눈도 많이 내리고 강물 위로 얼음도 두껍게 얼고, 추녀 끝에 긴 고드름이 주렁주렁 매달렸었다. 추위도 일찍 찾아 왔다. 시향제(時享祭)가 있는 음력 시월 보름께는 양력으로 아직 11월이었지만, 틀림없이 한파가 몰아쳤던 것으로 기억된다. 할머니는 고향의 시향제에 참석하기 위해서 먼 길을 떠나는 큰 손자에게 두꺼운 내복을 입히고 양말을 두 겹으로 신게 하셨다. 겨울 추위가 사라진 우리네 경우와 비교하기 어렵지만, 인도네시아에서도 기존의 절기(節氣)에 변화가 생긴 것이 분명해 보인다. 인도네시아의 대부분의 국가 홍보 자료나 인터넷 자료에는 이 나라에는 건기와 우기의 두 계절이 있고, 우기는 10월에 시작하여 3월에 끝난다고 되어 있다. 그런데 우기 내내 현지에서 생활하면서 체험한 바에 따르면, 이 나라의 우기는 12월에 시작되어 5월까지 계속되는 것으로 보인다.

본격적인 우기는 12월부터 시작되었지만, 이에 앞서 가자마다대학 캠퍼스에서 직접 목격한 폭우와 함께 광풍(狂風)이 몰아치던 무서운 광경을 잊을 수 없다. 2008년 11월 7일 오후 2시 40분(서울은 4시 40분)에 엄청난 폭우가 쏟아지면서 토네이도급(級) 광풍이 몰아쳤다. 우리나라에서도 강력한 태풍을 직간접적으로 익숙하게 경험하였으므로 한 방향으로 세차게 몰아치는 초강풍(超强風)은 얼마든지 상상할 수 있다. 그러나 이곳에서 체험한 폭우를 동반한 강풍은 완전하게 상상 밖이었다. 강력하게 회오리치는 광풍이 수십 갈래의 방향에서 불어 닥쳤다. 경사가 급한 건물의 지붕을 덮은 기와나 오래되어 틈새가 벌어진 기와는 모두 종잇장처럼 날아가는 것을 목격하였다. 잔가지가 많은 나무는 허리부분이 꺾이고, 키가 높고 전봇대처럼 튼튼한 가지를 가진 우람한 나무들도 순식간에 나무젓가락처럼 가지가 부러져 내렸다.

새로운 정보를 확인하기 위해서 강의실에서 학생들에게 물어봤다. "강진(强震)이 어떻게 오더냐?"했더니, 모두가 하나같이 "파도처럼 옵니다."라고 답했다. 우리가 일반적으로 알고 있듯이 땅이 흔들리고 심하면 땅이 갈라지는 것은 약진(弱震)이다. 강진은 높은 파도처럼 온다. 지진 파도가 지나가면, 육상에 온전하게 남아 있는 것은 하나도 없게 된다. 지진 파도와 같은 폭우를 동반한 광풍이 20분가량 휩쓸고 간 가자마다대학의 피해 규모는 210억 루피아(22억 원)로 집계되었다. 2008년 당시 수자르와디(Sujarwadi) 총장에게서 들은 수치다.

이곳의 홍수 피해는 12월 초부터 하루도 빠짐없이 보도되기 시작했다. 2008년 12월 5일자 콤파스(Kompas)지는 1면에 말이 끄는 도카르(dokar)가 두 바퀴가 완전히 물에 잠긴 채 손님을 태우고 가는 장면을 실었다. 이 날자 콤파스에 따르면, 서부 쟈바 주도(州都)인 반둥(Bandung)과 따식말라야(Tasikmalaya) 등 인근 도시에 최소 30센티에서 최대 2미터에 이르는 장마에 의한 홍수가 발생하여 최소한 14,000가구가 물에 잠겼다고 했다. 동부 쟈바도 마찬가지다. 2008년 12월 14일자 콤파스가 역시 1면에 크게 실은 사진은 물에 잠긴 동부 쟈바 주도 수라바야(Surabaya)에서 한 중년남자가 허리까지 물에 잠긴 채 주택가를 지나고 있는 장면이다. 이로 인해서 쟈카르타에서 출발하는 수라바야 행 특급열차가 모두 솔로(Solo)를 경유하고 있으며, 말랑(Malang)-수라바야 노선은 주요 구간이 모두 물에 잠겼다고 보도했다.

쟈바의 경우와 같지는 않지만, 칼리만딴 지역도 사정은 엇비슷했다. 2008년 12월 18일자 콤파스는 하루 전날 내린 비로 서부 칼리만딴 싱까왕(Singkwang) 인근의 크고 작은 강(江)이 모두 범람하고 바닷물이 만조(滿潮)로 역류하여 도시의 절반이 높게는 1.5미터의 물속에 잠겼다고 보도했다. 이로 인해서 서부 싱까왕면(面)에서만 5,105 가구가 침수피해를 입고, 22,375 명의 이재민이 발생했다는 것이다. 이 날짜 콤파스는 역시 1면에 허벅지까지 물에 잠긴 싱까왕 중심가를 환자를 가득 실은 고무보트가 지나가는 사진을 실었다.

12월 초부터 시작된 홍수 피해 소식은 해를 넘겨 계속되었다. 2009년 2월 27일자 콤파스는 중동부 쟈바의 붕아완 솔로(Bengawan Solo) 강 범람 소식을 크게 보도하였다. 1982년 이래 최악의 홍수 피해라며 최소한 2만 가구가 물에 잠겼다고 했다. 이와 함께 솔로를 비롯하여 마디운(Madiun), 모죠꺼르또(Mojokerto), 응아위(Ngawi), 스라겐(Sragen) 등의 도시가 모두 1미터 이상의 물에 잠겼다고 보도했다. 솔로의 제23국립중학교(SMP Negeri 23 Solo)는 학교 전체가 물에 잠겨 책걸상 말고도 모든 서류와 교재가 젖었다며, 잠깐 해가 난 틈을 타서 이들을 말리고 있는 교사와 학생들의 모습을 같은 날짜 1면에 크게 보도하였다.

테마 별로 장마 특집을 보도하면서 콤파스지는 수도 자카르타의 경우 찔리웡(Ciliwong)강의 범람은 장마와 폭우라는 천재(天災)에 더하여 생활 쓰레기를 하천에 마구 버려 강의 원활한 흐름을 방해하는 인재(人災)가 합쳐진 것임을 강조하였다. 수로(水路) 마다 엄청나게 쌓여 있는 쓰레기는 성인이 올라서도 꿈쩍도 하지 않는 정도라고 개탄하였다(2009년 2월 15일). 자카르타 특별광역시 정부의 보도로는 매일 6,000톤의 쓰레기가 자카르타를 관통하는 찔리웅 강과 그 지류에 쌓이고 있다고 했다(2월 19일). 이 사이를 비집고 넝마주이들이 경제 가치가 있는 쓰레기를 골라내고 있다. 강물로 버려지는 쓰레기 전쟁은 자카르타 인근에 국한된 것이 아니다. 강과 하천이 연결되는 자바 북부해안의 경우는 어디나 예외 없이 같은 상황을 맞고 있다. 2009년 2월 22일 자 콤파스가 제1면에 실은 대형 사진은 중부 자바의 좀블롬(Jomblom) 해변 전체를 쓰레기가 덮고 있는 광경이다. 이렇게 지루한 장마와 홍수 피해 소식은 4월 초까지 계속될 것이라고 덧붙였다.

장마로 인한 피해가 줄어들 것으로 예상했던 3월 말에 예상치 못한 초대형 홍수피해가 발생했다. 2009년 3월 25일 쟈카르타 인근의 수도 위성도시이자 공업도시인 땅으랑(Tangerang) 지역에 자정부터 5시간이나 지속된 폭우로 26일 새벽 5시 경 대형 인공저수지의 둑이 터져버린 것이다. 이 재해로 인한 인명피해만 사망 65명, 실종 98명, 부상 52명으로 공식 발표되었는데, 실종자의 대부분이 부녀자와 아이들이어서 이들 중 대부분은 사망한 것으로 추정된다고 했다(3월 28일자). 네덜란드 통치 말기인 1932년과 1933년 사이에 2년에 걸쳐서 진흙으로 축조된 이 긴뚱(Gintung) 저수지의 붕괴로 인근의 10헥타르 이내에 있는 300채의 가옥이 전파되었다. 이재민들은 하나 같이 저수지가 터지면서 갑작스럽게 당한 공포를 아쩨(Aceh) 지역에서 발생하였던 지진해일 쓰나미(Tsunami)에 비유하였다. 긴뚱 저수지 붕괴에 놀란 관계 당국이 허겁지겁 조사한 바에 따르면, 쟈카르타 외곽에 위치한 보고르(Bogor) 인근의 저수지 15개소도 붕괴의 위험이 현저하다고 같은 날짜로 보도되었다.

쟈바는 옛날부터 장마 때만 되면 홍수가 피해가 잦았다. 네덜란드 식민통치기에도 오늘날의 쟈카르타(Jakarta)인 당시의 바타비아(Batavia)는 우기만 되면 수도(水都)로 바뀌었다. 식민당국은 여러 곳에 인공 수로를 조성하여 빗물이 바다로 빠져 나갈 수 있도록 하였으므로 1920년부터 1940년까지 약 20년간은 홍수피해가 적었다. 그러나 인간이 자연을 상대로 하는 싸움에서 이길 수는 없었다. 1940년 이후 홍수 피해는 도시가 발전하면서 계속해서 늘어났다. 기본적으로 홍수 피해는 예나 지금이나 고지대나 저지대를 막론하고 수로나 강물의 용량이 장마로 인한 강수량을 감당하지 못하는

데서 발생한다. 장마 때가 되면 엄청난 빗물이 토사를 하류 쪽으로 밀어내서 삼각주(三角洲) 델타를 형성한다. 이에 따라 농사일이 생겨나고 사람들이 몰려들고 도시가 형성되는 것이다. 찔리웅 강과 쟈카르타의 경우와 같은 것이다. 대도시의 건설은 상수도와 하수처리 시설 같은 대형공사가 앞서야 하지만, 쟈카르타 처럼 단시간에 거대 도시로 바뀐 경우에는 건물과 거주지와 도로가 먼저 들어섰다. 먹을 물이 부족한 것은 말할 것도 없고, 생활하수 처리에 급급한 하수처리시설은 당연하게 장마를 감당할 수 없었던 것이다.

쟈카르타를 관통하는 찔리웅 강은 인도네시아에서 연중 강우량이 가장 많은 보고르를 경유한다. 이곳에 국립식물원이 자리 잡은 이유이기도 하다. 하류로 내려가는 강수를 담아 놓기 위해서 이 지역에는 2009년 3월 26일 새벽에 터진 긴뚱 저수지와 유사한 크고 작은 저수지들이 산재되어 있다. 장마가 계속되어 저수지의 용량을 넘을 경우에는 하류로 방류(放流)할 수밖에 없다. 그래서 자주 홍수 피해를 받는 쟈카르타 사람들은 '보고르에서 (일부러) 흘려보낸 홍수'(banjir kiriman dari Bogor)라고 자조(自嘲)하고 있다.

90년대 말까지만 해도 쟈카르타특별주(DKI Jakarta)에는 대형 그린벨트가 있었다. 당시 끄마요란(Kemayoran) 지역은 15퍼센트 이상을 개발할 수 없도록 엄격하게 규제되어 있었다. 85퍼센트는 녹지로 보존한다는 취지였는데, 그 뒤에 그린벨트가 조금씩 허물어졌고, 오늘날에는 100퍼센트가 건물과 거주지와 상업용도로 바뀌었다. 장마 때의 인재(人災)를 미리 쌓아 놓은 셈이다. 뽄독 인다(Pondok Indah) 지역도 마찬가지였다. 쟈카르타특별주 당국은 1965

년부터 1985년 사이에 수도 자카르타에 최소한 37.2퍼센트의 녹지공간을 확보하는 행정력을 가지고 있었다. 초기 수하르토 군사정부가 싱가포르로부터 도입한 노하우였는데, 오랜 세월을 두고 연례행사로 반복하는 홍수피해를 예방하기 위한 조처였다. 싱가포르는 건국 이래 전체 국토면적의 41퍼센트를 녹지공간으로 하는 것을 엄격한 불문율로 해 왔다. 이로 인해서 자카르타에 뒤지지 않게 비가 많이 내리는 이 작은 도시국가는 단 한 번도 대형 홍수피해를 입은 적이 없었다는 것이다.

자카르타 시내에서 쯩까렝(Cengkareng)의 수카르노-핫타 국제공항에 이르는 14킬로미터의 도로명이 공학박사 스댯트모로(路)(Jalan Prof. Dr. Ir. Sedyatmo)로 1985년에 완공되었고, 그 후 수차례에 걸쳐서 보완되었다. 1984년에 작고한 스댯트모 교수는 반둥공과대학(ITB: Institut Teknologi Bandung)의 교수였다. 그 분의 연구역량은 지난 80년대 초 공군이 관할하는 할림(Halim) 공항이 국제선 항공편 이용승객과 수출입 물동량이 급증하면서 부각되기 시작하였다. 할림 공항이 계속해서 원활한 국제공항으로 기능하기가 어렵다는 판단 하에 신(新)국제공항 후보지를 물색하면서 토목공학이 동원되었기 때문이었다. 자카르타 인근 지역은 어느 곳이나 예외 없이 해발 표고가 1미터 수준이며, 홍수와 해수 역류에 취약하고, 지반(地盤)까지 무르기 때문에 국제공항을 건설할 수 있는 여건을 갖추고 있지 못하였다. 처음부터 제1순위 후보지로 등장한 곳이 지난 2000년 서부 자바에서 분주(分州)한 반뗀(Banten)주의 쯩까렝이었다. 스댯트모 교수는 늪지대 위로 도로를 장착하는 신공법을 창안하여 자카르타에서 멀지 않은 쯩까렝에 인도네시아의 새로운 관문을 세웠다. 공학박사 스댯트모로는 그 분의 공로를 기리기 위해서 붙여졌다. 그러나 1991년 쯩까렝 공항이 국제공항으로 역할을 시작한 이래로 20여 년이 지난 2002년 1월과 2004년 6월과 2007년 2월 등 세 차례에 걸친 대홍수로 공항로가 장기 폐쇄된 후 기존의 도로 양 옆에 1-3미터 높이의 보조 도로를 건설하였다.

몰디브(Maldives)라는 작은 섬들로 구성된 나라가 있다. 현지인들이 사용하는 국명인 디베히(Dhivehi)는 산스크리트어로 '섬들이 만든 화환(花環)'이라는 뜻이다. 스리랑카 남서쪽의 인도양 상에 있는 이 섬나라는 우리나라 신혼부부의 여행지로 각광을 받고 있다. 서울 면적의 절반이 채 되지 않는 300평방킬로미터에 인구 44만(2017년)의 이 나라는 매 년 해수면이 50센티미터 씩 높아진다는 것이다. 2050년이 되면 지구상에서 완전히 사라질 위기에 처했다며, 이 나라는 국제사회의 관심과 도움을 호소하고 있다.

해변을 따라 거대한 둑을 쌓고 있는 나라도 있다. 싱가포르다. 이 나라는 이미 오래 전부터 가까운 미래에 닥칠 엄청난 자연재해에 대비하고 있다. 독립 이래 계속해서 해안 매립공사를 하여 지난 40여 년 간 국토 면적을 100평방킬로미터 이상을 확장한 이 나라는 지표가 낮은 해안선을 따라 거대한 해일(海溢) 방조제(防潮堤)를 쌓고 있다.

인도네시아 장마를 반 년 동안 관찰하면서 두 가지를 느꼈다. 하나는 대자연의 조화가 위대하다는 것이다. 아무리 오래 장마가 지속되어 홍수가 나고 도로가 무너지고 많은 사람들이 죽고해도 다시 밝고 맑은 해가 솟아오르고 따뜻한 햇살이 있다는 것이다. 장마 틈틈이 보여주는 맑은 적도 밤하늘의 초롱초롱한 별들은 장관이 아닐 수 없다. 44개 정당이 난립하여 총선(2009년)을 치루고(2014년 총선에는 12개 정당 참여), 다시 대선을 앞두고 이념과 정당 색깔과는 관계없이 이전투구(泥田鬪狗)하는 이곳의 정치권이 아무리 소란해도 장마가 오고 홍수가 나고, 그 후에는 태양이 더욱 찬란하고 그 햇볕에 싸여 있는 자연은 여전히 아름답다는 사실이다. 인간은 위대한 대자연의 조화에 도전하지 말고 겸허하게 자연의 뜻을 받아들여야 한다는 것이다. 또 다른 하나는 깨끗하고 아름답고 수량이 풍부한 우리의 한강을 잘 지켜야 하겠다. 백두산에서 지리산을 잇는 백두대간을 온전하게 잘 지켜야 한강의 건천화(乾川化)를 막을 수 있다. '바닥을 드러낸 한강'을 터전으로 자손만대(子孫萬代) 한민족의 둥지를 이어갈 수는 없을 것이 분명하기 때문이다.

쟈카르타의 수재와 교통난

인도네시아공화국의 수도 쟈카르타(Jakarta)는 수도(水都)로 널리 알려져 있다. 하노이(Hanoi)와 방콕(Bangkok)과 함께 쟈카르타는 예로부터 '물의 도시'였다. 무엇보다 해발 표고가 낮고 해변에 가깝게 위치하기 때문인데, 홍수로 빗물이 불어 강이 넘치고 만조(滿潮)로 바닷물이 역류하면 영락없이 수도가 되고 만다. 하노이를 한자로 표기하면 '하천(河川)의 안 쪽'이라는 뜻인 하내(河內)가 되고, 방콕은 바닷물의 역류를 막기 위해서 해안 방조제에 꺽 나무를 심은 '꺽 나무의 둑'이라는 뜻에서 출발했다. 그래서 태국 수도 방콕의 현지 발음은 '방(둑 혹은 언덕) 꺽(꺽 나무)'에 가깝다. 쟈카르타는 '위대한 승리의 도시'라는 뜻을 가지고 있어서 수도의 의미와는 거리가 멀지만, 실제로는 우기때 홍수가 겹치면 도시 전체는 물바다가 된다. 최악의 경우에는 도시의 약 80퍼센트가 물에 잠긴다고 한다.

도심에 있는 저택이 규모에 비해서 세(貰)가 싸다 싶으면, 우기 때 영락없이 물에 잠기겠거니 생각하면 된다. 2002년 2월 인천 국제공항으로부터 6시간 45분의 비행 끝에 도착한 쟈카르타 인근 쫑까렝(Cengkareng)의 수카르노-핫타(Soekarno-Hatta) 국제공항에서 수도

(水都) 쟈카르타 시내의 한 호텔까지 찾아가는 데는 꼬박 9시간이 소요되어 훤한 이튿날 아침에 도착하였다. 2008년 1월 말에는 수카르노-핫타 공항에서 시내로 들어오는 길목이 물에 잠겨서 이틀 반이나 공항이 폐쇄되었다. 다행하게 시내에 있는 공군기지 겸용 할림(Halim) 공항으로 우회하여 최악의 사태는 면했지만, 나라의 얼굴이 말이 아니게 되었었다. 우리야 그럴 리 없지만, 김포와 인천 공항이 모두 막혀 성남이나 수원 공군기지로 여행객을 실어 나른 모양새다.

유럽의 향료시장에서 동방의 향료군도로 알려졌던 몰루카스(*Moluccas*)와 인도네시아 동부군도 말루꾸(Maluku)는 같은 지명(地名)이다. 네덜란드의 인도네시아 식민지 경략(經略)은 이 군도의 중심부인 암본(Ambon)에서 시작되었다. 초기 향료무역에서 가장 값나가는 향료(香料)는 암본섬이 주산지인 정향(丁香)과 육두구(肉荳蔲)였기 때문이다. 이들이 식민통치의 중심부를 오늘날의 쟈카르타인 바타비아(Batavia)로 옮긴 데는 여러 가지 이유가 있었다. 말라카해협을 통해서 오가는 외국의 무역선을 쉽게 통제할 수 있었고, 각종 향료를 이곳에 저장·보관하였다가 유럽시장의 수요에 따라 공급함으로써 고가(高價)를 보장받을 수 있었으며, 증가하는 네덜란드인들에게 안전이 보장된 쾌적한 공동의 주거공간이 필요하였던 것이다.

순다 클라빠(Sunda Kelapa)항구와 인근 지역이 이러한 요건을 충족시킬 수 있는 후보지로 등장하였고, 이곳으로 손재간이 뛰어난 중국인 십장(什長)들을 동원하여 '리틀 암스테르담(*Little Amsterdam*)'

을 건설하였다. 오늘날 쟈카르타 서북부에 위치한 꼬따(Kota)지역이 그 옛날의 바타비아다. 꼬따는 도시라는 뜻인데, 60년대 초까지만 해도 우리도 새로 낸 도로를 신작로(新作路)라고 칭했던 것과 같다. 그래서 이곳 꼬따에는 오늘날까지 챠이나 타운이 남아 있고 네덜란드풍의 운하(運河)도 남아 있다.

하노이·방콕·쟈카르타 등 세 수도가 비슷한 여건이지만, '물의 도시 방콕'은 일찍부터 치수(治水)에 힘썼다. '영의정(領議政) 강(江)'이라는 뜻을 가진 짜오 프라야(Chao Phraya)강의 본류(本流)를 거미줄처럼 분산하여 배가 다니는 골목길(水路)을 만들었다. 또한 쉴 새 없이 하상(河床)을 정비하고 모래를 퍼 올려 '물 길' 닦는 일을 게을리하지 않았다. 요즘도 방콕의 명물인 수상교통(水上交通)을 이루는 크고 작은 선박 사이를 비집고 분주하게 오가는 모래 실은 배를 많이 볼 수 있다. 만조 시에는 오늘날에도 짜오 프라야 강의 중류까지 중형 곡물선(穀物船)이 올라 와서 세계시장으로 쌀을 실어 나른다.

여타의 동남아 국가와 달리 외세(外勢)의 통치를 받아 본 적이 없는 태국은 초기 왕조시대부터 '물의 문화'를 발달시켰다. 이 나라의 중심 종족 싸얌(Siam)족은 13세기와 14세기 동남아 뱃길을 풍요롭게 했던 바다의 실크로드 시대에 말레이(Malay)족과 크메르(Khmer)족과 함께 해상무역을 주도했던 해양 지향형 종족이었다. 오늘날도 태국인의 10퍼센트 가량은 강가에 배를 띄워 놓고 사는 수상족(水上族)이라고 한다.

물 축제 송크란(Songkran)도 유명하다. 송크란은 '별 자리의 변화'를 뜻하며 산스크리트어에서 유래한 태국력(曆) 신년 축제로 매 년

4월 중순께 돌아온다. 고향을 찾아 가족을 만나고, 사원을 방문하여 공양하고, 모든 죄와 불운을 씻는다는 의미로 불상에 물을 뿌린다. 송크란 축제 기간 중 태국 전역은 흥겨운 물싸움 장으로 변한다. 그러나 물의 나라 태국도 홍수 물난리에는 예외가 없다. 2011년 4월부터 시작된 이른 우기로 9월 초 태국 국토의 70퍼센트가 물에 잠겼다. 1942년과 1983년에도 방콕과 태국 중부 전체가 4개월 간 물난리를 겪었다. 홍수 때 밀려 내려오는 퇴적물이 강 하류에 쌓여 병목현상이 심화되면 유속은 급속하게 감소된다. 비는 계속 내리고, 바닷물이 역류하면 어김없이 대홍수로 이어지는 것이다.

인도네시아 수도 자카르타의 경우도 이웃 두 도시와 비슷하다. 우선 자카르타를 가로 지르는 찔리웡(Ciliwong)강이 짧아 많은 수량(水量)을 포용할 수 없다. 자바의 강으로는 살라(Sala) 강이나 브란타스(Brantas) 강 등 두 강이 강다운 강에 속한다. 자바 전쟁사(戰爭史)에 소가죽으로 강물을 막아서 수공(水攻)에 활용하고 있다. 소가죽으로 물길을 막을 수 있는 규모의 강이다. 자카르타 인근에는 산(山)은 물론이고 고지대조차 없으니 유속 또한 느릴 수밖에 없다. 더구나 찔리웡 강을 향하는 지류의 여러 곳에 농업용수 관개를 목적으로 수문을 만들어 놓았다. 문제는 도시인들이 생활 쓰레기를 강물에 던져 버린다는 데 있다. 일단 떠내려가기 때문이다. 그러나 이로 인해서 수문이 막히는 사고가 자주 발생한다. 자카르타는 구도시인 꼬따 지역을 제외하고는 하수시설이 급격한 도시화를 따르지 못하고 엉거주춤한 채로 남아 있거나, 하수시설의 신설이나 개보수가 거북이걸음을 하고 있다. 무엇보다도 해발 표고가 낮고 지반이 무르기 때문에 건설비가 많이 든다는 것이다. 상수시설도 급격한 도시화를 따르지 못하고 있다. 갈수기(渴水期)에는 수량도 많이 부족하고 수질(水質)도 음용하거나 조리하기에 부적합하다.

자카르타 외곽의 신흥 주택단지에도 아직 상수시설이 없는 곳이 많다. 그래서 집집마다 우물을 파놓고 모터를 돌려서 지하수를 옥상의 물탱크로 퍼올린 다음, 끌어내려서 쓴다. 대부분의 입주자들이 생활용수를 쓰는 방식인데, 갈수기 때 지하수가 고갈되면 인부를 동원하여 마당의 우물을 깊게 판다. 다음 날은 앞집에서 파고, 하루가 더 지나면 옆집에서도 판다. 일주일 쯤 지나면, 길 건너 촌장이 몇몇 주민 대표들을 대동하고 지하수 독점을 항의하러 온다. 그래서 이곳에서는 돈 있는 사람들이나 외국인들은 위한 다양한 상표의 음용수(생수)가 많이 팔리고 있다.

우기가 아니더라도 자카르타 등 대도시에는 몇 시간 만 비가 계속해서 쏟아져도 도로는 금방 물이 차오른다. 열대우림지역에는 어디서나 스콜(*squall*)이 있기 마련인데, 자카르타 인근에 쏟아지는 스콜은 우리나라에서 상상하기도 어려운 장대비다. 상록수부대가 동티모르에 주둔하는 동안 한 번도 전투가 벌어지지 않았기 때문에 전사자(戰死者)가 없었다. 그런데 작전 차량으로 이동하던 상록수부대 정예대원 5명이 장대비에 휩쓸려 떠내려가다 모래 속에 깊게 묻히는 돌발사태가 발생했다. 중장비를 동원하여 며칠 동안 하상을 팠는데, 시신 한 구는 끝내 찾지 못하였다.

요즘은 기상이변으로 건기와 우기의 경계가 다소 모호하지만, 인도네시아는 10월부터 이듬해 4월까지를 우기로 구분하고 있다. 이

때 쟈카르타는 자주 엄청난 수재(水災)를 동반하는 수도(水都)로 바뀐다.

쟈카르타 등 인도네시아의 대도시가 수재로 시달리는 근원적인 이유는 따로 있다. 화산 폭발로 형성된 인도네시아 군도는 늪지대가 산재되어 있다. 지난 시대에 늪지대는 자주 교통 소통에 지장을 주고 지역 균형발전을 저해하였다. 늪지대가 가까운 지역도 격리시켜 놓았기 때문이다. 그렇다고 해서 주민들의 식생활에 크게 도움이 되는 다양한 담수 어종이 서식하는 것도 아니었다. 이로 인해서 현대사회는 늪지대의 중요한 환경적 기능과 역할을 망각하는 중대한 과오를 범하게 되었다. 호수와 달리 늪지대는 우기 때 물을 대량으로 품어 안았다가 건기에 조금씩 풀어 장기간에 걸쳐서 광범위한 지역을 적시는 탁월한 순기능을 가지고 있다.

그러나 급격한 인구집중에 따른 대도시의 비대화는 도시 인근의 늪지대를 생활쓰레기와 산업 폐기물로 메우게 되었다. 머지않아 각종 제조업 단지가 이곳에 세워지고 신흥 주택단지가 들어섰다. 일선 행정 기관장의 입장에서 보면, 도시 미관(美觀)을 해치는 쓰레기장을 적은 예산으로 다용도의 쓸모 있는 땅으로 개발해 낸 것이다. 그러나 우기 때 쏟아지는 빗물은 갈 길을 잃고, 역류하는 해수를 임시로 잡아둘 마땅한 초대형 저수조(貯水槽)가 사라진 것이다. 물에 잠긴 도시는 비가 그치고 바닷물이 빠지기를 기다리는 수밖에 없다. 그동안 숨통이 막힌 지하수는 썩어가고 있다.

쟈카르타 등 주요 쟈바 지역의 대도시는 지하수가 음용하기에 적합하지 못한 것은 너무도 당연하다. 심각한 수치(數値)가 있다. 인도네시아는 열악한 하수처리 시스템 때문에 전국적으로 매년 47억 달러의 국가적 손실을 보고 있다는 것이다. 유엔의 세계수질담당관 알버트 라이트(Albert Wright)는 인도네시아의 경우가 동남아에서도 가장 열악한 실정이며, 특히 지방정부가 하수처리 시스템을 만들기 위한 준비예산은 실질 비용의 5퍼센트 미만이라는 보고서를 내놓았다. 이로 인해서 인도네시아 서민들은 계속해서 유행성 위장병에 시달리고 있으며, 높은 장티푸스 발병률을 보이고 있다고 했다. 알버트 라이트는 "열악한 하수처리 시스템은 막대한 국가의 경제적 손실로 직결되며, 삶의 질을 떨어뜨리는 결과를 낳게 된다. 특히 여성과 아이들의 건강은 곧 우려스런 수준에 이르게 될 것이다. 인도네시아의 음용수 문제는 상황이 매우 좋지 않으며, 점차 더 악화되고 있다"고 말했다.

인도네시아 정부도 이를 전적으로 시인하고 있다. 2003년 3월 교토(京都)에서 열린 제3차 세계물포럼(*World Water Forum*)에서 인도네시아 당국자는 인도네시아 국민 중 20퍼센트 정도만 깨끗한 물을 사용하고 있다고 보고했다. 또한 유행성 설사나 장티푸스 등 수질오염과 관련된 질병이 점점 더 기승을 부린다고도 했다. 이로 인해서 매년 600만 명의 환자가 발생한다며, 하수처리 시스템 개발을 위한 국제사회의 도움을 요청하였다. 갈 데 없는 빗물과 하수와 해수가 도시에 차오르는 동안 깨끗한 물을 마시지 못하는 80퍼센트에 달하는 인도네시아 서민들은 오늘도 인재가 가중시킨 것이 분명한 수재에 시달리고 있다.

도시의 교통난도 이에 못지않다. 동남아에서 교통난이 최악인 도시를 꼽으라면, 방콕과 마닐라와 자카르타였다. 그러나 방콕은 80년대 후반부터 도시고속화 도로를 만들어 교통난 최악의 도시라는 오명(汚名)을 벗었는데, 만 10년이 걸렸다고 했다. 마닐라의 마카티(Makati)지역이나 자카르타의 수디르만(Sudirman)가(街)나 탐린(Thamrin)가 같은 몇몇 특정 지역의 교통난은 유명하다.

교통난 해소에 최적격인 교통기관은 단연 지하철이다. 자카르타는 오랜 논란을 거듭한 끝에 일부 구간 건설에 착수하였다. 그러나 물이 많이 나고 지반이 무르기 때문에 건설 자체가 지지부진하다. 굴착이 완공된 일부 구간을 일반 시민에게 공개하여 교통난 해소를 기대케 하고 있다. 현재 모노레일 공사는 꽤 진척이 된 것으로 보이는데, 지하철과 함께 교통난 해소에 큰 도움이 될 것으로 기대되고 있다. 이곳에는 버스가 대중교통을 허리 역할을 맡고 있다. 이 버스는 종류가 다양하고 에어컨 장착 유무에 따라 요금이 다르다. 요금은 거리에 따라 다르지만, 2017년의 경우, 일반버스는 4,000루피아(320원)이고 에어컨 버스는 10,000루피아(800원)이다.

경제발전에 따른 급격한 사회적 변화의 하나는 보다 편리한 교통편을 추구한다는 것이다. 그 중에서도 답답하고 숨막히는 일반버스가 줄고 에어컨 버스가 크게 증가하는 변화이다. 버스 정류장은 있으나, 손만 들면 어디서나 승객을 태우고 또 승객의 요구에 따라 아무 데서나 내려준다. 버스에는 남자 조수(助手)가 타고 버스요금을 받는다. 대형 버스에는 조수의 보조(補助)가 동승하기도 한다. 지금은 사라지고 없지만, 우리네 경우도 그랬다. 버스에는 앞문과 뒷문이 있고, 앞문에는 여자 차장이 학생과 일반인을 구분하여 요금을 받고, 뒷문에는 남자 조수가 버스 옆구리를 손바닥으로 두드려서 버스를 세우거나 출발시켰다. 우리의 버스문화는 지하철이 생기면서부터 변화하기 시작했다.

우리네 마을버스 같은 것도 있다. 이 버스는 정류장이 없는 것이 특징이다. 그래서 승객들은 버스 색깔을 보고 탄다. 미크롤렛(Mikrolet)이 가장 많이 눈에 띄는데, 하늘색 끼쟝(Kijang)이다. 끼쟝은 인도네시아에서 국민차(國民車)라고 할 만큼 흔한데, 엔진은 일제(日製)이고 현지 조립생산을 하며, 매년 모양을 조금씩 바꾼다. 메트로 미니(Metro Mini)라 하여 붉은 색 봉고버스도 있고, 초록색을 한 코파쟈(Kopaja)도 있다. 이 마을버스 요금도 4,000 루피아인데 행선지에 도시화 고속도로를 경유하게 되면, 1,000 루피아가 추가된다. 이곳 마을버스 승객들은 자신의 행선지를 먼저 차장에게 묻고 타는 것이 아니라 탄 후에 묻는다. 승객이 묻는 행선지를 가지 않을 경우, 어디에서 내려서 갈아타라고 알려 준다. 물론 그 사이에 요금은 받지 않는다. 버스는 승객들이 워낙 제한 없이 올라타기 때문에 차문에 매달려서 가는 경우도 흔하다. 마을버스는 창문은 물론이고 출입문까지 열어 제치고 달리기 때문에 흙먼지와 매캐한 매연과 후덥지근한 바깥 공기까지 가세하여 만원 승객을 괴롭힌다.

앙꽛(Angkot)이라고 해서 기능은 마을버스와 비슷한데, 차체가 작고 시장 뒷골목까지 누비고 다니는 교통수단이 있다. 사람이 많은 곳에는 어디에나 앙꽛이 몰려있게 마련인데, 주정차를 마음대로 하는 것은 물론이고 교통체증을 피하려고 차선까지 마음대로 변경해서 달린다. 그래서 도심 교통체증의 주범처럼 보인다. 이 앙꿋은 골목버스·마을버스·시내버스의 역할에다 택시 기능까지 겸하고 있어서 4,000루피아(320원)에서 많게는 10,000루피아(800원)까지 받는다. 10,000 루피아 짜리 버스는 모두 에어컨이 장착되어 있다.

택시도 많다. 쟈카르타 같은 대도시는 중형택시가 압도적으로 많고, 족쟈카르타 같은 중소도시에는 소형택시가 주류를 이룬다. 실버버드(Silver Bird) 같은 경우는 콜택시 했을 경우 기본요금이 1만 루피아(1,000원)이다. 목적지에 도착했을 때 미터 요금기에 1만 루피아 미만이 나왔더라도 1만 루피아를 내야하며, 1만 루피아가 조금 넘어도 2만 루피아를 지불해야 한다. 이 실버버드는 우리의 모범택시에 해당된다. 콜택시하지 않아도 눈에 제법 많이 띠고 깨끗하고 에어컨이 잘 나오는 택시로 알려져서 외국인들이 선호하는 블루버드(Blue Bird)가 실버버드와 쌍벽을 이룬다. 이 밖에도 코따스(Kotas)·스테디 세이프(Steady Safe)·프레시따시(Presitasi)·디안(Dian)·로얄시티(Royal City)·퀸(Queen)·골든(Golden) 택시 등이 있는데, 목적지의 위치를 잘 모르면 외국인은 물론이거니와 자국인들에게도 바가지 씌우기가 일쑤다. 바쟈이(Bajaj)라고 해서 꽤 오래된 교통수단도 있다. 인도(印度)산 엔진을 장착한 도시 서민용 근거리 교통수단인데, 보통 두 명 혹은 세 명이 함께 탄다. 요금은 거리에 따라 다르지만, 4,000 루피아가 기본요금이다. 행선지를 알려주면 요금을 제시하는데, 반값으로 깎을 수도 있다. 엔진소리가 우리의 경운기(耕耘機)에 못지않은 삼륜(三輪) 오토바이로 보면 된다.

동남아는 어느 나라나 오토바이가 넘쳐나고 있다. 경제가 살아

나서 자전거에서 자동차로 가기 이전 단계를 지나고 있기 때문이다. 차도를 꽉 메우는 달리는 초저녁 호치민의 오토바이 물결이 단연 압권(壓卷)이다. 일본 제품이 판을 치고 있지만, 대만산과 중국산이 저가 공세에 나서 오토바이 시장의 분할을 노리고 있다. 교통체증과 바쁜 도시생활은 쟈카르타 등 인도네시아의 대도시에 오젝(ojek)이라는 명물을 만들어 냈다. 교통수단으로 설명하자면, 오젝은 '오토바이 택시'인 셈이다. 우리의 '퀵 서비스'에 서류 대신 바쁜 사람을 태워다 준다. 쟈카르타 같은 대도시에서 급한 물건 배달도 급한 사람도 오젝이 적격이다. 차가 아무리 막혀도 그 사이를 비집고 요리조리 재빨리 빠져나갈 수 있기 때문이다. 당연하게 택시 보다 빠르다. 요금도 택시와 같거나 약간 비싸다. 포스 오젝(Pos Ojek)이라 하여 도시 곳곳에 팻말을 붙여 놓고 여러 대의 오토바이들이 바쁜 사람을 기다리고 있다. 오젝도 바쟈이와 마찬가지로 타기 전에 요금을 흥정하게 된다.

우리의 경우와 많이 다르게 밤이 깊어지고 승객이 줄어들면, 대중교통 수단은 슬그머니 사라져 버린다. 그래서 대도시 주변과 도시 근교의 산업단지를 잇는 불법 교통수단이 있게 마련이다. 옴프렝안(omprengan)이라는 이름으로 끼쟝이 불법영업에 동원되고 있다. 주로 땅으랑(Tangerang)·브카시(Bekasi)·보고르(Bogor) 등 쟈카르타 인근의 공단(工團)에서 쟈카르타 시내를 연결하는데, 옴프렝안에는 운전사를 제외하고 열 사람까지 앉을 수 있다. 요금은 운전기사가 마음대로 정하는데, 대개 20,000 루피아나 30,000 루피아를 부른다. 타고 내던 요금이 기름 값이 대폭 오른 이후부터는 요금을 먼저 요구한다. 인심이 사나워졌다기 보다 단속을 피하는 몇 분이라도 절약하기 위한 방책으로 보인다. 교통전쟁은 밤이 깊을수록 더욱 심해진다.

수디르만이나 탐린가와 가뜻 수브로토(Gatot Subroto)가(街) 일부 구간에서는 아침 7시부터 10시까지, 오후 4시부터 7시까지 탑승객이 3인(*three in one*)을 넘지 않는 모든 차량은 통행이 엄격하게 금지된다. 그래서 죠끼(joki)라 하여 차량통행을 돕기 위한 임시 승객이 등장하고 있다. 처음에는 '꼬마'들이 1,000루피아를 벌기 위해서 고급 승용차를 기다렸으나, 점차로 죠끼들이 준(準)전문직화하고 있다. 이들은 경찰의 눈을 피해 숨어 있지만, 누가 죠끼인지 아는 사람은 다 안다. 말쑥하게 차려입은 중년신사 죠끼도 있는데, 거리에 따라서는 50,000루피아(4,000원)까지도 요구한다. 죠끼가 임시 직종으로 자리 잡고 있는 셈이다. 문제는 수디르만가와 탐린가 주변의 고급음식점과 소매업자들이 죽을 맛이다. 저녁을 먹기 위해서 죠끼까지 태워가며 중심가로 들어오지 않기 때문이다. 항의가 거세지자 쟈카르타 광역시 당국은 오후 통제 시작 시간을 4시에서 4시 30분으로 늦추었을 뿐이다.

선친께서는 생전에 가끔 대전광역시에서 늦은 시간까지 바둑을 두시다가 보은군 회남면 어부동 마을을 잇는 시내버스 막차를 타고 귀가하셨다. 우리의 고마운 변두리 시내버스는 한 사람을 태우고도 오늘도 시간을 맞추어 시골길을 달리고 있다. 교통문화의 한 부분에서만 관찰하자면, 우리는 참 행복한 나라에 살고 있는 셈이다.

오젝에서 고젝으로

지난 2014년 이래로 인구 2억5천만 명을 넘긴 인도네시아는 중국·인도·미국에 이은 세계4위의 인구 대국이다. 이 나라 인구의 67퍼센트가 집중되어 있는 쟈바의 대도시에는 골치 아픈 문제가 산재되어 있는데, 가장 큰 문제로 우기 때의 수해와 시도 때도 없이 전개되는 교통체증을 꼽을 수 있다. 수해는 쟈바의 낮은 해발 표고와 홍수 때 엄청난 빗물이 바닷물의 만조를 만나면서 내륙으로 밀려들기 때문인데, 도시 확장으로 늪지대를 모두 덮어 주택단지와 공업단지로 개발하여 화를 키웠다. 수해 못지않은 것이 교통체증이다. 쟈카르타 같은 대도시의 고층 건물에서 교통체증을 내려다보노라면, 마치 홍수가 도로와 시가지를 점령하는 것 같은 착각에 빠지게 된다. 때로는 쓰나미가 몰려오는 것 같기도 하다. 경제성장과 중산층의 확대로 차량 숫자와 교통 수요는 폭발적으로 증가하는 데 비해서 대중교통이 턱 없이 부족하고, 도로율이 매우 낮으며, 교통 인프라가 열악하기 때문이다. 두 가지 쟈카르타의 난제를 엄청난 빗물을 소화할 수 없는 작고 낡은 하수관에 비유할 수 있을 것이다.

이러한 교통 상황 속에서 가장 빠르게 증가하는 이동수단은 오토바이다. 일터로 향하는 일반 시민들은 대부분 오토바이를 이용한다. 족자카르타 같은 대학도시에서 오토바이가 통학의 필수품이다. 대학생이 되면, 오토바이부터 산다. 자녀에게 오토바이를 현찰로 사줄 능력이 없는 부모는 20-30만 루피아(2-3만원 미만)를 지불하고 중고 오토바이를 인수한 후, 2-3년 동안 엄청난 이자가 붙은 할부금을 낸다. 오토바이 도둑이 많고, 길 가에 오토바이 연료를 병에 담아 넣어주는 길거리 주유소(?)가 한 블록에 한 둘씩 있고, 전당포 뒷마당에는 오토바이가 가득하다. 대학 캠퍼스의 단과대학마다 학생들의 오토바이를 관리해 주는 임시 직원이 2-3명씩 있다. 그러나 집집마다 식구 수대로 오토바이를 가지고 있는 것은 아니다. 그래서 오래 전부터 오토바이 택시인 오젝(ojek)이 등장하고 있다. 기동성이 훌륭한 영업용 오토바이로서, 교통이 혼잡한 시간대에 좁은 골목을 요리조리 쉽게 통과할 수 있고, 속도 또한 매우 빨라 인기가 높다. 요금은 도시 별로 차이가 나지만, 택시보다 다소 저렴한 편이다.

최근 인도네시아의 대도시에는 오젝의 인기에 비즈니스를 접목시킨 서비스가 등장했다. 오젝에 스마트폰 기술을 더한 고젝(Go-Jek)이 그것이다. '가다'라는 의미의 'Go'와 'Ojek'의 합성어로, 세계적으로 인기를 끌고 있는 모바일 택시호출 서비스를 오젝에 적용한 서비스다. 미국 하버드대학교 비즈니스 스쿨 출신의 나딤 마까림(Nadiem Makarim)이 2011년 고젝 인도네시아(PT. Go-Jek Indonesia)라는 회사를 설립하고 본격적으로 고젝 서비스에 나섰다. 2016년

10월 현재 쟈카르타를 비롯하여, 족쟈카르타, 발리, 반둥, 스라바야, 마까사르, 메단, 스마랑, 발릭빠빤, 빨렘방 등 10개 대도시에서 영업 중이다. 나딤은 1984년 싱가포르에서 태어났는데, 고젝을 만든 이유를 오젝 이용하기가 힘들어서 찾아가지 않고 쉽게 오젝을 부를 방법을 고안한 것이라고 설명했다. 그는 자신의 회사를 서비스회사로 부르지 말고, 첨단기술회사로 불러달라고 주문했다. 고젝의 기업 가치가 이미 13억 달러로 뛰어 '유니콘'(Unicorn) 기업 반열에 오르게 된 자신감 때문이다. 유니콘 기업은 기업가치가 10억 달러 이상인 비상장 스타트업 기업을 말한다.

고젝은 스마트폰으로 오토바이 택시를 불러 타는 것인데, 서비스 범위가 크게 확대되어 잠깐 사이에 문어발을 넘어서서 지네발을 향하고 있다. 다양한 부가 서비스를 접목시키면서 오토바이 택시 서비스에는 '고라이드'(Go-Ride)라는 이름을 붙였다. '고후드'(Go-Food)는 각종 식음료를 주문한 사람에게 배달해 주는 서비스를 한다. '고카'(Go-Car)는 오토바이가 아닌 승용차가 등장한다. 주인 몰래 차를 끌고 나올 수 있는 자가용 운전기사들도 고카에 나서 아르바이트나 투잡을 한다. '고마트'(Go-Mart)도 있다. 시장을 대신 봐서 배달까지 해 주는 서비스다. '고센드'(Go-Send)는 물건이나 서류 혹은 편지 등을 배달한다. '고박스'(Go-Box)는 이사 짐 서비스인데, 짐을 박스에 담아서 트럭으로 운반해다 준다. '고마사지'(Go-Massage)와 '고클린'(Go-Clean)도 있다. 전자는 전문 마시지사의 방문 서비스이며, 후자는 주로 집 안 청소를 해 주는 서비스다. '고글램'(Go-Glam)은 화장 서비스다. 매니큐어부터 얼굴 마사지, 머리 손질 등 여인네들의 단장을 돕는다. 결혼을 앞 둔 예비 신부들과 학위 수여식을 목전에 둔 여학생에게 인기라고 한다. 모바일 티케팅을 전문으로 서비스하는 '고틱스'(Go-Tix)도 있다. '고메드'(Go-Med)라 하여 병원 처방에 따라 약을 배달하는 서비스도 있고, '고오토'(Go-Auto)라는 자동차 경정비 및 세차 서비스도 있다. 쟈카르타에서는 '고버스웨이'(Go-Busway)가 등장했는데, 버스전용차선을 운행하는 트랜스 쟈카르타 정류장까지 고객을 태워다 주는 서비스다. 곧 부잣집 정원관리 서비스도 생겨날 것 같고, 방에만 틀어 박혀 있는 늙은 컴맹들을 위한 '고피씨'(Go-PC) 같은 것도 등장할 지 모른다.

교통수단과 스마트폰을 결합하여 원하는 차량을 현재 위치로 불러 탑승하는 서비스가 인도네시아에만 있는 것은 물론 아니다. 미국의 '우버'(Uber), 중국의 '디디추싱'(滴滴出行), 인도의 '올라캡'(Ola Cabs) 등 각국을 대표하는 업체가 자신들의 전략을 통해서 업계의 리더로 자리 잡고 있다. 이들 나라의 서비스 업체가 대부분 일반 택시 혹은 자가용을 호출하는 단순한 서비스를 하고 있는데, 고젝은 인도네시아 특유의 교통수단인 오젝과 결합하여 서민들의 발이 되어, 손과 발로 진화하고, 나아가서 다양한 서비스를 제공하는 사회적 이기(利器)로 발전했다는 점에 주목할 수 있다. 고젝의 성공은 모바일의 총아인 스마트폰 시장의 성장에 따른 것이다.

인도네시아 스마트폰 가입자는 2015년 기준 약 6100만 명으로, 보급률은 전체 인구(2억5300만) 대비 약 24퍼센트로 집계되었다. 이 나라의 스마트폰 가입자는 2018년까지 1억 명을 돌파할 것으로 전망되고 있다. 2015년 스마트폰 판매량은 전년 대비 약 30퍼센트 성장하여 연중 3100만 대 가량이 판매되었는데, 기존의 주요 고객인 젊은 중상류층에서 벗어나 연령대를 불문하고 저소득층까지 스마트폰 열풍이 확산되고 있다. 고젝의 서비스 범위가 소득 계층의 경계를 무너뜨리고 있기 때문이다. 굳이 동네 어귀의 오젝 정류장(뽀스 오젝)까지 걸어 나가서 오젝이 올 때를 기다리지 않아도 되고, 요금을 흥정하는 번거로움이 없어도 된다. 누구나 집이나 학교 또는 회사 등 자신이 위치한 곳에서 스마트폰의 고젝 앱을 눌러 가까이에서 대기 중인 오젝을 부를 수 있게 된 것이다.

고젝 서비스를 이용하는 방법은 아주 쉽다. 스마트폰에 고젝 앱을 설치하고, 필요에 따라 고젝 앱을 실행하면 된다. 족쟈카르타 가쟈마다대학 캠퍼스에서 고젝 앱을 눌렀더니 즉시 12개의 고젝 서비스가 나타났다. 이 중 원하는 서비스를 찾아 누르면 1-2초 사이에 서비스 제공자와 연결된다. 오토바이를 타는 오젝 서비스를 가장 많이 이용한다. 목적지를 입력하면, 거의 동시에 요금이 뜬다. 오젝 요금 보다 많이 싼 데, 대개 60-70퍼센트 수준이라고 한다. 2017년 현재 기본요금은 2킬로미터 기준 8천 루피아(650원)이며, 매 1킬로미터 마다 2천 루피아씩 올라간다. 요금은 현금을 내도 되고, 고-페이(Go-Pay)라 하여 전자화폐로 내도 된다. 고 페이 카드에 현금을 넣는 방법도 다양하다. ATM을 이용하거나, 스마트폰 뱅킹 또는 인터넷 뱅킹으로 가능하다. 족쟈카르타에서 스마트폰 앱을 눌렀더니 고젝과 제휴한 BCA, Mandiri, BRI, BNI 등 4개 은행이 떴다.

고젝은 고용시장에도 큰 변화를 가져왔다. 고젝 드라이버가 엄청나게 양산된 것이다. 2015년 현재 20만 명이다. 쟈카르타에만 10만

인데, 당분간 더 이상 뽑지 않기로 했다고 한다. 뽀스 오젝에서 손님을 기다리는 오젝과는 달리 고젝은 아무데서나 핸드폰 앱을 통하여 주문을 받는다는 것이 가장 큰 강점이다. 고젝 드라이버들은 모두 프리랜서다. 전업으로 하기도 하고 자신의 일을 하면서 고젝 일을 하기도 한다. 족자카르타의 대학생들 중에도 꽤 많다. 매출의 20퍼센트는 자동적으로 앱 운영자에게 가고 드라이버들의 몫은 80퍼센트이다. 족자카르타의 한 호텔에 손님을 모시고 온 부디(Budi)라는 고젝 드라이버를 붙잡고 수입을 물어봤다. 2년 전부터 일해 온 그는 오후 5시께부터 시작하여 자정까지 일하는데, 20퍼센트를 떼어 낸 하루 순수입이 12만 루피아(우리 돈 1만 원) 정도라고 했다. 때로는 새벽까지도 일을 하는데, 이런 날은 수입은 낫지만 페인트 가게 낮 일이 다소 부담스럽다고 했다. 그러면서도 가게에서 받는 급료 150만 루피아(12만 원)의 두 배가 된다면서 고젝 드라이버로 일할 수 있어서 행복하다고 했다.

고젝의 서비스 사업이 모두에게 장밋 빛 만은 아닌 것 같다. 한국과 마찬가지로 기존 택시 기사들의 반발이 거세다. 2015년 3월, 택시 기사들의 대규모 시위가 벌어진 쟈카르타에서는 차량호출 앱 서비스 영업을 방관했다며 해당 부처 장관을 비판하는 대규모 집회가 열렸다. 참가자 중 일부는 시위에 참가하지 않은 택시를 파손하고 고젝 드라이버를 폭행하는 사건으로 비화하였다. 쟈카르타를 중심으로 택시업계를 대표하는 블루버드의 경우, 2014년에 상장하였는데 주가가 한 해 사이에 50퍼센트 넘게 하락하였다. 나아가서 고젝의 빠른 성장은 교통 인프라 구축을 더디게 할 수 있고, 대중

교통 체계 개선에도 부정적인 영향이 예상된다. 너도나도 오토바이 택시를 타고 자기 집 문 앞에서 목적지까지 빠르고 저렴하게 이동하는 것에 맛을 들이면, 가뜩이나 열악한 버스나 모노레일과 지하철 같은 대중교통 수단들에 대한 투자가 미뤄지거나 지연되지나 않을까 하는 걱정이라는 것이다.

인도네시아의 산불 재해

인도네시아에서 발생한 밀림 산불로 인한 연무가 2015년 9월 초부터 11월 말까지 3개 월 간 지속되어 수마트라와 칼리만딴을 중심으로 이 나라 대부분 지역을 뒤덮었으며, 이웃 나라 싱가포르와 말레이시아로 날아가 심각한 피해를 야기하였다. 연례행사처럼 발생하는 이 연무는 특히 싱가포르를 덮쳐 국가 주요 산업인 관광업 분야에 심대한 피해를 주고 있는데, 태국과 브루나이 다루살람, 심지어는 호주 대륙까지 영향을 미치고 있다. 호주 기상청은 엘니뇨(El Nino) 현상이 2016년에 더욱 활발해져서 인도네시아 밀림 산불의 연무 피해가 지난 1997년 이래로 가장 심각할 것이라고 발표했다. 인도네시아 국가재난관리청도 엘니뇨에 의한 가뭄과 산불이 2016년 8월과 9월에 최고조에 달할 것이라는 우려스런 예보를 하였다. 밀림 산불이 가장 심각한 지역은 말레이시아와 싱가포르가 인접해 있는 수마트라의 리아우(Riau) 주다. 2006년 8월 리아우 주에서 멀지 않은 말레이시아 쿠알라룸푸르(Kuala Lumpur)를 잠시 방문했던 필자도 사흘 동안 호텔 문 밖으로 나설 엄두도 내지 못하는 체험을 했다.

적도에 위치한 인도네시아는 밀림으로 뒤덮여 있고 곳곳에 수백 년 동안 쌓여 썩은 유기물로 가득 찬 습지를 말하는 이탄(泥炭)지대(*peat lands*)가 산재되어 있다. 이들 지역은 다량의 탄소를 함유한 토탄층으로 이루어져 있는데, 이곳이 밀림 산불 발화지점이다. 고온다습한 열대우림기후대의 습하고 뜨거운 이탄지대는 한 번 불이 붙으면 쉽게 꺼지지도 않는다. 더구나 밀림의 생나무들은 불타면서 엄청난 연무를 배출한다. 이 매캐한 연무는 크게 건조한 날씨 때문에 발생하는 자연발화와 산림 벌채나 경작지 개간을 위한 산림 소각 등 인공발화에 의해서 발생한다.

최근 수년 사이에 수마트라와 칼리만딴의 산림을 벌채하여 목재나 합판 용도로 팔거나 자연림(밀림)을 경제림(팜과 파인애플 경작 등)으로 전환하는 경제 활동으로 두 섬의 밀림이 약 40퍼센트나 황폐화되었다. 전통적인 화전농업이 경제림을 위한 경작지 확장 방법으로 악용되고 있다. 밀림을 태우는 것은 무엇 보다 가장 빠른 경작지 확장 방법이다. 노동력을 크게 투입하지 않고도 적은 비용으로 개간할 수 있다는 이점 이외에도 밀림을 태우고 나면 나무가 탄 재로 인하여 땅이 비옥해 지기 때문에 화전농민 뿐만 아니라 대규모 팜(palm)유(油) 농장주와 파인애플 농장주 등 자본가들도 '밀림 태우기'라는 유혹에 빠지기 쉽다.

가장 큰 문제는 산불에 의한 연무 피해가 매우 심각하다는 점이다. 2015년 9월 12일과 같은 해 12월 22일자 아시아 뉴스(Asia News)의 보도를 종합하면, 2014년의 경우, 인도네시아에서만 약 3만 명이 연무로 인해서 호흡기 질환을 앓았으며, 자카르타 보건 당국은 당시 산불 지역 인근의 공기 오염도가 국제적인 허용치의 10배 가까이 올라갔음을 확인하였다. 2015년에는 피해 정도가 더욱 악화되어 당시의 전체 인구(2억 5,100만)의 10퍼센트를 상회하는 2,700만 명이 연무 피해를 입었는데, 그 중 425,700명이라는 엄청난 숫자가 호흡기질환 환자로 보고되었다는 것이다. 수마트라와 칼리만딴을 중심으로 많은 학교가 휴교했고, 이들 지역의 교통수단들도 운행을 중지했다. 말레이시아 정부도 수도 콸라룸푸르 일원에 임시 휴교령을 내렸으며, 싱가포르 당국은 시민들에게 야외활동을 자제하라고 권고하였다. 세계은행(*World Bank*)이 발표한 연무에 의한 경제적 피해는 매우 심각하다. 산불과 밀림 방화에 의한 연무 피해가 2004년 아쩨(Aceh)를 휩쓸고 간 쓰나미 이후 아쩨 재건사업을 위해서 지출한 비용의 두 배를 초과하는 500억 달러에 달하며, 이 수치에 말레이시아·싱가포르·태국 등 동남아 3개국의 피해를 합치면 아세안 지역의 역내 경제에 미치는 직간접적인 피해는 엄청나다는 것이다. 아세안경제공동체(AEC)의 미래를 염두에 둔 경고였던 것 같다.

지난 80년대 초부터 시작된 연무는 90년대 중반 이후까지 산불이 난 인도네시아 보다 이웃 나라 말레이시아와 싱가포르에서 더 많은 피해가 발생하였다. 당시 수하르토(Suharto) 정부는 피해를 입은 두 나라에 '자연재해'라는 이유로 양해를 구하는 상황이 되었고, 이들 나라는 아세안의 맹주이자 군사 독재정부인 인도네시아의 정중한 요청을 마지못해서 수용하는 입장이었다. 그러나 1997년 최악의 밀림 산불로 연무 피해가 극심해 진 시점을 전후해서 인도네시아는 연무 피해국과 직접적인 외교적 마찰을 피할 수 없게 되었다. 싱가포르와 말레이시아 정부가 인도네시아의 산림 개발정책을 강하게 비판하고 나섰고, 인도네시아 관리들의 부정과 비리로 연무가 계속해서 발생한다고 비난하면서 국가 간의 격한 감정싸움으로 비화되었다. 태국 등 아세안 회원국이 가세하여 인도네시아 정부가 연무문제를 법적으로 제도화하라고 강력하게 요구하기에 이르렀다. 2002년에 도출된 아세안 초국적 연무협약(*ASEAN Agreement on Transboundary Haze Pollution*)의 배경이다. 민주적 방식에 따라 국민 직선 대통령에 선출된 유도요노 인도네시아 대통령은 연무 문제 해결에 적극 나서라는 이전과 비교되는 국제적인 압력에 직면하게 되었다. 그러나 인도네시아의 국정 최고책임자는 유도요노 대통령까지 어느 누구도 매년 반복되는 국가적 비상사태를 해결하기 위한 어떠한 실질적인 조처를 취하지 않았다. 아세안연무협약 조차도 인도네시아는 아세안 10개 회원국 중 가장 늦은 2014년에 이르러 비준하였다.

인도네시아 정부의 산림정책은 오래 전부터 도마 위에 올랐다. 밀림 산불 지역의 주민들이 전통적으로 행하여 온 '생계형' 화전 농법을 수하르토 정부가 지역적으로 제한하는 강압 정책을 시행함으로써 대체적 생계수단을 요구하는 농민과의 마찰이 시작되었다. 더 큰 문제는 유도요노 대통령 정부로부터 개발 허가를 받아서 밀림과 임야를 대대적으로 개간하는 대기업과 다국적기업들이 암암리에 편법을 동원한 불법 개발에 나서고 있다는 점이다. 이들은 제도적으로는 인도네시아 정부의 엄격한 관리 하에 있지만, 현실적으로는 정부의 관리 감독이 형식적이라는 점을 잘 알고 있다. 밀림을 개간하여 팜 나무를 심고 팜 오일을 생산하는 대규모 원예농업 육성은 세계적인 추세로 인도네시아 국가세입과 고용창출에도 중요하다. 이에 따라 정부 당국과 자본주 간에 '밀고 당기는' 암묵적인 관계가 형성된다는 것이다. 산불 예방과 감시체제의 허술한 부분과 토착민과 이주민 간의 사회문화적 갈등도 밀림 화재를 야기하는 간접적 요인으로 꼽힌다. 이밖에도 중앙정부와 지방정부 간의 관할권 중복과 산림 방화범에 대한 온정적인 법제도 등도 주요 문제점으로 지적되어 왔다.

죠코위(Joko Widodo) 대통령이 연무 문제에 대한 강력한 조처를 취하기 시작하였다. 소식통들은 죠코위가 수마트라와 칼리만딴 밀림 개발과 연계된 군부나 중국계 재벌과 마피아 조직과 어떠한 연계도 없기 때문에 현지의 부패 관리들과 부정직한 사업가들, 비양심적인 비생계형 농부들과 방화범들을 확실하게 처벌할 수 있을 것이라는 희망적인 전망을 내놨다. 2015년 10월 남부 수마트라 산불 화재 현장을 방문한 죠코위는 경찰과 군 수뇌부뿐만 아니라 환경부 장관을 포함한 다수의 행정부처 책임자 등 최고위 관리들을 대거 대동하였다. 특별 대책본부에서 죠코위 대통령은 연무 사태 해결을 위한 전례가 없는 강력한 가이드라인을 제시하였다. 이에 따라 연무 재해 특별조사팀은 즉시 7개 대형 기업체를 조사했다. 이들 기업체는 남부 수마트라에 3개소, 리아우 주에 1개소, 중부 칼리만딴에 3개소 등이며, 총 140명이 1차 조사대상으로 분류되었다. 이들 중 밀림 방화에 직접 관련된 여러 명이 즉각 체포 구금되고,

혐의가 드러난 회사들의 사업허가권이 속속 취소되었다. 2015년 말까지 사업허가가 취소되거나 중지된 팜 오일 회사와 펄프목재회사가 56개로 집계되었다. 2016년에 들어서서 심층 조사가 진행 중인 외국계 회사도 여럿 있는 것으로 알려져 있다.

연무 문제 실무 총책임자인 산림부장관은 2015년 10월 밀림을 방화한 회사뿐만 아니라 산불 진화에 나서지 않은 회사들도 처벌받게 규정되었다고 발표하였다. 법원으로부터 산불 방화책임자로 최종 판결을 받는 기업과 기업부는 미화 70만 달러의 벌금이나 또는 10년 이하의 징역형에 처한다는 것이다. 그러나 현지 사정을 가장 잘 아는 화전 농민들은 밀림 방화에 대한 유죄 판결이 제대로 이루어지지 않을 것이라며 정부 시책에 미온적인 반응을 나타내고 있다. 이들은 우기가 끝나면 누군가에 의해서 '감쪽같이' 방화가 재개될 것이라고 말하고 있다. 죠코위 대통령도 산불에 의한 연무 문제가 완전하게 정부의 통제 하에 놓이게 될 때까지는 최소 3년은 걸릴 것이라며, 지난 20여 년 간 지속된 산불 재해를 완전하게 진압하는 데는 책임 소재를 밝히는 제도적 장치가 우선되어야 하기 때문이라고 말했다.

죠코위 대통령 정부는 국내 산불 진화에 동참하겠다고 적극적인 의사를 밝히는 여러 나라 중 러시아와 싱가포르의 제안을 수용하는 전향적인 결정을 내렸다. 러시아는 산불 지역에 특수 항공기를 동원하여 인공 강우를 쏟아 붓고, 싱가포르는 최신 소방장비를 장착한 특수 소방인력을 산불 현장에 투입하는 등 다양한 실질적인 소화 수단을 제공한다는 것이다. 말레이시아와 중국, 일본 등 인도네시아와 특별한 관계에 있거나 내정 간섭의 우려가 있는 나라들은 모두 배제되었다. 러시아는 중국이나 일본에 비해서 상대적으로 인도네시아에 부담이 적은 나라이며, 싱가포르는 인도네시아 발연무 피해가 가장 많은 나라이기 때문일 것이다. 세월호 사태 때 사건 현장에 미국 잠수정은 잠시 다녀갔으나 일본의 지원은 사양하였다.

쟈카르타의 붕아 캄보쟈

쟈카르타 시내 카사블랑카가(街) 인근의 호텔 객실에서 내려다보이는 꽤 넓은 지역에 자리 잡은 묘지가 한 눈에 들어온다. 이곳은 네덜란드 식민통치기에 바타비아(Batavia) 건설에 동원되었던 중국인 장인(匠人)들의 묘소로 시작되었는데, 시대 변화에 따라 묘지에 묻히는 사자(死者)들의 부류도 달라지게 되었다. 묘지가 처음 조성될 당시로서는 꼬따(kota)에서 멀찌감치 떨어진 곳에 조성되었던 것이다. 꼬따는 '도시'라는 뜻인데, 바타비아에 건설된 신도시라는 의미를 담고 있다. 그 후 바타비아가 쟈카르타로 바뀌고 인도네시아 공화국의 중심 도시로서 변화와 발전을 거듭하면서 꼬따 지역은 네덜란드 시대의 영화(榮華)를 뒤로 하고 쇠락(衰落)하였지만, 중국인들의 묘소는 수백 년이 지난 오늘날 '떡 하니' 도심 한가운데를 차지하게 되었다. 인도네시아의 웬 만큼 오래된 도시에는 중국인들의 묘지가 있게 마련인데, 이들은 살아 생전에 열심히 일하여 돈을 많이 벌고, 사후 세계도 중시하여, 죽은 이의 묘소를 살아있는 사람의 집처럼 가꾸는 전통이 있기 때문이다. 더구나 큰 부자였거나 명망가(名望家)였다면, 유택(幽宅)은 작은 궁전같이 꾸며진다.

수많은 전쟁에서 산화한 군인들의 묘지도 도시 안에 있다. 빤쬬란(Pancoran) 지역의 깔리바타(Kalibata)에는 인도네시아 독립영웅 묘지가 있다. 양칠성 묘지도 이곳에 있고, 일본의 항복으로 무장해제된 후 인도네시아 독립투쟁 전사들 편에 서서 네덜란드에 무력항쟁했던 일본군들도 이곳에 있다. 멘뗑 뿔로(Menteng Pulo) 지역에는 인도네시아에서 전사한 네덜란드 장교 4300기의 영령들이 영면(永眠)하고 있다. 네덜란드군 묘지는 안쫄(Ancol)에도 있다.

우리의 경우와 다르게 인도네시아의 공동묘지 가까이에는 고급 저택들이 들어서 있다. 그 이유가 궁금했다. 자카르타의 바띡 시인 사공 경은 도심 속의 공동묘지와 그 주변에 고층 아파트가 많이 들어선 이유를 "시작(탄생)과 끝(소멸)은 서로를 동경하기 때문일까"라고 자문하고, 우리 한국인 보다 죽음을 친숙하게 생각하는 인도네시아 인들의 내세관을 잘 보여주는 것 같다고 답하고 있다.

인도네시아 도심의 크고 작은 공동묘지 인근을 지나게 되면, 연중 언제나 하얀색 꽃이 피어나는 4-5미터 남짓한 높이의 관상목(觀賞木)을 볼 수 있다. 붕아 캄보자(bunga kamboja)다. 학명(學名)이 아데니엄(*adenium*)인 이 나무가 피워내는 꽃을 인도네시아 사람들은 붕아 캄보자라 부르는데, '캄보디아 꽃'이라는 뜻이다. 원산지는 중남미로 멕시코와 베네주엘라에 흔하고, 아프리카 동남부의 마다가스카르(Madagascar)섬에도 많이 발견된다. 인도네시아에는 식민통치 시기에 네덜란드를 통해서 들어 왔다고 한다. 이 꽃은 플루메리아(Plumeria)나 프랑이파니(Frangipani)라는 이름으로 세상에 알려져 있다. 전자는 붕아 캄보자를 처음으로 발견한 프랑스 식물학자 플루메르(Charles Plumer: 1646-1706)의 이름에 따라 부쳐진 것이고, 후자는 16세기에 붕아 캄보쟈로부터 향유(香油)를 채취해 내는데 성공한 이탈리아 사람의 이름이다.

붕아 캄보쟈는 나라마다 색다른 이름으로 불린다. 인도에서는 '템플 플라워(*temple flower*)'라 하고, 필리핀에서는 타갈로그어(語)로 '교회 꽃'이라는 의미의 칼라쮸찌(Kalachuchi)라 하며, 스리랑카에서는 아랄리야(Araliya) 또는 빤사 말(Pansa mal)이라고 부른다. 아마도 불교와 관련이 있는 꽃의 의미로 믿어진다. 이 꽃을 국화(國花)로 삼고 있는 나라도 있는데, 라오스에서는 이를 독챰파(Dokchampa)라 부르며 국화로 기린다. 호주에서는 웬일인지 '망자(亡者)의 손가락(*dead man's finger*)'으로 통한다. 인도네시아에서도 종족마다 다른 이름을 가지고 있다. 쟈바 사람들은 슴보쟈(Semboja)라 하고 발리 사람들은 즈뿐(Jepun)이라 한다. 즈뿐은 일본(日本)이라는 뜻인데, 붕아 캄보쟈 즈빵(bunga kamboja jepang)이라는 붕아 캄보쟈의 인도네시아 표준어의 약칭(略稱)이다. 또한 순다 사람들은 사모쟈(Samoja) 또는 카모쟈(Kamoja)라 부르고, 술라웨시 북부의 고론딸로(Gorontalo)에서는 로밀라떼(Lomilate)라 칭하며, 마두라(Madura)에서는 챰파까(Campaka) 또는 바꿀(Bakul)이라 한다. 이렇게 다양한 명칭은 플루메리아가 많은 사람들에게 사랑받고 있음을 말해준다.

붕아 캄보쟈는 밝은 낮 보다 한 밤중에 향기를 더 발한다고 한다. 옛 사람들이 이 꽃이 영혼(靈魂)을 쉬게 하고 보호한다고 믿게 된 연유이다. 그래서 붕아 캄보쟈는 흔히 묘지나 죽은 사람과 관련된 꽃으로 통한다. 그러나 발리나 하와이 같은 곳에서 이 꽃은 다른 지역 보다 높은 대접을 받는다. 발리에서 종교의식이 있는 날, 힌두사원을 장식하고 힌두 신에게 기도할 때 이 꽃이 많이 소용된다. 무희(舞姬)들이 공연할 때도 쓰이는데, 이때는 이 꽃을 귀에 꽂는다. 발리 덴빠사르(Denpasar)의 응라 라이(Ngurah Rai) 국제공항에 내린 관광객을 환영하면서 걸어주는 꽃목걸이도 붕아 캄보자로 만든다. 하와이에서는 이 꽃으로 화환(花環)을 만들어 다양한 축제나 종교의식을 행할 때 머리에 쓴다. 하와이의 여인네들이 이 꽃을 오른쪽 귀에 꽂으면, 아직 미혼이며 신랑감을 찾고 있다는 뜻이다. 그래서 결혼한 아낙네들은 축제나 의식 때 왼 쪽 귀에 붕아 캄보자를 꽂는다. 붕아 캄보자를 귀에 꽂는 관습은 오늘날까지 변함없이 내려오고 있지만, 변화한 세상을 반영하여 동성애자(同性愛者)들도 귀 뒤에 꽃을 꽂아 상대자와 교감(交感)한다고 한다.

인도네시아에서 피어나는 붕아 캄보자는 대개 하얀 색깔 계통인데 꽃봉오리의 가운데 부분은 연한 노란색을 띤다. 그러나 암술이나 수술 같은 꽃술은 없다. 옅은 붉은 색이나 노란색 일색인 꽃도 더러 있다. 이 꽃들은 모두 생장점(生長點)에서 수십 개씩 피어나는 특징이 있다. 꽃을 피우기 전에 생장점이 긴 손가락처럼 벋쳐 나온다. 호주에서 붕아 캄보자를 망자의 손가락으로 명명한 까닭이 이 때문이 아닐까 한다. 꽃은 다섯 닢으로 벌어지고 꽃잎 길이는 표준형이 4센티 내외이며, 만개하면 향기가 오래 지속된다. 꽃 자체가 작고 꽃봉오리를 활짝 벌리지 않는 종류도 있고, 꽃자루가 짧은 나팔꽃 모양의 일반적인 형태와는 달리 트럼펫처럼 꽃자루가 긴 것도 있으며, 꽃 길이가 5-6센티에 이르는 종류도 있다.

이 꽃나무는 꽃이 아름답고 향기가 높아 점차 '묘지 꽃'이라는 울타리를 벗어나 근자에 들어서 학교나 공원 또는 관공서 같은 공공장소에 심고 있으며, 가로수로도 심는다. 정원수로는 흔치 않지만, 분재(盆栽)는 일반 가정에도 많이 한다. 꽃 색깔도 하얀색 일색인 묘지 꽃으로부터 점차 다양해지고 있다. 오렌지 색깔도 있고, 짙은 빨강색이나 역시 짙은 노란색 꽃도 선뵈고 있다. 이 분야에서도 생명과학이 발달하고 있다는 증거다. 이 꽃나무는 수분과 햇볕이 많은 열대지역 어디에서나 잘 자란다. 더러 씨를 심기도 하지만, 대개는 꺾꽂이를 한다. 20-30센티 내외로 잘라서 수분이 넉넉한 땅에 꽂는다. 이렇게 뿌리를 내린 나무는 수십 년에서 백 년을 넘게 생존하는데, 다 자라면 높이가 7-10미터에 이른다. 잎은 잎줄기가 선명하게 드러나는 짙은 녹색이다. 어린 나뭇가지는 매우 약해서 꽃이 많이 피면 꽃 무게로 가지가 찢어지기도 한다. 긴 장마 끝에 이 나무가 죽기도 하는데, 수분이 지나쳐서 바이러스에 걸리기 때문이다.

붕아 캄보쟈는 관상용 이외에도 용도가 매우 다양하다. 우선 이 꽃나무의 줄기나 가지 또는 뿌리에서 얻어지는 하얀색 수액(樹液)은 병원체의 증식을 차단하는 탁월한 효과가 있다. 또한 이 꽃을 이용한 약을 복용하여 열을 내리게 하고, 기침을 멈추게 하며, 소변이 잘 나오게 하고, 설사를 멈추게 하며, 더위로 졸도하는 것을 방지하며, 변비를 치료한다. 껍질에서 얻어지는 수액도 화장품 타입의 연고를 만들어 피부가 트거나 발꿈치가 갈라지는 것을 방지하는 데 쓰인다. 붕아 캄보쟈의 수액은 이 밖에도 하루에 두 세 번씩 환부에 발라서 종양(腫瘍)이 빨리 곪아 터져서 낫게 하고, 물 사마귀가 빠지게 하며, 굳거나 못 박힌 살이 풀어지게 한다. 바늘로 빼내지 못한 나무 가시가 박힌 피부에 이 수액을 며칠 동안 계속해서 바르면, 어느 사이에 가시가 빠져 나간다고 한다.

그러나 붕아 캄보쟈의 수액을 이용한 액체나 연고가 혀(舌)나 잇몸에 닿거나 눈(眼)에 넣으면 큰 화(禍)를 당할 수 있다. 이로 인해서 말이 어눌해 지거나 이가 빠지고 눈이 머는 경우가 있다. 또한 붕아 캄보쟈의 가지나 뿌리를 삶은 따듯한 물에 환부를 담그면, 금방 효과가 나타난다. 외상(外傷)이 빨리 낫고, 부은 피부가 가라앉으며, 건조해서 갈리진 피부가 쉬 아문다고 한다. 격심한 복통이나 약물 오남용으로 인한 위급한 상황에서 붕아 캄보쟈의 꽃을 '즙'으로 만들어 마시게 하는 경우가 있다. 하얀색 수액이 빠져 나간 시든 꽃을 채취하여 잘 씻은 다음 믹서로 갈거나 곱게 찧어서 즙을 낸다. 급한 경우에는 뜨거운 김을 쏘여 인위적으로 시들게 하는 방법도 있다. 이 때, 꽃자루나 꽃자루가 달린 생장점 부위는 반드시 떼어내야 한다. 가장 안전한 음용 방법은 햇볕에 말린 붕아 캄보쟈를 넣고 끓인 물을 조금 씩 나눠 마시는 것이다.

붕아 캄보쟈의 용도가 약용으로나 고급 비누와 다양한 화장품 제조용으로 확대되자 도시 빈민들은 묘지나 기타 붕아 캄보쟈가 많이 자라는 곳을 찾아다니면서 떨어진 꽃을 수집하는 일에 나서고 있다. 처음에는 묘지를 청소하면서 꽃을 주워 모았는데, 이제는 경쟁적으로 찾아다니게 된 것이다. 말린 꽃 1킬로그램에 2만 2천 루피아에서 5만 루피아(4,000)까지 한다. 그나마 공급이 달리는 우기(雨期)에는 당연하게 값이 더 오른다. 배고픈 도시 빈민들은 떨어지지도 않은 꽃은 나무에서 따 내려서 방 안에서 말리는데, 중간 수집상들은 이를 귀신 같이 알아낸다고 한다. 그래서 인도네시아 경제가 빨리 되살아나지 않으면, 머지않아 대도시 인근의 묘지나 가로수를 덮은 붕아 캄보쟈를 볼 수 없을지도 모른다고 걱정하는 사람도 있다.

붕아 캄보쟈는 라오스의 국화(國花)다. 대륙부 동남아의 유일한 내륙국인 이 나라는 가난한 나라가 많은 동남아에서도 국민소득이 가장 낮은 나라이다. 그러나 막상 이 나라를 방문하고 보면 몇 가지에 놀란다. 무엇보다도 국도가 잘 정비 되어 있다. 다수의 젊은 유럽 관광객들이 산악지대를 넘나들며 남북을 관통(貫通)하는 도로를 자전거로 여행하는 것을 볼 수 있다. 프랑스 사람들이 주류를 이룬다고 한다. 이 나라는 어디를 가더라도 라오(Lao)어와 영어를 아래위로 쓴 된 선명한 이정표(里程標)가 서있다. 관광객 앞을 막아서는 거지가 거의 없고, 관광호텔 인근에서 짙은 화장을 하고 밤길을 서성거리는 젊은 여성들도 눈에 띄지 않는다. 나라에 완고한 할아버지 같은 지도층이 남아 있다는 뜻이다.

인도네시아에서 붕아 캄보쟈로 불리는 플루메리아가 줏대 있는 나라 라오스에서는 독참파(Dokchampa)로 불린다. 챰파(Champa)는 과거 17세기를 전후해서 오늘날의 베트남 중부 안남(Annam)지역과 라오스 남부와 캄보디아 북부에 걸쳐서 크게 번성했던 말레이계 참(Cham)족이 힘이 센 거대한 힌두왕국이었다. 이 지역의 옛 한자(漢字) 지명이 점파(占婆) 혹은 점성(占城)이었고, 챰파국(占婆國)은 이곳

지명에서 유래하였다. 또한 이곳이 동양인의 주곡인 벼(稻)의 고향으로 점성도(占城稻)가 탄생한 곳이기도 하다. 챰파 꽃도 이 처럼 깊은 역사와 관련이 있을 것으로 여겨진다.

독챰파는 순수한 라오어로 챰파(champa) 꽃이라는 뜻이다. 이 나라 신식 교육의 개척자로 알려진 오따마 출라마니(Outtama Choulamany)가 1942년 독챰파를 주제로 한 국가(國歌)를 작사한 이래 독챰파는 라오스의 국화로 지정되었다. 이 나라의 고대사는 독챰파가 란쌍(Lanxang) 왕국이 세워지기 이전부터 라오스 전역에서 피어나고 있었다고 전한다. 이 나라에서 독챰파는 네 종류로 구분한다. 대표적인 독챰파는 인도네시아에서 가장 흔한 붕아 캄보쟈와 다르지 않다. 하얀색 다섯 꽃잎의 중앙 꽃술 부분이 밝은 노란색을 하고 있는 것이다. 이 나라에서 이런 종류를 란쌍 챰파(Lanxang Champa)라 한다. 란쌍은 '백만 마리의 코끼리'라는 뜻으로 라오스 역사를 대표하는 왕국명이다. 란쌍 챰파가 독챰파를 대표한다는 뜻이 분명하다. 이 밖에도 빨강색도 있고 노란색도 있으며, 하얀색의 작은 꽃봉오리가 수국(水菊)처럼 다닥다닥 붙어 있는 독챰파도 있다. 모두 독자적인 이름을 가지고 있는데, 수국 닮은 독챰파는 라톰(Lathom) 챰파라 하며 '챰파 크라잉(*Champa Crying*)'이라는 영문 표기를 병기(倂記)하고 있다.

라오스는 남방불교의 나라이다. 어디나 사원이 있고, 사원 주변은 독챰파가 둘러싸고 있다. 그러므로 독챰파는 불교를 상징하는 꽃이다. 독챰파의 꽃술 부분의 선명한 노란색은 이 나라의 불교와 불승(佛僧)들을 상징하는 색깔이다. 독챰파의 하얀색도 선(善)과 정의(正義)와 평화(平和)와 그리고 우정(友情)을 상징한다고 설명한다. 독참파의 다섯 꽃잎도 불교의 다섯 가지 가르침을 담고 있다. 불교에서 말하는 오계(五戒)다. “살아 있는 것을 함부로 죽이지 말라”, “남의 것을 훔치지 말라”, “거짓을 입에 담지 말라”, “남의 아내를 탐(貪)하지 말라”, “술 취하지 말라”는 것 등이다. 라오스의 이른 아침에는 길거리에서 탁발(托鉢)하는 스님들을 볼 수가 없다. 이 점은 태국과 큰 차이로 보인다. 그 대신 루엉 프라방(Luang Phrabang)과 방 비엥(Vang Vieng)의 작은 호텔에서는 아침마다 스님들에게 정갈하게 차린 소찬(素餐)을 대접하는 모습을 볼 수 있었다. 이 나라의 수도 위엉 짠(Wieng Chan)에서도 같은 광경을 확인하였다. 그러나 이런 광경은 아마도 부분적인 것일 것이다. 라오스에서도 도시명마다 역사적인 의미를 간직하고 있다. 루엉 프라방은 대불상(大佛像)이라는 뜻이며, 방 비엥은 비엥 왕국이고, 위엉 짠은 백단향 샌달우드라는 뜻이다.

초등학교 시절 외가에 가서 놀다가 무릎이 깨지면, 외할머니가 얼른 집 뒤 장독대에 몇 포기 심어놓은 양귀비를 부러뜨려서 하얀 수액을 발라주셨던 것이 생각난다. 상처 부위가 약간 부글거리면서 곧 통증이 멎었던 것 같다. 그런 날이면 양귀비 삶은 물은 속병에 좋다며 외할머니가 드시고, 나물은 맛있게 무쳐서 물오징어 한 마리를 꿰어 들고 먼 길을 찾아 온 외손자에게 독상(獨床)을 차려 주셨다. 붕아 캄보자와 독참파에 관한 편린(片鱗)들을 짜맞춰가면서 어느덧 외할머니가 세상을 떠나셨을 때를 훌쩍 넘겨 산 철 없던 외손자는 새삼스럽게 옛날이 그립다.

색인

ㄱ

ㄴ

ㄷ

ㄹ

ㅁ

마닐라(Manila) 140, 174, 282, 333
마다가스카르(Madagascar) 66, 140, 388
마두라(Madura) 79, 117, 268, 389
마드리드 협정(Madrid Protocol) 283
마드야 프라데쉬(Madhya Pradesh) 159
마디운(Madiun) 352
마따 꾸칭(mata kuching) 277
마따람(Mataram) 50
마따람(Mataram)왕조 118
마라 루슬리(Marah Rusli) 188
마르코스(Marcos) 179, 285
마르코 폴로(Marco Polo) 158, 233
마르크(Mark) 199
마르티 나탈레가와(Marty Natalegawa) 113
마샬플랜(Marshall Plan) 252
마우바라(Maubara) 327
마이클 록펠러(Michael C. Rockefeller) 248
마자빠힛(Majapahit) 50, 80, 112
마자빠힛(Majapahit) 왕국 32, 148, 294
마자빠힛(Majapahit) 왕조 263
마조(媽祖) 173
마카사르(Makassar) 해협 261
마카우(Macau) 295
마카티(Makati) 366
마카파갈(Macapagal) 178, 266, 285
마필인도(Maphilindo) 178, 266
마하바라타(Mahabharata) 190
마하야나(Mahayana)불교 167
막스 하벨라르(Max Havelaar) 23, 24, 25, 26, 27, 30
막스 하벨라르 커피 27
만달라 145
말라야(Malaya) 229
말라야대학교(UM: Universiti Malaya) 38
말라야연방 38
말라야연합(Federation of Malaya) 266
말라카(Malaka) 100
말라카(Malaka)왕국 294
말라카 술탄왕국(Kesultanan Melayu Melaka) 140
말라하야띠(Malahayati) 223
말랑(Malang) 86, 151, 351
말레이(Malay) 70, 79
말레이시아 139
말레이시아연방(the Federation of Malaysia) 266, 284
말루꾸(Maluku) 64, 89, 115, 141, 246, 320, 323, 326
말루꾸(Maluku)군도 64, 246
말리노(Malino) 249
말리오보로(Malioboro) 37
말릭 마흐무드(Malik Mahmud) 240
말보로 요새(Fort of Marlborough) 36
망꾸부미(Mangkubumi) 51
머라삐(Merapi)화산 42, 57, 90, 161
먼듯(Mendut) 160
메가와티(Megawati S.) 77, 166
메단(Medan) 207, 210, 241
메우리보(Meuleaboh) 202
메트로 미니(Metro Mini) 367
멘뗑(Menteng) 28

ㅂ

ㅅ

ㅇ

ㅈ

ㅊ

ㅋ

ㅌ

ㅍ

ㅎ

인도네시아

많이 알려지지 않은 이야기들

초판 1쇄 발행 2017년 8월 31일
초판 2쇄 발행 2019년 3월 4일

지은이 양승윤
발행인 김인철
총괄 · 기획 가정준 Director, University Knowledge Press
편집장 신선호 Executive Knowledge Contents Creator
도서편집 박현정 Contents Creator
전자책편집 인은주 e-Contents Creator
재무관리 강현주 Managing Creator
사전 · 출판 정준희 Contents Creator
마케팅 파트장 백승이 Chief Marketing Creator
마케팅 이현진 Marketing Creator
발행처 한국외국어대학교 지식출판콘텐츠원
02450 서울특별시 동대문구 이문로 107
전화 02)2173-2493~7
팩스 02)2173-3363
홈페이지 http://press.hufs.ac.kr
전자우편 press@hufs.ac.kr
출판등록 제6-6호(1969. 4. 30)
디자인 · 편집 (주)이환디앤비 02)2254-4301
인쇄 · 제본 네오프린텍 02)718-3111

ISBN 979-11-5901-231-0 93910 정가 18,000원

*잘못된 책은 교환하여 드립니다.

HUiNE은 한국외국어대학교 지식출판콘텐츠원의 어학도서, 사회과학도서, 지역학 도서 Sub Brand이다. 한국외대의 영문명인 HUFS, 현명한 국제전문가 양성(International +Intelligent)의 의미를 담고 있으며, 휴인(携引)의 뜻인 '이끌다, 끌고 나가다'라는 의미처럼 출판계를 이끄는 리더로서, 혁신의 이미지를 담고 있다.

INDONESIA

많이 알려지지 않은 이야기들